国家社会科学基金重大项目（批准号:10&ZD130）

国 家 出 版 基 金 项 目

国家"双一流"建设学科"南京大学中国语言文学"资助项目

江苏省2011协同创新中心"中国文学与东亚文明"资助项目

重要的文化思想资源。

随着 20 世纪初中国学术现代化的发轫,中国古典文献研究中的文化自觉更加明显,其代表作有王国维《简牍检署考》,孙德谦《汉书艺文志举例》《刘向校雠学纂微》,陈登原《古今典籍聚散考》,余嘉锡《古书通例》等。其后又有刘国钧《中国书史简编》、张秀民《中国印刷术的发明及其影响》等,它们带动了一大批关于书史、印刷史的研究,但此类研究仍然偏重于书籍物质形态本身,对文献的文化史意义的抉发不够深广,还谈不上是系统的中国古代文献文化史研究。

自 20 世纪西方新史学诞生以来,特别是社会史、文化史观照视角兴起以后,开始出现以社会、经济、文化取代传统历史编纂学叙事关注的倾向。文献,特别是印刷书籍成为被关注的热点之一,书籍史研究于是应运而生。1958 年,法国年鉴学派史学家费夫贺(Lucien Febvre)与马尔坦(Henri-Jean Martin)出版了《印刷书的诞生》,从宏观角度解答印刷术发明对整个欧洲历史的深远影响,为书籍史研究导夫先路。20 世纪中期以后,广义历史研究的"文化转向"进一步明显,图书的阅读史、接受传播史、商品贸易史,特别是图书对社会文化影响的研究成为一种重要的学术思潮,其代表作为美国史学家达恩顿(Robert Darnton)所著《启蒙运动的生意:〈百科全书〉出版史(1775—1800)》,以 18 世纪狄德罗《百科全书》为个案,从其出版过程及流通的角度,探讨图书出版与启蒙运动的互动历史。其突出贡献在于提出了"书的历史"的重要价值,将书籍的传播过程视为理解思想、社会以及历史的最佳途径及策略。

简而言之,西方学者的这些"书籍史"(histoire de livre)研究,不同于图书馆学、目录学和版本学意义上的"图书史"(history of the book),它是一种文化史的观照,其核心是将书籍理解为文化历史中的一股力量。书的制作情形如何? 由谁制作? 为谁制作? 撰作者与出版商之间的关系为何? 国家意识形态如何影响书籍的出版? 思想理念又如何通过书籍而传播? 书的价格与书的贸易情况如何? 书籍的传播与接受的社会效果如何? 读者的阅读能力与参与性怎样? 国家文化当局的权威及其影响力如何? 等等。这些问题的产生,使二十世纪六七十年代以来的当代书籍史研究开始超越传统的文献学研究,成为一个专门学科。这一学科的内涵是:在文献书籍存在的长久时段内,用最广泛、最完整的视角来看待它,探究其社会功用、经济和政治利益、文化实践与影响等等。

西方学者运用西方书籍史的视角,研究中国古代文献与社会文化历史的关系,产生了一系列富有价值的成果,也在一定程度上推动了中国本土学者在书籍史方面的探索。但西方学者主要关注近世以来的书籍与印刷,对其他时代、其他形态的文献关注不足,亦较少利用中国传统文献学中的学术资源。因而,结合中西学术积累进行中国古代文献文化史研究,是一个极富意义并具有广阔发展前景的学科方向。

2010 年底,以程章灿教授为首席专家的南京大学文学院古典文献研究所团队成功申请国家社科基金重大项目"中国古代文献文化史"(批准号:10&ZD130),项目分为十个子课题,子课题负责人依次为:赵益教授、徐兴无教授、于溯副教授、巩本栋教授、俞士玲教授、徐雁平教授、张宗友副教授、程章灿教授、金程宇教授等九位。其预期成果为十卷本《中国古代文献文化史》。这个研究团队及其依托的学科群体,在古典文献学、域外汉籍研究、古代文化史研究等领域已有较为丰厚的学术积累,也较早开始了中国古代文献文化史的研究探索。

立项以来,研究团队多次对十卷本《中国古代文献文化史》的架构进行系统规划,深入研讨这一课题的内涵、意义、价值及研究方法,凝聚共识。研究团队多次主办学术讨论会、专题暑期学校、学术论坛、工作坊、系列报告等,深化对文献文化史概念及其研究思路的思考。研究团队还在《文献》《南京大学学报》《学术研究》《古典文献研究》等重要学术刊物上组织专栏,发布文献文化史研究的阶段性成果。2013 年 1 月 23 日,《中国社会科学报》A1 版以《古代文献文化史:超越"书籍史"的本土化尝试》为题,发表该报记者霍文琦对程章灿教授的访谈;同年赵益教授在《南京大学学报》第 3 期发表《从文献史、书籍史到文献文化史》一文,系统阐述文献文化史的研究思路,扩大了本项目的社会影响和学术影响。从 2010 年至 2020 年,研究团队邀请来自美、欧、日、韩的国外学者来校交流讲学,通过多种形式的国际学术交流,以更好地借鉴外来的学术方法与观念,开阔视野。在研究团队成员的指导下,南京大学中国古典文献学和中国古代文学专业的研究生们围绕中国古代文献文化史进行专题研究,进一步开拓了中国古代文献文化史这一新的学科领域。

"十年磨一剑,霜刃未曾试。"经过十年的辛勤耕耘,十卷本《中国古代文献文化史》终告完成。2020 年,十卷本《中国古代文献文化史》荣获国家出版基金资助,标志着这一成果获得了学界同行的认可。十卷本《中国古代文献文化史》包括:

第一卷　中国古代文献:历史、社会与文化（赵益著）

第二卷　早期经典的形成与文化自觉（徐兴无著）

第三卷　中古时期的历史文献与知识传播（于溯著）

第四卷　宋代文献编纂与文化变革（巩本栋著）

第五卷　明代书籍生产与文化生活（俞士玲著）

第六卷　清代的书籍流转与社会文化（徐雁平著）

第七卷　治乱交替中的文献传承（张宗友著）

第八卷　作为物质文化的石刻文献（程章灿著）

第九卷　汉籍东传与东亚汉文化圈（金程宇著）

第十卷　中国古代文献文化史史料辑要（程章灿、许勇编著）

第一卷《中国古代文献:历史、社会与文化》是全书之绪论。本卷开宗明义,就中国古代文献文化史之研究内容与撰述方针提出自己的见解。全卷除"绪论"之外共设五章,分别从中国古代文献之历史、社会与文化三个方面,拈出具有宏观性的问题进行系统论述,对其中悬而未决或有待探索的重要问题,辨证前说,阐述新见,也为深入的思考和未来的研究提示方向。

第二卷《早期经典的形成与文化自觉》是专论之一,专论先秦两汉时代早期经典形成的历史语境和形成条件。本卷既注重从文明史的角度讨论中国"前轴心时代"和"轴心时代"的经典文化,又重视从经典文化的角度讨论早期中国经典的意义体系及其文化转变。从早期经典的发生,到诸子文献的形成,从先秦两汉经学文献体系的形成,到西汉末年谶纬的兴起,本卷系统论述了经典的宇宙化、历史化和神秘化过程。

第三卷《中古时期的历史文献与知识传播》是专论之二，专论中古史部文献之形成与传播。本卷第一章抓住中古时期历史编纂和历史知识传播过程中的五个特点进行讨论。以下四章围绕这些特点，以史书、史志、史注、史部形成以及具体史传文本为中心，讨论中古时期不同历史文献的书写策略，进而论述中古文献收藏以及史部文献在收藏活动中的优势和劣势，呈现中古史部文献的存佚与当时文化环境之间的关系。

第四卷《宋代文献编纂与文化变革》是专论之三，专论宋代文献编纂及其对文化变革之影响。宋代正式从钞本时代进入刻本时代，文献数量浩如烟海，其编纂方式、阅读方式与传播方式都发生了显著改变。本卷选取宋初四大书、经部文献、北宋私家藏书与文献编纂、南渡之际文献传承以及集部文献的新变等个案，通过对具体文献之编纂、整理、刊刻、流传的研究，挖掘和揭示其蕴含的思想文化意义，确立其在宋代思想文化史上的作用和地位，勾勒有宋一代思想文化发展的轨迹。

第五卷《明代书籍生产与文化生活》是专论之四，专论明代书籍生产及其文化环境。本卷挑战传统文献学中所谓"明人刻书而书亡"的观念，从新的角度思考明代图书生产现象。明代图书生产者身份多样，官刻、坊刻与家刻长期互动，时常联手，造成嘉靖、万历以降图书生产的兴盛，其征稿、编书、写书方式以及图书文化功能发生不变，足以体现明代图书生产的灵活性和复杂性。本卷十分重视商业出版，但不是在商业出版的框架内讨论书籍的社会史和文化史，而是在书籍的社会史和文化史中发现商业因素，从而确认在图书生产中政府、社会群体、作者、赞助者、出版者、评论者、接受者各自的位置、角色及身份的变化。

第六卷《清代的书籍流转与社会文化》是专论之五，专论清代之文献文化，其基本思路是关注社会中层与底层，尤其是区域社会的"书群"，以体现清代文献的时代特色和本土特色。本卷强调，文献文化史要研究"动态的文献"或者有"社会情缘的文献"，具体而言，是既要关注文献的内容与物质形态呈现（如家集、新学书籍、日记等新文献形态），关注文献之著述、编辑、刊印、流通、阅读等环节以及每一环节所牵涉的行为动机，又要关注所关联的环节与人群之间的互动，如关注抄书、藏书题跋、石印等环节以及书估、女性读者等人群,通过对零散材料的搜集与整合,提炼问题,展开深入而有新意的探讨。

第七卷《治乱交替中的文献传承》是专论之六,专论治乱交替与文献传承之关系。本卷以治乱交替之背景为切入点,研讨中国古代文献传承的内在理路。文献作为文化载体,具有强大的文化内驱力,在历代研习、注解、新纂中不断实现文本衍生与代际传承,以刘向、刘歆父子与朱熹等人为代表的历代知识阶层是推动文献传承的主体力量。历代帝王从维护巩固其统治地位、加强思想控制出发,也往往重视文化建设,建构同本朝政治体制相适应的文献体系,从而成为文献恢复、整理、编纂与传承的有力推动者。

第八卷《作为物质文化的石刻文献》是专论之七,专论石刻文献,弥补了以往文献研究及书籍史研究之不足。中国古代石刻源远流长,类型繁多,影响深远。本卷超越以往石刻研究偏重史料研究和史学研究的格局,从物质文化角度深入石刻的生产、使用、阅读、传播全过程,特别关注刻工与拓工这两个以往被忽视或遗忘的人群,透过刻工、拓工与文士的交往,突显其社会文化存在。各章论述中提炼的"尤物""礼物""景物""方物""文物""读物"等主题词语,概括并凸显了作为物质文化的石刻在中国文化史上的功能与意义。

第九卷《汉籍东传与东亚汉文化圈》是专论之八,专论汉籍东传与汉文化之东亚传播。汉籍不只是文化交流的媒介和途径,也是东亚汉文化的重要组成部分;不只是中国与东亚其他国家之间的文化桥梁,也是日本、韩国等国吸收世界其他文明的媒介。可以说,汉籍东传是促使东亚汉文化圈形成、东亚文明格局发生变化的动力之一。从东亚汉文化圈的视野研究汉籍东传,意义重大。本卷从汉籍东传之途径、特点以及汉籍回流等角度切入论题,详细论述汉籍东传对东亚各国广泛与深远之文化影响。

第十卷《中国古代文献文化史史料辑要》分为两个部分:第一部分是从古典文献中辑录有关古代文献文化史研究之资料,分门别类,首次建构了中国古代文献文化史的传统论述框架;第二部分选取海内外有关书籍史、印刷史、阅读史、藏书史等方面的研究著作四十馀种，各撰提要，加以评述，为中国古代文献文化史研究融合中外、开拓创新提供思考和参证的基础。

从总体架构上看，十卷本《中国古代文献文化史》舍弃传统的线性叙事和面面俱到的论述结构，而以绪论、专论与史料辑要来建构全书论述。绪论一卷（第一卷）以中国古代文献的总体状况为基础，以历史发展为线索，以若干具有全局性问题的论述作为发端，对中国古代文献文化史进行宏观观照。专论八卷（第二卷至第九卷），由各项专门研究组成，包括不同时期及不同类型文献的作用与影响，各种文献现象的社会文化内涵，不同的文献制作、传播、阅读、授受方式与社会文化的互动关系等众多的专门问题。史料辑要一卷（第十卷）汇辑有关中国古代文献文化的史料以及海内外重要研究成果提要，通过资料汇编和研究文献评述来总结学术历史，为未来研究奠定基础。

从总体思路上看，《中国古代文献文化史》有如下三个重点：第一，从文化的视角阐释文献，突出新视角与开阔视野，以文献为依据叙述文化，强调实证求是，勾勒文献发展的历史线索，突出中国古代文献的民族文化特色；第二，注重文献的生产、阐释、传播与接受的历史传统，在动态过程中把握文献的社会文化意义，重视中国古代文献的域外传播及其对东亚文化圈形成的影响；第三，既强调对中国古代文献历史的整体把握，也注重文献形态的复杂性与多样性，特别是书籍以外的其他文献形态，如石刻等。总而言之，本书始终把文献理解为中国文化史中的一股重要力量，探寻这股力量如何发生作用，具有怎样的意义，以及如何形塑了中国文化的传统。

本丛书采取多维视角，运用多学科研究方法，主要包括而不限于如下三个层面：第一，在文献层面上，采取包括传统校雠学、目录学、版本学、典藏学、编纂学等多学科相结合的方法，以期更好地分析与解决问题。本书第四卷较多采用编纂学的研究视角，而第七卷较多采用了目录学的视角。第二，在文化层面上，结合当代文化研究的理论与方法，如新文化史、物质文化研究、接受学、传播学等，更好地揭示了古代文献的文化内涵。本丛书第八卷较为集中运用物质文化研究的视角，而第九卷则结合了目录学与传播学的方法。第三，在历史层面上，既以技术史，也以经济史、社会史、学术史、思想史、文化史的视野进行多方面的观照。本丛书第六卷第十章使用技术史的视角，第一卷和第二卷则较多使用学术史和思想史的视角，而在第三卷和第五卷中，社会史视角比较突出。

本丛书的总体特色主要体现在如下三个方面：第一，结构体系上，以问题为中心，以历史发展为线索，对文献文化史进行全面而系统的观照。丛书的总体框架大致以绪论与专论相结合，既重视各卷之间的连续性和整体性，也突出各自的专题性和独特性。每个子课题都设立核心焦点，从各自不同的角度切入，追求论述的深度和视角的创新。第二，具体操作上，简牍时代、写本时代与印本时代并重，在继续深入进行明清书籍史研究的同时，显著填补宋以前文献文化史的空白；在突出其历史阶段性的同时，重视中国古代文献的形态多样性，动态把握其历史进程，特别重视中国古代文献外传对东亚汉文化圈形成的意义。第三，理论方法上，从原始文献出发，传世文献与出土文献兼收，文字材料与图像资料互相参证，考据与义理并重，旨在总结中国古代文献的民族特色，彰显其对人类文化的贡献。

本丛书确立了中国古代文献文化史这一新的研究方向与领域，在文献发掘、研究方法及学术思路上都力求创新。本丛书重视发掘以往未受重视的文献类型，在传统的书籍文献之外，重视日记、书札、石刻与出土文献；在传统的古文献学资料之外，重视国外的书籍史、印刷史、新文化史等研究文献。此其一。本丛书由多位在古典文献学领域素有研究的学者承担，注重"长时段"的时间观念，弱化单纯的线性进程，各以一个较大问题为中心，如古代文献的核心问题、早期经典的形成与文化自觉、中古时期的历史文献与知识传播、治乱交替中的文献传承、宋代文献编纂与文化变革、明代书籍生产与文化生活、清代的书籍流转与社会文化、汉籍东传的文化意义以及古代石刻文献的内涵与意义等，进行深入细致的探讨，多维度阐释中国古代文献文化的丰富内涵。此其二。本丛书的学术思路是将文献与文化相互融合，从文献的实证角度阐释文化，从文化的宏观视角审视文献，突破了已有研究成果将文献史研究与文化史研究割裂的格局。换句话说，本丛书的研究突破了传统文献史研究的旧有框架，借鉴"书籍史"此一新文化史研究视野并力求超越，研究对象从"书籍"扩展至"文献"，时间范围从"宋元明清"扩展至整个中华文明史，深入挖掘中国古代文献的文化历史内涵，特别注重发掘古代文献的文化建构意义。此其三。

本丛书虽然已有十卷之多，字数也多达 400 万，但是，相对于浩瀚的中国古代文献文化史研究领域，这只是扬帆初航而已。我们深知，已经完成的工作尚有诸多不足，还有大量的领域有待继续深化拓展。

"路漫漫其修远兮，吾将上下而求索。"

2021 年 6 月 26 日初稿

8 月 3 日定稿

目　次

插图目次

插图目次

前　言

　　"中国古代文献文化史"项目在提出问题并着手研究伊始,即由全体研究者共同确立了一个基本原则:此一历史课题的研究既不采取概论通史的论述方式,也不拘泥于线性的时间顺序,而是以问题为中心展开专门的探讨,旨在通过对诸多重大问题的深入考察,揭示中国古代文献历史发展过程中的丰富意义。根据这一原则,本人承乏撰述的第一卷既非全体研究的总论,更非各卷内容的总括介绍,同样也必须是一个具体的专论。毫无疑问,也正是在这样一种原则规范的前提下,本人才有胆量作此首章,因为我只需要发表一些个人的心得,而不必要(当然也不可能)弥纶群言、折衷是非。

　　尽管第一卷所讨论的问题较为宏观,但实事求是地说,全书的内容恐怕当不起目前的标题:"中国古代文献:历史、社会与文化"。之所以会最终选定这样的题目,主要出于两个原因:一是列为整部丛书的首卷,且论题较大而与各个专论有所不同,需要有所区分;二是同时强调个人的一种思考,文献文化史研究就是将观照视野从文献本身的文本内容挣脱开去,在研究其作为一种人为创造成果的历史过程的同时,探求其社会文化意义。以此,如果实在找不到恰如其分的词语用以概括的话,这样一种略嫌空泛却不失标揭作用的标题,或许也无妨是一种选择。

　　个人以为,中国古代文献文化史研究首先要回答两个问题:第一是为什么需要用文献文化史取代文献史及文献各分支的专门史,第二是为什么必须将"书籍"扩大至"文献"。第一个问题实际上是学术的发展问题，与西方新文化史所以兴起、书籍史为什么取代旧有研究相类似。从"百年前后论升降焉"的学术史来说，胡适在近百年以前曾指出"专史"有待拓进，"专史云者，积累既多，系统既明，乃有人焉，各就性之所近而力之所能勉者，择文化史之一部分，或以类别，或以时分，著为专史"，"此则前修之所未逮，而有待于后来者矣"①。不用说，百多年来"专史"的发展远远超过了胡适可能的预估，就文献一端而言，目录、版本、校勘、存佚、流通、典藏等专门领域，均各有史。但百年以后也可以发现：各种专史如砖瓦遍地，却不见楼台一寸；集合诸端之概论，间或有之，融合文献与社会文化为一炉之"整体史"，则尚无作者。显然，如果说文献文化史是一种纠弊或革新的学术新探索，其内容就是尝试成为关于文献的整体史。第二个问题则是中国语境中所独有的问题："书籍"与"文献"不仅仅是简单的名词概念上的内涵外延的不同，而且反映出某种独特的文化意义。在古代中国，社会意义而不仅仅是文本、物质意义上的"书籍"恐怕到明代中期才趋于完整，而全部意义上的"文献"则自书写产生以后就一直存在并延续至今，并且能够完美地包涵"书籍"。假如这一显著的文化特性被有意地忽略，也就是在研究整体史的过程中单纯注重"书籍"而不扩大至"文献"，则无异于只见树木、不见森林。2010 年我曾围绕以上两个首要问题撰写并发表了一篇文章，现在看来，对西方书籍史的各种趋向的综述深度或有不足，但对中国本土研究过分偏重于各专门史的弊端的批评，以及关于将"书籍史"扩大为"文献文化史"的呼吁，至今似仍不乏意义。此次将该文进行增订修改后列为本卷绪论，对上述首要问题作出回答以引起全书，同时也再一次予以强调，因为近十年以来这两个问题的重要性并没有引起人们过多的注意。

　　"历史"是本卷首先考虑并着重加以讨论的内容，分三章对三个问题进行了综合的思考，即：如何探明中国文献传统的特色，怎样分析、评价文献形制的影响作用，以及如何认识文献历史过程中的存亡机制。在一

---

　　① 胡适《淮南鸿烈集解序》，见刘文典撰，冯逸、乔华点校《淮南鸿烈集解》，中华书局，1989 年，第 1—2 页。

般印象中，如此闳重紧要的问题不仅一定会有繁富的讨论，而且势必已经达成某种共识，事实上却并非如此。对待文献传统，本土学者往往以顶礼膜拜之信仰代替分析、比较之实证，他们对此一传统的总体评价或甚到位，而对其历史独特性特别是比较视野下中西文献传统不同特色的具体揭示，却基本付之阙如。当然，评价是很重要的，文化研究者都免不了进行文化评价，但任何评价都必须建立在学术研究的基础之上，需要首先解决事实真假和推论对错；如果总是囿于"民族中心主义"而不得不"纵目放心"，抛却对历史过程的实证，评价也就失去了意义。

在我看来，"形制与意义"是西方书籍史研究中最值得我们深思的趋向。这样说的理由有两点：第一，从"新书志学"（New Bibliography）到麦肯锡（Donald Francis McKenzie）"文本社会学"（Sociology of Texts）再到罗伯特·达恩顿（Robert Darnton）、罗杰·夏蒂埃（Roger Chartier），极富成效的研究成果已经充分证明了关注文本生产过程、物质载体、呈现形式和历史、文化情境中接受者的重要性，并已阐释出其中蕴藏的丰富意义。第二，这一视角在极大程度上更契合于观照由"书籍"扩大来而来的整体中国古典文献，因为中国文献传统蕴藏的载体和形式（即所谓"形制"）的丰富性和多样性，较之西方绝对可以说是有过之而无不及。但接下来的问题就是：我们自己为什么不能发明这样的方法？为什么不能在清人和王国维、余嘉锡的基础上更进一步，提出系统的理论？是不是我们对研究对象——中国古代文献——的自性仍然缺乏深入的了解？当然，在这一章的讨论中并未回答（可能也无法回答）这些问题，只是提出了我个人关于在中国古典文献语境下"形制与意义"的相关思考，重点是举出前人时贤在具体文献研究中揭示出来的例子，用以说明很多现象还有待于去发现，有待于深入解释其意义。①

文献存亡属于相对纯粹的"历史"问题，本土学术界相关研究又是另外一种情形：专门史意义上的描述、综论乃至于对历史上"书厄"之论的详细辨证比比皆是，可是面对为什么幸存、为什么亡佚的根本问题，除了天灾（自然因素）、人祸（人为因素）这些极其次要的因素外，从古迄今并无更多的回答。张舜徽先生关于文献存亡的真知卓见，几乎没有人加以重视并继起探索。实际上，"文献存亡的根本原因在于文献本身"并不是一个不易发现或难以证明的结论，但很少有研究明确地指出并进行深研，这一事实不能不令人觉得成见的根深蒂固，确实轻易不得摆脱。在有些文献学家看来，存亡原因的落实并不重要，或存或亡是既成事实，不可更改。这一论点貌似有理，实则大误。我们追寻文献存亡根本原因的目的确实不在于原因本身，而在于由此探明文献发生发展的内在机制。如果不能明白文献存亡的真相，何由知其运行机制？倘若无法掌握中国古典文献这一个两千多年生命体的生理机制，又如何阐释它的意义？

"社会"内涵的探讨是西方书籍史研究的第一要义，在中国文献文化史研究中同样也是一个核心内容。文献书籍的社会意义，实质就是文献书籍如何与社会发生互动、发生了怎样的互动。如果要以宏观的角度在这样一个历时性的互动过程中提出一个最重要的问题，那毫无疑问就应该是商业出版与社会发展的关系。按照安德森（Benedict Anderson）的

---

① 迄今为止的相关研究，除插图、版式等显见者外，鲜有新的发现。最近见到 *Impagination: Layout and Materiality of Writing and Publication: Interdisciplinary Approaches From East and West*（Ku-ming Kevin Chang, Anthony Grafton, and Glenn Warren Most eds., Berlin: De Gruyter, 2021）一书，其中涉及中国古典文献的有 Bruce Rusk 所撰 "Writer's Block or Printer's Block: The Book and Its Openings in Early Modern China"，李仁渊（Ren - Yuan Li）所撰 "Placing Texts on Chinese Pages: From Bamboo Slips to Printed Paper"，以及 Loretta E. Kim 所撰 "Recovering Translation Lost: Symbiosis and Ambilingual Design in Chinese/Manchu Language Reference Manuals of the Qing Dynasty"，表明中外学者正在此方面进行多方探索。

理论,因为中国没有产生资本主义,所以印刷术不可能产生重大的影响①。爱森斯坦(Elizabeth Eisenstein)指出,印刷术对不同领域的影响是迥然不同的,而这些不同是传播变革复杂而矛盾的性质决定的,因此,"企图用一个公式去囊括印刷术的一切后果是徒劳之举"②。印刷术特别是商业出版在不同文化中的作用更为复杂,绝不可做硬性的比附。如果我们承认明代中国的商业出版绝不像西方印刷业那样直接引发了文艺复兴、宗教改革、启蒙运动和科学革命,那么它是否还对社会有所影响?如果有影响,究竟发生了哪些具体影响?仍然是需要面对的问题。

解决这一问题需要大量的实证研究为基础,幸运的是,前人时贤已从文献史、出版史、经济史的角度做了很多工作,提供了丰富而翔实的事实依据,使我们可以有条件抓住问题重心去进行思考,从而得到纲举目张之效。这些问题重心就是本章选择的"明代中后期商业出版的商品经济水平""明代的知识商品化及其性质""商业出版与教育普及"三点,它们都是商业出版社会影响作用的前提条件,其结论可以逻辑地推导出问题的答案。这一章还进行了一项个案研究——对"明代通俗日用类书"予以重新审视,旨在提供一个非常典型的例证。"明代通俗日用类书"的研究已颇为丰富,海外汉学和本土研究的结论都相当的一致,可是不同研究中的简单一致性往往预示着某种程度的谬误,需要重新思考。关于"明代通俗日用类书"的已有认识是一个很好的切入点,可以让我们发现在明代商业出版社会影响这一问题上,同样存在着不少需要纠正的成见。这一章的结论可能"颠覆"很多既有观念,但这一"颠覆"并不是否定十五世纪开始蓬勃兴旺的商业出版的社会作用,而实质上是重新指出究竟是在哪一种方向上发生了哪一种作用。

"文化"是一个更加宏大的讨论领域。如果要举出中国文献传统最

---

① [美]本尼迪克特·安德森《想象的共同体——民族主义的起源与散布》,吴叡人译,上海人民出版社,2011年,第47页注释21。

② [美]伊丽莎白·爱森斯坦《作为变革动因的印刷机——早期近代欧洲的传播与文化变革》,何道宽译,北京大学出版社,2010年,第436页。

显著的文化现象，毫无疑问就是一脉相传的书面语（文献语言）并成为"文献共同语"的历史事实。假设中国"文言文"像拉丁文那样消亡，文献传统必将随之而断裂，近世统一的社会文化共同体和当代民族国家更不会形成。汉字书面语的独特性世所共知，但是，我们究竟应该怎样认识这一特性？是执迷于对汉字"魔力"的宗教式崇拜和玄学式申发，还是在尊重语言、书写规律和人类学研究成果的基础上进行科学的思考？毋庸讳言，在"书写"这一重要问题上，本土学者往往陷入前一种窠臼而不能自拔，根本缘由是他们在文化研究中完全排斥理性主义，并以文化差异性为借口规避悖论。而这样做的后果，反而会误导对自身文化的认识，遑论阐释其意义。

"文献语言—口头语言"和"文献传统—社会一般生活传统"、"精英文化—民俗文化"一起，对应着古代中国的大、小传统之分立与融合，是理解中国传统的关键。其中，"文献语言"成为一种"文献共同语"的意义最为显著，"文献共同语"不仅仅是造就了连绵近三千年且从未断裂的文献传统，更重要的是它揭示了中国文化在当代乃至未来独特存在的某种真相。

以上大致是本卷所提出的、尝试予以解答的主要问题。正如前面已经提到的，想要完美地解决这些问题或许是一种奢望，因为很多问题并不存在标准答案。人文研究的终极目标，无非是揭示出新的意义存在的可能性，也就是不断提供新的视角和思路，从多种途径进行阐释。因此，人文研究的方法极其重要，文献文化史研究本身，实际上也就是提出一种方法。本卷研究在方法上有两点追求：

第一是依据文献的特质建立解释原则。文献是主观与客观的结合，主观方面表现为文献的内容、创撰主体以及受众的接受和选择；客观方面则主要表现在生产、形制及传流。文献文化史主要探讨作为客观事物的文献的社会文化内涵，首先面对的是文献的客观层面，而客观事物符合因果律，所以因果关系的考察成为一种必然。

文献的客观层面中因果关系固然无处不在，却极其复杂。如文献存佚积聚的内在机制、文献形制与意义的关系等，机深理微，难以悉举。如果因此而否定在这些问题上进行因果关系探讨的可能性与合理性，或一概弃置不论，无疑都是错误的做法。历史学既不会因为"往事不可追忆"而丧失必要性，也不会因为"一切历史都是人为建构"而失去客观性，当然也就不应该在面对历史因果的时候裹足不前、束手无策。英国历史学家 E·H·卡尔引用一位法国学者的观点：科学向多样性、复杂性前进的同时，也在向同一性、简单性前进，这种双重的、显然又是矛盾的过程是知识的必要条件。卡尔认为，这也正好是符合历史，"历史学家必须通过简化原因工作，也必须通过增加原因工作。像科学一样，历史通过这种双重的、显然又是矛盾的过程前进。"①从这个意义上说，第三章《存亡与理势》大约就是"简化原因"，提出文献存亡的关键性要素而剔除细枝末节，揭示真正的存亡机制；第二章《形制与意义》则显然是"增加原因"，通过分析出新的因果关系，不断发现形制影响意义的新的真相。

第二点是比较。中西各自独立的文献传统是人类本质共同性和文化差异性的最好证明之一。中西文献研究者本来都应该为存在着另一种文献传统而感到庆幸，因为这使得彼此都拥有了比较的可能，可现实结果却是，中西文献研究者之老死不相往来，恐怕比任何一门学科都要严重。造成这一局面有明显的客观原因，比如文献学家需要广博深厚的学识，一人之力无法兼通中西；以及文献研究必须接触文献实物，学者往往缺乏条件等等，但更主要的还是主观原因：有一种将中西文献完全视为异类而无从进行比较的观点已经长久地固化在很多人的头脑中，以至于竟然成为某种程度上的真理。由此可知，发现"他者"其实并不是一件轻松的事情，它至少需要一种"孤独的旅行"——主动走进一个不同的世界。

文献书籍史上的比较，最重要的是首先对"他者"进行背景和整体性的分析。因为文献书籍本身是物质现象，彼此异同比较容易认识，而其背景和整体性则极易忽略。其中，整体性分析尤其重要。所谓"整体性分析"，就是把这个对象的组成要素还原到该文化的整体背景之中，以发

---

① ［英］E. H. 卡尔《历史是什么》，陈恒译，商务印书馆，2012 年，第 189—190 页。

现它们与文化内部各方面的联系。以欧洲写本时代为例，比如所谓 pe-cia（分帖制）与欧洲十二、十三世纪大学建立，以及大学教授内容有着什么样的关系？再以欧洲印刷时代为例，比如印刷书为什么这样装帧？与文本语言、书籍类型、活字印刷术、载体制度、艺术与审美、书籍"交流循环"有什么样的关系？等等，都是必须充分体察的内容。只有对"他者"具备整体性认识，返观自身才能取得有效成果。做到这一点恰恰很难，因为学贯中西对任何人来说都不容易。虽然说本卷的很多重要收获来自于比较，但在比较中对西方文献进行的整体性分析是否得当、认识是否准确、比较的结论是否合理，实在是需要进一步检视的。无论如何，比较是中国古代文献文化史研究的不二法门，我们只能知难而进，绝不可畏缩不前。

　　本卷的研究是与其他各卷同步进行的，虽然都是各自独立的探讨，但研究过程中交流互动极其频繁，商量、讨论乃至争论无时不有。作者从中收获之丰，难以缕述。在本卷研究工作的后期，浙江大学两位分别研治中、西文献学的优秀学者冯国栋教授和郝田虎教授发起了"中西比较文献学和书籍史研究工作坊"，至今已举行四次。本人参与工作坊讨论并聆受中西文献和书籍史专家的高论洞见，受教匪浅。从 2010 年开始，我也指导学生以更广阔的视野来研究古典文献，虽然成绩不尽如人意，但从共同面临的困惑、疑难中，彼此都得到了很多启发，颇得教学相长之乐。总之，本卷的完成是得到众力襄助的结果，但所有的疏误阙失则由我一人负责。我希望这个微不足道的成果只是一个新的起点，以此为始再度出发，继续中国古代文献文化的探索旅程。

绪论
从文献史、书籍史到文献文化史

二十世纪中期以降,西方史学界关于文献、图书特别是印刷书的社会、文化研究——"书籍史"——逐渐兴盛,并成为一个专门的领域。近三十年来,以"书籍史"的方法视角对中国古代文献图书史进行研究,也成为海外汉学的热点之一。① 中国本土学术界对此一直予以密切的关注,并渐次展开此一新领域的探讨,②但相关研究始终未能超越中国学术固有传统的文献研究和一般意义上的"专史"研究如文献史、书史、出版史、印刷史、藏书史的层面,"书籍史"的新观念并未得到明确,"文献""书籍""出版""印刷"等概念的内涵始终未能得到统一,"文献史""出版史""书籍史""书籍文化""出版文化"等领域之间的界限至今晦涩不

---

① 关于此方面的具体情况,可参阅 Cynthia J. Brokaw, "On the History of the Book in China" (in Cynthia J. Brokaw, Kai-wing Chow eds. , *Printing and Book Culture in Late Imperial China* , University of California Press,2005),[美]梅尔清(Tobie Meyer-Fong)《印刷的世界:书籍、出版文化和中华帝国晚期的社会》(刘宗灵等译,载《史林》,2008 年第 4 期),[美]周绍明(Joseph P. McDermott)《书籍的社会史——中华帝国晚期的书籍与士人文化》附录《本书所涉及相关书目的说明》(何朝晖译,北京大学出版社,2009 年),涂丰恩《明清书籍史的研究回顾》(载《新史学》二十卷一期,2009 年 3 月),张炜《西方书籍史理论与 21 世纪以来中国的书籍史研究》(载《晋阳学刊》,2018 年第 1 期)的相关综述。

② 以 2005 年召开的"中国和欧洲:印刷术与书籍史"研讨会及其论文集《中国和欧洲——印刷术与书籍史》(韩琦、[意]米盖拉编,商务印书馆,2008 年)为代表。

明，①真正意义上的以社会、文化视角为主导的"书籍史"研究仍然相对沉寂，②与传统文献史、图书史、印刷出版史等领域研究的持续发达形成鲜明的对照。

某种学术状况的存在不一定是合理的，但一定是具有自身内在原因的。由此我们必然要思考的是：本土学术中这种自成系统的文献、图书研究具有什么样的"内在理路"及其强大惯性，从而使新方法、新视角的引入发生某种观念上的歧异和实践中的困惑？ 或者，中国学术在借鉴西方书籍史观照视野的过程中，是否未能充分反思研究对象——中国古代文献、书籍——的客观属性，以至于没有提出适合于这种对象属性的新问题？

显然，对上述现象及内在原因的认真思考首先在于梳理中国自有的传统，并由此回到研究对象本身中，去发现其所以区别于他物的自性。这将不仅有助于借鉴新的方法，加深对既有问题的思考，而且能够促使我们开辟真正富有意义的问题领域，最终获得卓有成效的研究结果。

一、传统文献研究的属性与"文献史"研究

中国文献传统源远流长并独具特色，③这缘于其崇尚经验的农业文

---

① ［美］梅尔清《印刷的世界：书籍、出版文化和中华帝国晚期的社会》，刘宗灵等译，载《史林》，2008 年第 4 期。

② ［美］周绍明《书籍的社会史——中华帝国晚期的书籍与士人文化》附《本书所涉及相关书目的说明》和韩琦、［意］米盖拉编《中国和欧洲——印刷术与书籍史》（商务印书馆，2008年）附《中国印刷史、书籍史中文参考文献》，是两篇相当简明扼要且能充分反映 2006 年以前研究动态的目录。其中，中国学者的研究仍然属于传统的文献史、书史、出版史、印刷史、藏书史范畴，而且多以历史描述为主。2006 年至今虽有一些采取新视野、新方法的成果出现，但总体上没有显著改变。

③ 这里所谓"文献"，取现代语义，指知识思想的书写记录及其载体。实际上，古典语境中的"文献"虽然是一个合成词（"史传之实录"与"先儒之绪言"），并具有包括一切典章制度在内的广义内涵，但"典章制度"等无非赖于书写而得到历史的传承，因此"文献"仍然偏重于"书写记录及其载体"的狭义指向。

化传统、文字和书面语的早熟以及载籍技术的不断进步。文献是精神成果的书写和物质化集成，所以文献发达与中国文明的发展延续，二位一体，不可分割。中国古代学者很早就意识到文献的重要性，始终予以高度关注。这种关注主要表现在两个方面：一是视文献为知识、思想、学术的代名词。文献的进化历程即知识、思想、学术的发展过程；整理文献即整理学术，研究文献即研究学术。二是以文献为思想知识及学术的载体，欲对其内容进行研究，首先必须对载体本身予以考证，以奠定内容研究的学理基础。

第一个方面表现为经典形成以后一以贯之的阐释传统。这种阐释在清乾嘉以后尤其生发成为一种反思视角，即章学诚所谓"辨章学术，考镜源流"。其核心，如当代学者指出的，是"厘清古今著作的源流，进而探文史的义例，最后由文史以明'道'"①。毫无疑问，它属于一种逐渐发展完善的中国学术独有的研究方法和观照视角，具有内在合理性。

第二个方面即清以降所谓目录版本校勘之学（今谓文献学或校雠学）。尽管不可避免地以文献历史描述为基础，同时也必然涉及文献的内容，但文献学或校雠学在根本上仍属于学术研究的基础性工作。目录学之实质，无论是从《七略》到《四库全书总目》的编目实践，还是郑樵、祁承㸁、姚振宗的目录条例归纳，总体上约略等同于西方近现代学术所形成的 historical bibliography、descriptive bibliography 及 analytical bibliography 的综合。② 而版本学的核心意义是揭示版本源流，版本源流的考察建立在版本实证和文本校勘的基础之上，客观目的仍是为学术研究服务。文本校勘则旨在解决文献文本长期流传以后所产生的文字讹误，力求恢复原始的文本，亦属于学术研究的前提性工作。

同样，在西方学术系统中，一般意义上的文献研究原本亦属于狭义文献学或图书馆学范围，与书志学或目录学（historical bibliography）、

①　余英时《论戴震与章学诚：清代中期学术思想史研究》，生活·读书·新知三联书店，2000 年，第 160 页。

②　目录学的学术研究入门导引和文献检索功用，是较低一级层面的问题，此处不论。

文本校勘(textual criticism)并列。这种文献学以历史描述性目录、善本鉴定为内容的书志学为基础，旨在为"文本校勘"提供实证依据。总之，在中西学术中，目录学、版本学、校勘学、文献考证都是各种学术研究特别是文学、历史研究的基础。在这个意义上中西文献学具有相当的一致性。

无论是"辨章学术，考镜源流"的方法视角还是中西文献学目录描述、版本谱系和文本校勘的基础实证，都是就事论事，并不将文献作为一种整体观照对象。将古代文献本身视为客观历史现象而加以考察，我们姑且称之为"文献史"，与上述两种关注有所不同，属于近现代兴起的新史学中的专门史研究。当然，如果推本原始，这种研究在中国渊源亦早。刘向、歆父子主持进行的第一次大规模的校书，不仅意味着对文献本身进行研究的文献学的发端，也标志着对文献发展史进行整体观照的滥觞。班固《汉书》取《七略》"以备篇籍"，开创出文献是历史组成部分的史学观念，也可以说就是文献史的真正起步。此后政府及私人藏书、校书，往往编有目录；隋唐以降数代正史，均以经籍、艺文志纪存文献，传统一脉相承。另一方面，宋以后学术发展，学者的个案研究特别是清乾嘉时期兴起的主张考镜文献以明学术源流的文献观照视野，均既重文献校雠，亦重文献历史。在郑樵《通志》"艺文""校雠略"、胡应麟《经籍会通》《四部正讹》，章学诚《文史通义》《校雠通义》等著作中，文献总体的发展历程，始终是立论的背景。尤其值得一提的是章学诚的例子：章氏具体的修史实践，表现在他对地方志编纂体例的探讨上，与戴震唯重地理沿革不同，章氏十分强调对一方文献发展的记录，"考古固宜详慎，不得已而势不两全，无宁重文献而轻沿革耳"（章学诚《记与戴东原论修志》，《章学诚遗书》卷十四）①。在章学诚看来，文献的历史可以取代行政沿革而成为地方史的重要内容。此是对历代正史皆重文献记录的进一步发展，将文献史提到了一个相当高的地位。

---

① ［清］章学诚《章学诚遗书》，文物出版社影印清嘉业堂《章氏遗书》本，1985 年，第128 页。

尽管如此,古代的文献史观念仍然是不自觉的。中古以后的"史志目录"主要是以档案材料(国家藏书目录)的编集为主要形式,它与各种整理性、考辨性的目录在总体上的做法基本相似。辑录体《文献通考·经籍考》和大、小序、提要俱全的《四库全书总目》集目录编纂之大成,或"先以四代史志列其目,其存于近世而可考者,则采诸家书目所评,并旁搜史传、文集、杂说、诗话,凡议论所及,可以纪其著作之本末,考其流传之真伪,订其文理之纯驳者,则具载焉"(马端临《文献通考》自序)①,或"叙作者之爵里,详典籍之源流……剖析条流,斠酌今古,辨章学术,高挹群言"②。所以,即使在这些目录中存在宏观的历时性总结,很大程度上也是以文献所承载的内容而不是文献本身作为历史考察的对象。简而论之,这种研究或者是一种学术史,或者仍从属于文献学。

中国真正意义上的文献史研究应该是从二十世纪方才开始。其时文献史并没有专门的名义,而常常以"书史""图书史"冠称,并以印刷史③、出版史为主要内容。每一种文献专门史研究又生发出各种分支。其中出版史中有偏重于传统文献的"编纂史",有"藏书(典藏)史"(包括"图书馆史")、"散亡史"等。晚近出土文献日多,以至于还有关注早期简帛图书的各种专论及简史。另外,新史学专门史的出现导致各种分科学术史的产生,因此文献学也产生了文献学史,其各个分支如目录、校勘、版本、辑佚、辨伪之学,均各有史。

在根源上,"文献史"是文献的重要意义以及重视经验的文化传统的延续和扩展的反映。中国学术是一种经典阐释之学,无论是通过文字训

---

① [元]马端临撰,上海师范大学古籍研究所、华东师范大学古籍研究所点校《文献通考》,中华书局,2011年,第16页。

② 余嘉锡《四库提要辨证·序录》,中华书局,2007年,第48页。

③ 印刷史研究的相对独立还有一个特殊的原因。出于印刷术作为一种发明的重要性,又因为中西学术界对印刷术的发明权、具体历史情状等存在着一定的不同意见,导致近现代研究给予高度重视。最早系统阐述这一问题的专门著作是卡特(T. F. Carter)《中国印刷术的发明和它的西传》,张秀民1958年撰写的《中国印刷术的发明及其影响》则是本土学者继起之作,三十年后(1989)又完成《中国印刷史》。同时在海外,钱存训为李约瑟《中国科学技术史》撰写《造纸与印刷》分册,在深度和广度上都将中国古代印刷史的研究推至一个新的水平。

诂、史地考证还是文献校雠,不外以明古代圣贤之"道"为旨归。中国古典传统不仅范围广大、历时弥久,而且五千年的历史构成一个整体,不像西方文化中的"希腊—罗马"表现出明显的"古典阶段",而它的一切都承载于深厚的文献之中。因此,尽管一度在西学冲击和政治干预下遭受了某种损害,但对文献本身的重视一直是中国学术的内在理路。

就中国学术的现代化转变的客观过程而言,"文献史"又是二十世纪新史学所主张的各种专门史的开拓结果。中西史学本来传统迥异,但在中国学术的现代化转变过程中史学首当其冲,整个二十世纪基本上以科学主义和唯物史观为主流,而这种史学观念的主要倾向之一就是对专门史的强调。①

这种文献史如果采取广义的范围和宏观的视野,当然不可避免地涉及社会与文化的内容。以当代学者所倡导的"出版史"为例:

> 其研究领域既有专业系统性,又有综合系统性。其研究内容主要可归纳为两个方面:其一是历史上出版活动内部诸方面的联系;其二是出版事业与人类社会政治、经济、文化及科学技术等方面的相互联系。具体地说,研究并叙述出版事业形成、发展的历史条件和具体过程,记述历史上有重大贡献的编辑家、出版家在文化创造、文化积累、文化传播方面的业绩,记述各类型重要典籍编纂出版的过程,揭示编辑出版在社会历史文化形成中所起的作用,从而揭示出版事业发展的规律,是该学科的研究内容和研究任务。因此举凡文字的产生、图书的起源、编辑的萌芽、出版业的形成、著名出版家的业绩、图书的编纂著述、整理校勘、抄写印刷、装帧设计、形式制度、贸易发行、典藏保护、流通利用以及各朝代的编纂刻书机构、组织管理、法规制度、出版业的优良传统、经验教训等,都是出版史的研究内容。②

---

① 参阅梁启超《中国历史研究法》,河北教育出版社,2003年。
② 肖东发等《中国出版通史·先秦两汉卷》前言,中国书籍出版社,2008年,第9—10页。

表面看来,这种研究具有将出版史、图书史的研究"与人类社会政治、经济、文化及科学技术等方面相互联系"的初衷,其所涉及的具体问题特别是文字的产生、图书的起源、编辑的萌芽、出版业的形成、抄写印刷、贸易发行、流通利用等,以及主要方法如经济考察与计量统计等,亦和当初开辟"书籍史"的年鉴史学取径有相同之处。但就实际情况看,此一文献史研究仅仅关注文献或图书的外在发展和物质形态演进的历程,它仍导源于近代史学的专门史扩展,而非形成于当代文化史观念的变革。专门史的内在要求是尽量集中于各种历史事相的专门化描述,而不是进行意义的阐发,因此当它越来越集中于专题性的历史描述时,局限性就必然凸显出来。这种天生缺陷使此类研究不可能具备真正意义上的社会、文化视野。与此类似,西方传统文献史或书史的主导倾向同样是关于文献或书籍的"物质性"的历史描述,如书籍的制作生成、载体的历史进程、版本状况,等等。尽管在传统文献史研究中也早已出现了关注"书"作为文化符号的历史亦即书的内容意义、传播、接受与评价、历史地位等的倾向,①但在主观上仍然是不自觉的,并在很大程度上仅仅是作为文献历史描述的补充而存在的。

　　对文献特别是更加社会化的"书籍"予以更高层面的文化审视,是文化人类学所带来的"文化转向"思潮的大背景下,年鉴史学特别是二十世纪八十年代以降"新文化史"兴起,近现代世界范围内史学观念进步变革以后的结果。毋庸讳言,尽管进化论人类学很早就传入中国并得到广泛的响应而导致"文化"思潮的出现,但由于本土语境的作用和政治的影响,整个二十世纪后半叶中国并未与西方实现同步的转向。而近几十年来,史学观念虽然已有重大突破,但以线性时间为原则、以原始史料的科学实证分析为根本手段、重在进行历史描述、填补历史空白的传统史学仍然具有强大的存在合理性,并未因史学的人类学转向(或"文化转向")

---

　　① 参阅 John A. Buchtel, "Jane Eyre on eBay: Building a Teaching Collection", in Ann R. Hawkins ed., *Teaching Bibliography*, *Text Criticism*, *and Book History*, Pickering & Chatto, 2006, p. 51。

和后现代发展而消减。更重要的是，由于"文献校雠之学"作为中国学术的内在方法，与中国史学传统和科学主义史学观念甚相契合，因而具有强大的力量，促使文献史及其种种专门史始终保持一贯的趋势。

二、"书籍史"的核心意义与海外中国书籍史研究

近代西方新史学诞生以来，特别是年鉴史学提倡社会、文化观照视野以后，开始出现以"社会""经济""文化"取代传统历史编纂学叙事关注的倾向。"新文化史"兴起后，各种文化现象诸如政治、知识思想、语言、性别、科学技术、物质、日常生活等都得到了前所未有的重视，"文献""书籍"特别是印刷书籍更加成为一种重要的反思对象。自二十世纪中期开始，书籍史研究大约出现了三条路径：第一条路径由法国年鉴派史学家吕西安·费弗尔（Lucien Febvre，或译费夫贺）及亨利－简·马丁（Henri-Jean Martin，或译马尔坦）所著《印刷书的诞生》（1958 年出版）开创，其特征是开始不局限于书籍印刷史本身，而是试图从宏观的角度解答印刷术的发明对整个欧洲历史究竟造成什么影响这一意义深远的问题。[①]《印刷书的诞生》开辟了此后各种书籍史如印刷品使用史、出版文化史、阅读实践史、写作文化史之先河，[②]此后各种研究不断从多方面进行拓展。第二条是伴随着"新书志学"的兴起而出现的路径，典型代表是唐·麦肯锡（Donald Francis McKenzie）率先从文本社会学的角度探讨书籍"形式"的社会意义，[③]提倡对书籍的物质形式及其生产、接受进行分析，

---

① 涂丰恩《明清书籍史的研究回顾》，载《新史学》二十卷一期，2009 年 3 月。

② 秦曼仪《〈印刷书的诞生〉推荐序》，见［法］费夫贺、马尔坦《印刷书的诞生》，李鸿志译，台北猫头鹰出版社，2005 年。

③ D. F. McKenzie, *Bibliography and the Sociology of Texts*, Cambridge University Press, 2004. 麦肯锡的重要论文及其学术思想评述见 Peter D. McDonald, Michael Felix Suarez eds., *Making Meaning: "Printers of the Mind" and Other Essays*, University of Massachusetts Press, 2002. 又可参阅李明杰、李瑞龙《物质形态与文本意义：麦肯锡文本社会学理论与方法述评》，载《中国图书馆学报》第 46 卷第 248 期，2020 年 7 月。

而不仅仅关注书籍的内容;此后罗伯特·达恩顿(Robert Darnton)、罗杰·夏蒂埃(Roger Chartier)在此基础上进一步予以推进。① 第三条是由马歇尔·麦克卢汉(Marshall McLuhan)开创的传播学路径,伊丽莎白·爱森斯坦(Elizabeth Eisenstein)明确指出"印刷的固化作用"在欧洲近代史上的重要性,②本尼迪克特·安德森(Benedict Anderson)又继之提出了"印刷资本主义"(print capitalism)在民族主义国家形成过程中的巨大作用。③ 二十世纪晚期,广义历史研究的"文化转向"进一步明显,诸如图书商品贸易史、图书阅读史、图书接受传播史特别是图书对社会文化影响的研究成为一种重要的学术思潮。最近几十年,西方"书籍史"研究发展很快,在理论、方法及实践等各个方面都有很多新的建树。④

在此观念背景下,海外汉学研究者借鉴书籍史的方法思路进行了中

---

① [美]罗伯特·达恩顿的代表著作有:*The Business of Enlightenment:A Publishing History of the Encyclopédia 1775 - 1800*(Harvard University Press,1979;中译:《启蒙运动的生意:〈百科全书〉出版史(1775—1800)》,叶桐、顾杭译,生活·读书·新知三联书店,2005 年)、*The Forbidden Best-Sellers of Pre-Revolutionary France*(W. W. Norton & Company, Inc. ,1996;中译:《法国大革命前的畅销禁书》,郑国强译,华东师范大学出版社,2012 年)。[法]罗杰·夏蒂埃的代表著作有:*CULTURE ÉCRITE ET SOCIÉTÉ, L'ORDRE DES LIVRES DU ⅪVème AU ⅩⅤⅢème SIÈCLE*(中译:《书籍的秩序——14 至 18 世纪的书写文化与社会》,吴泓缈、张璐译,商务印书馆,2013 年), *Forms and Meanings:Texts, Performances, and Audiences from Codex to Computer* (University of Pennsylvania Press, 1995)。

② [美]伊丽莎白·爱森斯坦《作为变革动因的印刷机——早期近代欧洲的传播与文化变革》,何道宽译,北京大学出版社,2010 年。

③ [美]本尼迪克特·安德森《想象的共同体:民族主义的起源与散布》,吴叡人译,上海人民出版社,2005 年。

④ 参阅[英]戴维·芬克尔斯坦(David Finkelstein)、[英]阿利斯泰尔·麦克利里(Alistair McCleery)《书史导论》,何朝晖译,商务印书馆,2012 年;戴联斌《从书籍史到阅读史:阅读史研究理论与方法》,新星出版社,2017 年。

国书籍社会文化史研究的尝试，①在他们看来，以往的中国"文献史"研究很少探索书籍的"文化"和印刷出版的"社会史"内容，亦即"印刷技术和出版结构影响印本书文化的方式；书籍作为商品、知识源泉、行业秘诀指导、娱乐、艺术品对知识生活、社会互动、文人交流、文化、政治和科学知识的传播以及宗教信仰的作用"，等等。② 新的中国书籍史研究，就是要突破传统"文献校雠"思路和旧有的文献史及各种专门史的研究层面，进行上述诸方面的探讨。近二十年来，相关研究成果已颇为可观。这种观念和具体研究本身并无问题，但有一个重要的事实是：它们完全来自一种移植，而且是其借鉴之源——西方"书籍史"——的根本问题意识的直接产物。这一事实决定了西方汉学关于中国书籍史研究的贡献和局限。

西方"书籍史"的核心意义首先在于其独特的"问题"。费夫贺在《印刷书的诞生》序言中就开宗明义地指出，其书"无意编纂或重写一部印刷史"，所以"并不会冗长地解释印刷术的发明，也不会重复一些老生常谈，讨论某个国家在印刷领域的领先地位，某位印刷大师如何比其他同业更形重要，某人在印刷的出现上应居何功，或是最早的印刷品由来为何"。费夫贺所意图表达的是，欧洲印刷术的滥觞"不仅早过地理大发现，也早过地动说的提出"，在当时林林总总的根本变化里曾扮演过重要的角色，并进一步成为西方文明的推手。《印刷书的诞生》的目的，就是证明"印刷书乃是娴熟寰宇知识的有效途径之一"。作者的一段目的性陈述非常重要：

---

① 这里的海外汉学研究者主要是欧美汉学家。日本学者如井上进、大木康等也进行了中国古代文献的社会文化研究，并有意识地超越传统文献学及文献史、图书史的层面，探讨出版与士人文化、出版与学术变迁等重要问题。但他们采取的思路颇有独特之处，并非是出于对西方"书籍史"的直接借鉴。详见[日]井上进《中国出版文化史——書物世界と知の風景》(名古屋大学出版会，2002 年；中译：《中国出版文化史》，李俄宪译，华中师范大学出版社，2015年)、《書林の眺望——伝统中国の書物世界》(平凡社，2006 年)、《明清学術變遷史——出版と伝統学術の臨界點》(平凡社，2011 年)；[日]大木康《明末江南の出版文化》(研文出版，2004年；中译：《明末江南的出版文化》，周保雄译，上海古籍出版社，2014 年)。

② Cynthia J. Brokaw, "On the History of the Books in China", in Cynthia J. Brokaw, Kai-wing Chow eds. , *Printing and Book Culture in Late Imperial China*, p. 5.

（印刷书）将多位代表性思想家散布于各地的理念，荟萃于一处。它对研究的重大贡献，在于将某人研究的成果，直接传递予另一位研究者，并以省时、方便，既不费力也不昂贵的方式，将所有领域中最卓绝的创造精神，恒久地融于一炉……透过知识的汇聚，书籍仿佛为前述理念带来新生，为其注入无可匹敌的力量与活力。这些新理念不仅获致一以贯之的新轴心，并基于同样理由，得到改革与倡导的强大能量。在极短的时间内，新的概念传遍了全世界每一个语言不致造成隔阂的角落。书籍创造出思想的新习惯；这些习惯不独存在于博览群经者的小圈圈里，更远远地向外延伸，扩及每一个懂得怎样思考的有智之士。①

而当代"书籍史"的重要实践者之一，《启蒙运动的生意》作者罗伯特·达恩顿则将研究的出发点直接定在了"把书籍理解为历史中的一股力量"②，从而探寻这种力量是如何发生作用并具有怎样的意义。毫无疑问，这种问题意识决定了书籍史绝不仅是换个角度来看书的历史，也不仅是将描述性文献史、文献学（目录学、书志学、版本学）、文本校勘、思想研究、文学和美学研究等学科融为一体来扩展对书的研究。诚然，"书籍史"的观照视野确实跳出了旧有束缚，而且作为一种文化审视，本身就带有整体的、综合的、比较的特色，并仍然需要依托文献学、目录学、文献史的成果处理书籍整体生产传播过程中出现的种种历史事实，但它的根本特性仍不在上述方面。"书籍史"的本质内涵与"书籍"这种既是物质的又是文化社会的现象的独特自性紧密相关，因为书籍记录、传播思想知识的重要性，同时其作为思想知识物质载体的客观事物，编纂、生产、复制、流传、接受等"书"的"交流循环"（communications circuit）又呈现

---

① ［法］费夫贺《印刷书的诞生》序，见《印刷书的诞生》，李鸿志译，台北猫头鹰出版社，2005年，第19—20页。

② ［美］罗伯特·达恩顿《启蒙运动的生意——〈百科全书〉出版史（1775—1800）》，叶桐、顾杭译，生活·读书·新知三联书店，2005年，第2页。

出无比的复杂性，这种重要性和复杂性中便蕴藏着无穷的意义，而"书籍史"正是要探寻这种意义，并具体到这种意义的历史的和文化、社会的不同面貌。一言以蔽之，作为一种"新文化史"的实践，它的目的就是挖掘出"书籍"背后"我们的前人所经历和体验的人类生存状况"，探求和了解前人对"生活的意义"——这一终极问题的回答。①

"书籍史"的这一出发点必然导致四个倾向：第一是它着重探讨的是印刷书籍。尽管新书志学所导致的研究路径主张将抄本等其他文本形式甚至是非书籍形式也纳入研究范围，但没有从根本上实现改变。因为就西方的历史来看，正是印刷术——这一近代文明之母的发明，才使得书籍具有了真正的推动人类进步的力量。事实也正是如此，西方"书籍史"已不必论，如罗伯特·达恩顿直接将研究重点规定为谷登堡发明活字版印刷以后的阶段；②当海外中国学研究开始关注中国书籍史时，也似乎首先确定了一个概念前提，即所谓"书"（book）只是印本，将宋以前的文献排除在研究对象之外。同时，又着重关注晚明和近代阶段。③ 这当然有其内在合理性，因为虽然宋代出现了广泛的雕版印刷，但直至晚明才发生了较大规模的商业化出版，在世俗社会中发挥了巨大的影响，贾晋珠（Lucille Chia）《谋利而印：11 至 17 世纪福建建阳的商业出版者》

---

① ［美］罗伯特·达恩顿《拉莫莱特之吻：有关文化史的思考》总序，萧知纬译，华东师范大学出版社，2011 年，第 6—7 页。又见其《法国大革命前的畅销禁书》第三部分，郑国强译，华东师范大学出版社，2012 年。

② Robert Darnton, "What Is the History of Books?", *Representations and Realities*, 111(3), 1982, pp. 65 - 83. 此文又收入其著作 *Kiss of Lamourette: Reflections in Cultural History*. 此据中译本《拉莫莱特之吻：有关文化史的思考》，第 85 页。

③ 晚明和近代两个阶段被关注的程度极其突出，以至于迄今为止，即使是同样属于"晚期中华帝国"（late imperial China）的清代的书籍出版都未能引起足够的重视，除了包筠雅（Cynthia J. Brokaw）的著作 *Commerce in Culture: The Sibao Book Trade in the Qing and Republican Periods* (Harvard University Asia Center, 2007；中译：《文化贸易——清代至民国初期四堡的书籍交易》，刘永华等译，北京大学出版社，2015 年）及最近 Suyoung Son（孙修暎）的著作 *Writing for Print: Publishing and the Making of Textual Authority in Late Imperial China* (Harvard University Press, 2018)外，专深研究并不多见。参阅［美］梅尔清的综述（《印刷的世界：书籍、出版文化和中华帝国晚期的社会》）。

是此方面研究的代表作品之一。① 晚清至二十世纪初叶的近代中国,西方近代印刷技术传入以及印刷资本主义的出现,又导致产生某种出版革命,在中国近现代化的过程中做出了贡献。芮哲非(Christopher A. Reed)《谷腾堡在上海:中国印刷资本业的发展(1876—1937)》则是此类研究的典型。②

"书籍史"问题意识所导致的第二个倾向是力求拓展书籍的"社会视角",亦即着重书籍的社会性意义,并以此作为阐释的中心。罗伯特·达恩顿(Robert Darnton)认为,由法国历史学家开创的"书籍史"(histoire du livre)不同于图书馆学、目录学和版本学意义上的"图书史",而是一种典型的文化史观照。其著作《启蒙运动的生意——〈百科全书〉出版史(1775—1800)》研究十八世纪狄德罗《百科全书》这样一本书的"历史",直接关注的是:

> 启蒙运动这样伟大的思想运动是如何在社会中传播的? 影响的深度和广度如何? 贤哲的思想在物质化到书中时,采取何种形式? 印刷品的物质基础和生产技术与它的主旨和传播有很大的关系吗? 图书市场如何确定其功能? 出版商、书商、推销员和文化传播中的其他媒介扮演什么角色? 出版如何像生意那样运作? 它如何适应革命前欧洲的经济和政治体制? 问题可以层出不穷,因为书籍联系着极其广泛的人类活动——从捡破烂到传达上帝的声音的一切事。它们是匠人的产品、经济交换的物、观念之舟以及政治和

---

① Lucille Chia, *Printing for Profit: The Commercial Publishers of Jianyang, Fujian (11th—17th Centuries)*, Harvard University Asia Center, 2002. (中译:《谋利而印:11 至 17 世纪福建建阳的商业版者》,邱葵、邹秀英等译,福建人民出版社,2019 年。)

② Christopher A. Reed, *Gutenberg in Shanghai: Chinese Print Capitalism*, 1876—1937, UBC Press, 2004. (中译:《谷腾堡在上海:中国印刷资本业的发展(1876—1937)》,张志强、潘文年等译,郭晶校,商务印书馆,2014 年。)

宗教冲突的要素。①

基于此一对象认识，罗伯特·达恩顿特别强调"交流循环"就是顺理成章的了。所谓"交流循环"，旨在强调书籍"编纂—生产—流通"这一过程中的各种参与者及其相关行为的重要性，通过这些重要的书籍的社会因素，亦即从出版及流通过程的角度，探讨图书出版与启蒙运动的互动历史，揭示其如何发挥它们的历史"力量"。② 罗伯特·达恩顿的突出贡献在于，他提出了"书的历史"的重要价值，将书籍的传播过程，视为理解思想、社会以及历史的最佳途径及策略。③ 此一观念无疑是富于洞察力的，特别是就西方"启蒙时代"前后而言，书籍编纂、生产、流通已经成为一般社会的显著现象。由此，西方书籍史的社会内容非常丰富，如对投资的研究，对不同地区书籍销售情况的研究，对排字工及其社会地位的研究，对国家或王朝出版政策、出版管理的研究，对行业的研究，对出版宣传的研究，对作家、赞助人及公众的研究，对阅读与接受的研究等。④

第三种倾向是注重分析书籍的物质形态和内在形式及其对意义的影响。这一种倾向来源于新书志学特别是麦肯锡"文本社会学"的路径，特别强调书籍的物质形态作为抵达读者的方式在文本传播中所发挥的重要作用，代表着一种和年鉴学派以及罗伯特·达恩顿有所不同的研究范式。⑤ 罗杰·夏蒂埃的研究在此方面有较大的影响，其著作《书籍的秩序——14 至 18 世纪的书写文化与社会》汇集了七篇个案研究：两篇关于权力与书写；两篇关于阅读；另外三篇分别探讨文本形式、载体的变

---

① ［美］罗伯特·达恩顿《启蒙运动的生意——〈百科全书〉出版史（1775—1800）》，第 1 页。

② 涂丰恩《明清书籍史的研究回顾》。

③ 陈俊启《另一种叙事，另一种现实的呈现：新文化史中的"书的历史"》，载《中外文学》，第 34 卷第 4 期，2005 年 9 月。

④ ［美］伊丽莎白·爱森斯坦《作为变革动因的印刷机——早期近代欧洲的传播与文化变革》，第 4 页。

⑤ 戴联斌《从书籍史到阅读史：阅读史研究理论与方法》，第 14 页。

化与意义的关系、"作者"概念的变化以及作为一种"无墙图书馆"的文库、目录的编纂出版。这些个案研究都提出了一个共同的问题：有一些条件左右了书写，有一些形式决定了传播，也就是很多条件和形式给文本的意义强加了种种限制，我们究竟应该怎样理解这些限制？夏蒂埃的回答是：文本的物质形态是有意义的，理解文本离不开决定其传播的各种形式，也离不开社会强加给它的种种限制。话语从来就是一种物质呈现，书籍中的文字也有着自己的规则或限制——书籍的秩序，话语之"秩序"不可能脱离当时书籍之"秩序"而独自存在。

　　第四种倾向是注重对阅读史的研究。阅读研究有多种渊源，但书籍史无疑是阅读史研究兴起的重要催生因素之一。书籍的根本要素之一就是被阅读，失去了这个要素，书籍就不会产生任何意义。从这个角度说，书籍史导致阅读史（无论是作为一个分支学科还是一种研究趋向）甚至就是一种必然。具体论之，《印刷书的诞生》因为关注书籍的生产、流通与接受，已经开始考察阅读行为，开创了书籍史中关于阅读、接受的分支研究。罗伯特·达恩顿 1986 年发表 First Steps Toward a History of Reading（《阅读史初探》）一文，[1]认为读者在阅读过程中对书的反应，完全可以进行历史性的研究和理论性的总结，"通过把阅读作为社会现象来研究，我们还可以弄清楚什么人在读书、读的是什么书、在哪里读书和什么时候读书这类问题"。[2] 另一方面，新书志学麦肯锡主张的"文本社会学"书志学的基本原则是将文本作为一种记录形式来进行研究，因此需要研究文本的传递过程，包括文本的产生和接受；同时，这一原则要求不仅仅关注此一过程的技术方面，而且要关注到社会、经济和政治方面，

---

　　① 原载 *Australian Journal of French Studies*，后收入 *Kiss of Lamourette：Reflections in Cultural History*（中译：《拉莫莱特之吻：有关文化史的思考》，萧知纬译，华东师范大学出版社，2011 年）。

　　② ［美］罗伯特·达恩顿《阅读史初探》，见其著《拉莫莱特之吻：有关文化史的思考》，第132 页。

特别是文本的接受意义和社会影响。① 这种倾向更加促进了阅读史研究的进一步展开。

崭新的问题意识决定了西方"书籍史"研究的意义与价值，但它必然也会决定了某种局限性，尤其是当此一核心问题引入中国书籍史研究中，对象的不同就使得此一局限性更加凸显。就第一个倾向论，首先，中国文献历史悠久，即以社会化、流通化的书本或书籍——无论怎样苛刻的标准——而言，其产生时代至少也在春秋末期；作书鬻卖，绝非镂版而后可，简册和卷轴时代已经有相当广泛的书籍流通。② 书写文献和社会化的书籍，远在印刷术发明以前，就不仅对思想文化发生影响，而且无时不在社会中发挥作用，并在形塑整体中华文化中扮演了重要的角色。其次，中国印本书籍的历史表现也具有较强的特殊性。正如海外书籍史研究者已经指出的，中国印本与写本的比重直到明末才有所变化，而即使是明末以后，抄写仍然是书籍获取的重要途径。③ 写本在印刷术诞生发展以后虽然已不是书籍出版和社会流通的主体，但一直是文人阶层分享知识的主角之一。再次，印刷书籍对中国社会进步的推动作用固然是存在的，但并未导致革命性的变化亦即从古代社会向近代社会的转变。印刷出版在古代中国所产生的作用，诸如扩大知识团体的规模、提升民智、促进社会阶层的转化等，程度不仅极其有限，而且与西方印刷术所推动的文艺复兴、科学革命、政治变革和宗教改革的性质不可同日而语。印刷书生产促进社会出现革命性的变化，恰如芮哲非《谷腾堡在上海：中国印刷资本业的发展（1876—1937）》的立论基点，是晚清以降才发生的事情。实际上，西方汉学研究者已经发现了一些令他们感到不解的事实：识字率并未因为印刷物的普及而得到实质性的提高；通俗白话也并不比

---

① D. F. McKenzie, *Bibliography and the Sociology of Texts*, Cambridge University Press, 1999, p. 13.

② 详见刘光裕《简帛时期书籍流通资料》《抄本时期书籍流通资料》，见宋原放编《中国出版史料（古代部分）》第二卷，湖北教育出版社，2004 年。

③ 参阅［美］周绍明《书籍的社会史——中华帝国晚期的书籍与士人文化》，第 50—71 页。

浅显文言更容易被一般文化程度的人所接受。这些事实正与上述情形相表里。最后可能也是最关键的,古代中国的商业化力量始终是有限的,资本主义的萌芽因素或许也根本没有真正出现过。晚明以后的所谓"晚期中华帝国"与此前的古典时期相比较,质的方面并无变化。书籍生产也是如此,至少古代社会的书籍生产和明清时代的印刷商业,与近代印刷资本主义是完全不同的事情。① 如钱存训指出的:"印刷在西方社会中,主要是一种营利事业,跟随工业革命而发展成为一种庞大的出版工业,是大众传播的主要媒体。而在中国传统社会中,印刷术的主要功能并非谋利,却含有一种强烈的道德观念。刻书对知识的传播和文化保存,认为是人生的一种美德,所谓'传先哲之精蕴,启后学之困蒙,亦利济之先务,积善之美谈。'尊重古代典籍是儒家思想的主要成分。"② 显然,资本主义的缺席,是早于欧洲近 500 年产生的中国印刷术未能取得重大的、革命性的影响的根本原因。③

　　另外,明清时代民俗文化的兴起,并不意味着精英文化的式微。印刷术和出版商业化或许促进了大、小传统的融合,但绝未消除它们之间的界限。相反,由于区域文化发展的不平衡和方言的歧异,加之文字和书面语的难以通晓,中国古代绝大多数民众仍然目不识丁或无法阅读,中国社会基本上还是以士人乡绅为主导。识字读书可以改变个人的命运,但无法改变社会的性质。同时,明中期以后通俗书籍的商业化生产固然汹涌澎湃,但至少在"权力话语"中仍然敌不过精英文献的庞大力量,并始终为其所排斥。"地域性"方面亦相类似:古代中国的地域性文献比如方言文献始终未能成为某种"力量","地方性知识"的发展积淀主要依赖于口述传统而不是书面传统。

　　总之,海外研究将"书"局限于印本,或将"明清书籍史"与古代书籍

---

　　① 参阅[美]芮哲非《印刷与出版史能为中国学研究增添什么》,见王荣华主编《多元视野下的中国——首届世界中国学论坛》,学林出版社,2006 年。

　　② 钱存训《中国书籍、纸墨及印刷史论文集》,香港中文大学出版社,1992 年,第 238 页。

　　③ [美]本尼迪克特·安德森《想象的共同体:民族主义的起源与散布》,吴叡人译,上海人民出版社,2005 年,第 47 页注释 21。

史截然分开,并主要以印刷术发明以后的书籍为对象,忽略写本时代特别是经典发生时代的探讨,那么,对书籍作为历史中的一种力量的理解,至少就是不全面的。从另外一个意义层面论,商业出版书籍和精英文献这两种力量,至少是发挥着同等的"知识力量"的作用,我们不能偏废其中任何一端。如果特别重视明清时代的商业出版书籍史研究,而对中国社会始终存在的精英文献的编纂和非商业化出版关注不够,当然也就无法正确理解文献书籍对于整个古代中国的意义。

就第二个倾向而言,由于中西文献书籍史的状况和社会特性的差异,如果单纯地移植问题,必然也会发生某种阐释"错位"。正如西方书籍史研究者已经指出的那样,罗伯特·达恩顿模型的某些部分不适合于研究印刷发明前的手抄本文化。① 即使是将"交流循环"置于中国的印刷书语境中,也会发现多样化的复杂情形:一方面,"交流循环"不仅在商业发达的江南地区以及像"四堡"这样一个文化并不十分发达的偏远地区中存在,即使是在士人的非商业化的出版活动中,也是同样存在的。尽管在士人出版的"交流循环"中少了书商(批发商)和专门的运输商等,但作者、收藏者、编纂者、刊刻者和抄写者、读者之间仍存在着丰富的行为参与。另一方面,士人刻书、藏书与一般意义上的商业化出版中的"交流循环",深层内涵有着根本性的不同。士人围绕着书籍而展开的编纂、抄写、刊刻并不旨在商业利润,而是意在实现知识分享。因此士人私刻的绝大部分书籍是传统经典、知识著作和典雅文学作品,而商业化坊刻则基本都是通俗书籍(以小说为主)或实用书籍(以科举用书为最),二者"交流循环"的主体也有着显著分野。

在中国古代社会,文献书籍在士人阶层中的"交流循环",始终发挥着其影响精英文化传统的强大力量。就晚期阶段明、清而言,明代的士人抄书、刻书或许仍偏重于对宋本的保护、复制和对古代文献的继承、重编,尚不是有意识的对古典的"复兴"。明清易代后,儒者痛改蹈空之弊,转而愈重经世致用(开物之功),遂更加强调知识、思想的书写并形成文

---

① [英]戴维·芬克尔斯坦、阿利斯泰尔·麦克利里《书史导论》,第31页。

献"须有利于天下"(立言之用)，如顾炎武曰："文之不可绝于天地间者，曰明道也，纪政事也，察民隐也，乐道人之善也。若此者，有益于天下，有益于将来，多一篇，多一篇之益矣。若夫怪力乱神之事，无稽之言，剿袭之说，谀佞之文，若此者，有损于己，无益于人，多一篇，多一篇之损矣。"(《日知录》卷十九"文须有益于天下"条①)这同样也被视为精英文化关于文献生产与整理的标准。在这种意识下，清代学术遂极其重视文献，士人编刊"有益于天下"的文献书籍不遗馀力，而这些文献书籍的出版、流布、阅读，对学术和政治话语的影响极其巨大。如果过分注意通俗书籍"交流循环"而忽略了士人阶层的文献整理与编刻、传播，那么显然会导致我们对儒家思想及其构成的政治、道德话语权力缺乏深入探寻。所以，即使是就明清印刷书籍史而言，偏执于通俗书籍一端同样无助于其社会文化意义阐释的根本目标——出版印刷如何影响知识系统的形成和传播、地区和国家的文化认同以及政治和帝国系统的运作②——的达成。

另外，罗伯特·达恩顿的模型也并非是唯一合理的。托马斯·亚当斯(Thomas Adams)和尼古拉斯·巴克(Nicolas Barker)提出了一种新的认知模式，"生命的—目录学的"(bio-bibliographical)维度，③即以书的生命过程(出版、制作、发行、接受、流传)及其影响层面(思想影响、政治、法律和宗教影响、商业压力、社会行为与趣味倾向)的"运行系统"代替书与参与者的"交流循环"，从而将问题中心完全翻转。④ 托马斯·亚

---

① [清]顾炎武撰，[清]黄汝成集释，栾保群、吕宗力点校《日知录集释》，上海古籍出版社，2006年，第1079页。

② Cynthia J. Brokaw, "On the History of the Books in China", in Cynthia J. Brokaw and Kai-wing Chow ed. , *Printing and Book Culture in Late Imperial China*, University of California Press, 2005, p. 5.

③ Thomas Adams & Nicolas Barker, "A New Model for the Study of the Book", in Nicolas Barker ed. , *A Potencie of life*: *Books in Society*, British Library, 2001. 此据[英]戴维·芬克尔斯坦、阿利斯泰尔·麦克利里《书史导论》，第32—34页。

④ [英]戴维·芬克尔斯坦、阿利斯泰尔·麦克利里《书史导论》，第33页。又参阅戴联斌《从书籍史到阅读史：阅读史研究理论与方法》，第55—56页。

当斯和尼古拉斯·巴克的模式更加倾向于关注书籍本身,显然更加适合整体的中国古代文献书籍史的对象内涵,但前提是必须对中国书籍独特的"生命过程"和中国文化独特的"影响层面"及其互动关系有深刻的把握。周绍明的《书籍的社会史——中华帝国晚期的书籍与士人文化》正是部分借鉴了这种新的维度,才有意探求"书籍与士人文化"这一原本在"交流循环"研究中所不可能涉及的问题。周启荣(Kai-Wing Chow)则借鉴"副文本"理论分析了书籍评注中的政治、意识形态,并且研究了明清印刷书与"公共权威"(public authority)、"士阶层文学批评"(literary critics)和"组织化群体的权力"(organizational power)的互动影响。①不过,类似探讨并不十分成功,根本原因正在于其研究尚未充分具备前文所述的前提条件。事实上,西方研究者在中国书籍史的一些重要问题如印刷的技术高低及其作用程度、阅读人口比例、语言、教育和阅读传统的实质内涵、政府主导程度上之所以产生较为严重的分歧,②原因同样在此。

第三种倾向关注文本的物质形态和表现形式(形制),其本身就要求不能局限于印本书籍,而应该将手抄本、印刷本乃至电子文本都涵括进来。海外中国书籍史研究者如何谷理(Robert E. Hegel)的著作 *Reading Illustrated Fiction in Late Imperial China*③、何予明的著作 *Home and the World: Editing the "Glorious Ming" in Woodblock-Printed Books of the Sixteenth and Seventeenth Centuries*④ 中部分研究都是沿

---

① Kai-wing Chow, *Publishing, Culture, and Power in Early Modern China*, Stanford University Press, 2007.

② Cynthia J. Brokaw, "On the History of the Books in China", in Cynthia J. Brokaw and Kai-wing Chow eds., *Printing and Book Culture in Late Imperial China*, pp. 8-15.

③ Robert E. Hegel, *Reading Illustrated Fiction in Late Imperial China*, Stanford University Press, 1996. (中译:《明清插图本小说阅读》,刘诗秋译,生活·读书·新知三联书店, 2019 年。)

④ Yuming He, *Home and the World: Editing the "Glorious Ming" in Woodblock-Printed Books of the Sixteenth and Seventeenth Centuries*, Harvard University Asia Center, 2013. (中译:《家园与天下——明代书文化与寻常阅读》,中华书局,2019 年。)

循麦肯锡、夏蒂埃的思路而对明清通俗书籍进行考察,固然收获颇丰,但显而易见的是,形制影响意义并不主要从明清通俗文献中体现出来。从某种程度上说,主要以明清通俗文献为对象来研究形制的意义可能就是一种顾小失大的错误,因为夏蒂埃所强调的文本的物质形态和表现、传播方式,早自甲骨为载体的卜辞开始就有丰富的表现,更不用说从简册制度、卷轴制度到册叶制度漫长过程中的形制变迁了。比如欧洲十六至十八世纪"印刷形书"方式大变革——多次分段留白从而打破一篇文本一气到底无切分的版式、提行空格、每段另起等,①中国早自简牍向卷轴过渡的时代就开始出现,宋代雕版印刷书中已经非常成熟。即以插图而论,先秦时期的左图右书、中古时期谶纬文献中的"图""书"等,就充分体现出形制与意义之间可能蕴含的关系,而且比明清小说的"出相"更具备形式在传播、接受之际发挥作用的意义。

至于第四种对阅读史的关注倾向,姑且不论源自于西方阅读实践的理论模式是否适用于中国古代,海外中国书籍史研究中为数不多的相关论述同样在研究对象上存在着显著的弊病,即局限在明清通俗文献及其"大众阅读"范围之中。如果忽略了自始至终占主导地位的精英文献以及阅读的根本主体精英士人群体,无视中国近两千年的经典阐释传统和诗文创作、接受和批评传统,那肯定是没有抓住中国古代阅读的根本问题的。

回到本文开始所提出的问题上来。经过上述讨论,我们可以发现:中国本土学术界"书籍社会文化史"相对沉寂的真正原因,或正在于对秉承欧美书籍史的根本问题意识来研究中国书籍史而不免产生某种缺陷的犹豫,以及对中国文献书籍史的真正问题究竟何在的困惑。

三、中国文献书籍史的问题与"中国古代文献文化史"研究

中国文献书籍社会、文化史的根本问题是什么?通过对文献校雠之学、文献史的内在理路和海外汉学"书籍史"研究的移植性缺陷这两个方

---

① 参阅[法]罗杰·夏蒂埃《书籍的秩序——14至18世纪的书写文化与社会》,第93页。

面的探讨，我们显然已经得到了某种答案。一言以蔽之可曰：西方的问题是——"谷登堡革命"以后的书籍生产交流如何推动宗教改革、启蒙运动、科学革命等并导致近代向现代社会的进步；而中国的的问题则是——文献图书的悠久历史与古代社会发展和文化传统延续的内在关系及其内涵。

中国文献书籍史的这一根本问题，并不是否认宋以后特别是晚明印刷商业化的显著意义，而是重在强调明清商业化出版在生产、流通、阅读、接受等社会意义上的"交流循环"，无法涵括中国古代历史更长时段中文献、书籍在知识思想发展、传统继承发扬等文化意义上的"主客互动"；"印本书籍"对小传统内涵扩充的推动，也无法取代"文献"对大传统的一贯形塑。同时，即使以"明清—印刷—商业化刻书"为专门对象，亦不能忽略士人阶层与文化传统的观照角度。总之，文献书籍"制作生产—流通传播—阅读接受"的社会内涵，以及文献书籍的物质文化历程，都应该只是"文献如何成为中国文化史中一股力量"问题的组成部分，而不应是全体和唯一。

我们可以把以此为根本问题的反思姑称之为"文献文化史"。根本问题的确立，逻辑地决定了"文献文化史"所必然带来的新的拓展。综合而言，表现在以下几个方面：

第一，以"文献"取代"书籍（书本）"，扩大对象范围，涵括从近代的"印刷书籍"一直到"惟殷先人"的"典册"的整体文献。对象的扩大相应地导致时段的扩展，从而使整个中国文明时代的文献历史以一种"长时段"进入反思的视野。

对象的扩大是中国文献的对象属性决定的。从最早的甲骨卜辞记录、金石文书到简册书、卷帛书、纸本书再到印刷书，古代中国每一种文献"形式"都发挥了文献的作用、体现了文献的意义，而且其作用和意义并不因为技术、范围、规模有别而呈现出高低之分。比如书写载体进步的影响无处不在，甚至和数学发展也紧密相关：春秋战国时的简牍书册使得汉字语言进入数学，引发了中国数学的高潮；而唐宋之际纸张使用的繁盛使得算筹语言引入数学，也同样促成了另一个数学高潮；南宋时期的雕版印刷和册叶书籍制度，尽管不便于绘制大幅图画，但仍足以使秦九韶《数书九章》运用连线的算图得以印刷出版；①这三个影响来自不同的载体技术，但其意义并不存在大小之别。另一个典型的例子是，印刷术的出现使书本相对易得，导致士人的阅读、记忆、理解等方面都发生微妙的改变，②从而也间接使文学创作出现某种变化，但我们并不能据此判分文献影响文学的意义价值存在高低。由此，"长时段"的审视不仅是文献史、出版史、藏书史等专门史研究的传统原则，更是文献文化史的必由之径。那种将两宋、明代中期、清代鼎盛时期以及近代资本主义印刷时期视为四个"关键阶段"的观念，来自西方书籍史"印刷—社会"的问题意识，并不符合整体中国文献书籍历史的客观自性。

　　第二，在"书籍"的社会性内涵之外，更加关注中国古代文献的"文化性"亦即文献与知识、思想、学术、文学、政治、权力等之间的互动，以及文献对中国传统的深层作用。在此视野下，文献书籍不仅仅是一种人类沟通的媒介，更是一种塑造文化的手段。其中的很多重要问题是古代中国独有的，如文献发生、早熟并始终发挥强大力量的深层原因；文字、书面语、文献语言、经典与文化共同体的互动关系；书写和文献传统与知识传统、学术传统、思想传统的确立；文献与政治；文献权力与大小传统的分野；文献传播与东亚文化圈的形成等。毫无疑问，它们正是中国古代文献书籍史独特内涵的反映，应该也必须成为反思的重点。

---

　　① 以上据朱一文《数学的语言：算筹和文本——以天元术为中心》，载香港城市大学中国文化中心编《九州学林》，2010年冬季号，上海人民出版社，2011年。益案：今传《数学九章》（原书名当为《数术大略》。或又讹作《数书九章》），书前有秦九韶叙云："……窃尝设为问答，以拟于用。积多而惜其弃，因取八十一题，釐为九类，立术具草，间以图发之，恐或可备博学多识君子之馀观。"（《四库全书》本《数学九章》）可知当时该书已成书并有流布。惟是否为刻本，不尽明确。最早著录为陈振孙《直斋书录解题》，未言是否为刻本。宋以后传本多为写本，今存最早者为明万历间赵琦美抄本。《永乐大典》收入，《四库全书》据此辑出。目前已知最早刻本为清道光二十二年(1842)郁氏《宜稼堂丛书》本。尽管不能确定南宋时《数学九章》是否已有刻本，但据《四库全书》抄本及宜稼堂刊本判断，雕印此类图示（图1），并不困难。
　　② 参阅[美]贾晋珠《留住记忆：印刷术对于宋代文人记忆和记忆力的重大影响》，见巩本栋等主编《中国学术与中国思想史》，江苏教育出版社，2002年。

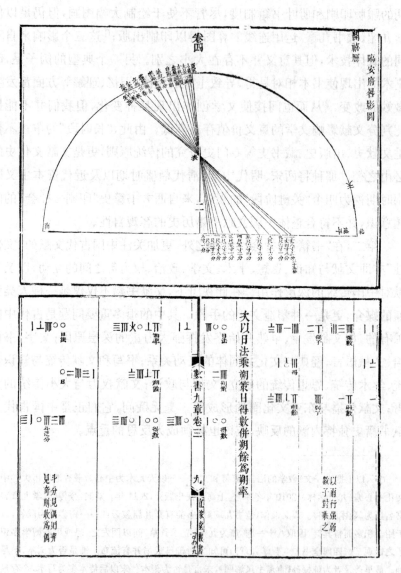

图1 《数学九章》中的图形与算式（清《宜稼堂丛书》本）

第三，推进方法的借鉴、继承与融合。海外汉学中国书籍史研究的重要贡献就是引领了中国古代文献图书史研究的社会、文化转向，采用了丰富的社会学和文化人类学方法。不过，由于问题意识的不同，他们关于写作、出版、传播、阅读、接受等社会维度的理论思考，并不完全适合对古代文献"文化性"的反思。方法的革新只有契合于对象属性才能得以有效地实现，"其真能于思想上自成系统，有所创获者，必须一方面吸收输入外来之学说，一方面不忘本来民族之地位"①。从我们建立起符合对象属性的根本问题的那一刻起，就决定了我们必然在借鉴外来观念之外，需要继承传统方法，并实现新的融合。

　　传统文献校雠之学特别是"辨章学术、考镜源流"的反思视角，其要义在于首先厘清文献的发生、发展源流，然后据此阐发思想、学术之"道统"，本身就已经具有了以文献阐释文化、以文化观照文献的观念雏形。章学诚以后，文献史和思想史、学术史的关系已成为清代学者的思考重点之一。其根本方法意识是视文献的编纂、生产、传播，与作者—抄写刊刻者—接受者、文献传达的内容和意义、时代背景、社会政治环境以及思想道统为一个不可分割的整体，各种元素彼此互动、往复循环，共同构成一种意义系统；然后以历史实证为基础，对这些多元以及每一元的多边进行交互往复的"阐释循环"，以发明其中的丰富内涵。这实际上就是中国学术经过长期实践并不断丰富完善而形成的建立在整体理解之上的多元循环阐释方法，其所以行之有效，在于它深刻地契合了研究对象——中国文化那种主客无间、天人合一的属性。显然，对古代文献与文化进行重新阐释，这是首先需要继承并予以发扬的。完全无视学术传统的"内在理路"而进行理论照搬，就一定不免"格义"式的弊端，无法正确理解种种本土符号、象征，从而将不同文化背景下的文献书籍的意义混为一谈。

　　第四，突破人为限定的畛域，极大地扩充材料。将西方书籍史的核心问题移植于中国文献书籍史，学者们必然会发现：即使是就明清时代而言，在西方非常丰富的材料诸如书单、价格单、书商和出版商之间的翔实通讯、行业账簿、书展目录、图书馆订购单等，仍然不好找，以至于很难

---

① 陈寅恪《冯友兰中国哲学史下册审查报告》，见其著《金明馆丛稿二编》，生活·读书·新知三联书店，2001年，第284—285页。

根据原始材料构造一个图书生产、贸易、流通的综合图景。① 这当然是某种事实。但造成这一事实的原因是什么？是大量的雕版印刷业的商业记录没有保留下来，还是在当时本就不存在丰富的商业记录？相反的典型例子是：清初一位文人刻书家张潮，却有近三百馀封为刊刻《幽梦影》《昭代丛书》《檀几丛书》《虞初新志》事与友朋的往来书信保留至今（《尺牍偶存》九卷、《友声》初集五卷后集五卷）。② 事实上，明清时代非商业性的文人出版、交流的资料极其丰富。显而易见，就西方书籍史研究者所秉持的"交流循环"的社会史视野而言，材料确实有限，但其他问题则并不如此。换句话说，符合中国书籍史对象属性的问题，如文献与思想、学术、文学、政治的关系，士人阶层与文献的主客互动，并不缺乏材料。传统文献校雠之学和文献史（包括出版史、藏书史、文献学史等）已经发掘了大量的原始证据，而尚待开拓的直接和间接材料更为浩博。近代以来，尚有地下文献不断出世，又为早期文献状况提供了鲜活的例证。

　　这些拓展在根本上是从"文献史"的继承传统到"书籍史"的参照借鉴、再到"文献—文化"视野构建的结果，是在深刻理解对象自性并从中发现问题的基础上引发的。因此我们有理由相信，构成这种拓展的"中国古代文献文化史"，既可以成为一种超越西方"书籍史"的本土化尝试，又必然呈现为中国学术关于中国古代文献的历史、作用、意义自我思考的全面深化。

---

① Cynthia J. Brokaw, "On the History of the Books in China", in Cynthia J. Brokaw and Kai-wing Chow eds., *Printing and Book Culture in Late Imperial China*, University of California Press, 2005, pp. 20 - 21.

② 参阅［法］戴廷杰《雅俗共融，瑕瑜互见——康熙年间徽州商籍扬州文士和选家张潮其人其事》，见［意］米盖拉、朱万曙编《徽州：书业与地域文化》（《法国汉学》第十三辑），中华书局，2010年；张慎玉、赵益《张潮〈幽梦影〉之成书及其同朋小品丛书略论》，载纪健生主编《安徽文献研究集刊》第一卷，黄山书社，2004年。

第一章
传统与特质

　　近现代以来吾人重新反思中国历史上的文化成就,其他方面的看法或不尽相同,但在文献方面,推重中国为世界范围内最为杰出的"文献之邦",则几乎众口一词。早自二十世纪三十年代郑鹤声、郑鹤春编撰首部《中国文献学概要》时即有曰:"中国文化之完备,世界各国,殆莫之京,此为中国文明之特色,即典籍之完美是也。"[①]此后类似论述,层出不穷。这种总体评价当然并无错误,中国古代纸与印刷术的发明,早已被公认为是推动人类文明重大跨越的不朽贡献;文献的书写、载籍、印刷、制作、生产与流通等各个方面的成就,也确实非同凡响。但是,正如不同文化既并非单线进化的阶段的不同,更没有高低贵贱一样,以中国为代表的东方文明和以欧洲为代表的西方文明各自所拥有的文献传统,也不应有孰优孰劣的评判。任何一种文献传统都有其独特的历史成就、文化内涵和社会功能,机械的、简单的是非比较不仅会导致对"他者"的忽视或误读,更重要的是使"自我"失去了反观自身的合理性基础。

　　因此,对中国文献传统历史成就的独特性必须予以认真的审视。否则,任何推重不仅会因缺乏理据而逐渐流为空泛的赞许,甚至会出现错误。彻底弄清中国古代文献成就的具体表现、复杂内涵特别是个性特点,远比单纯的溢美重要得多。只有这样,才能使中国作为"文献之邦"的立论获得牢固的基石,同时也能使从文献传统中探知中国文化的观照

---

① 郑鹤声、郑鹤春《中国文献学概要》,上海古籍出版社,2001年,第7页。

取得真正的收获。而对任何事物予以认真的审视,最重要的是需要采取更加合理的观照方法。有鉴于此,本章即尝试从中西比较的角度,就中国文献传统的历史特殊性(成就、特色)此一问题作出自己的思考。

一、问题回顾与反思

毋庸讳言,在对中国古代文献历史成就这一问题上,以往的认识或多或少存在着一些误区,最为主要的就是草率地判定了一些"基本事实",并以这些实际上不尽准确的事实推出了两大结论:第一是中国现存古典文献数量庞大,放眼世界唯我独尊;第二是中国古代文献历史悠久,水平发达远迈西方。

这两大结论都极欠妥当。

首先看现存数量。[①] 早先有杨家骆 1946 年统计为 10 万种,[②]胡道静 1961 年估计为 7 万至 8 万种;[③]此后吴枫的估计,认为"不能少于八万种"(不包括出土文献和非汉文文献);[④]吴氏之后,王绍曾得出的数字是 9.5 万种,与此前估计相差不远。比较突出的是曹之的估计,他认为整体线装古籍总数"当不少于十五万种"[⑤],但其所依据的数据重复太多。最近《中国古籍总目》出版,收录现存古代至民国初抄写、印刷的汉文书

---

① 中国古代文献类型十分丰富,除书本外,文书卷子、档案、信札、金石碑志、契约、账册、书画等不一而足。在文献数量上,应将书籍和各种档案(各种记录、账册、契约、文书、书信,也包括单一器物铭文、书画、碑帖、地图、图像等)分开计算,因为二者的意义既不尽相同,计数单位也无法模拟。

② 杨家骆《四库全书学典》,世界书局,1946 年,第 73 页。案:此数字乃杨氏根据丛书收录删除重复后估计得出。

③ 胡道静《谈谈我国的古籍》,原载《文汇报》1961 年 11 月 7—9 日,后收入其著《中国古代典籍十讲》,复旦大学出版社,2004 年。又参见[美]魏根深(Endymion Wilkinson)《中国历史研究手册》第十四篇《目录学》"现存 1912 年之前的书籍数量",侯旭东等译,北京大学出版社,2016 年,第 1491 页。

④ 吴枫《中国古典文献学》,齐鲁书社,2005 年,第 15 页。

⑤ 曹之《中国古籍版本学》,武汉大学出版社,2007 年,第 6 页。

籍(含少量汉文与少数民族文字合编、以汉文注释外文者),分经、史、子、集及丛书五部,同部类合刻之丛书各入四部(集部即为总集),跨部合刻丛书则入丛部。《中国古籍总目》经部序次号共编得 15144(含本部丛书 177;子目不编号),史部得 66502(含本部丛书 10),子部得 38298(含本部丛书 91),集部得 54889,丛部得 2274(子目不编号),合计为 177107。按照《中国古籍总目》的编纂体例,理论上序次号应大于实际著录种数(但二者相差不会太多)。具体言之,因为《中国古籍总目》的立目原则包含了这样两条:"一书经重抄后传抄刊刻,内容有所增损,卷数随之变化,即不再作相同品种立目""一书正文及其传笺、注释、音义、考订等以不同形式合编,即作为不同品种立目"[1],故存在着重复计算不同版本以及同书异名等情况。[2] 另外,《中国古籍总目》也收录了很多档案型文献如地图、拓片、文书等。综合来看,尽管《中国古籍总目》遗漏的可以归入"四部"范畴的书籍固然不多,但各种通俗文献、民间抄本(特别是民间科仪、宝卷、唱本等)的数量目前仍然很难估量,再加上《中国古籍总目》的重复无法得到精确的统计,因此中国现存各类古籍数量究竟多少仍是一个谜团,二十万种左右只是一个关于传统意义上的"书册"文献数量的推测。

这个数量固然十分庞大,但欧洲古代书籍的遗存种数有过之而无不及。1545 年出版的《通用书目》(Bibliotheca Universalis)第一版,著录印刷术产生百年之内出版的一切拉丁语、希腊语和希伯来语著作即多达一万种,学者近三千;三十年后出版的第三版,条目翻了三倍。[3] 费夫贺、马尔坦估计,公元 1500 年之前问世、如今有案可考的印刷书,版本多达三万到三万五千种(版本种数大于书籍种数),总发行量约一千五百万到两千万册;仅 1450 年到 1500 年出版印制的书籍保存下来的就有一万到一万五千种之多;整个十六世纪印制的书籍,大约有十五万到二十万

---

① 《〈中国古籍总目〉编纂说明》,见中国古籍总目编纂委员会编《中国古籍总目·经部》,中华书局、上海古籍出版社,2012 年,第 6 页。

② 参阅[美]魏根深《中国历史研究手册》,第 1491—1492 页。

③ [美]伊丽莎白·爱森斯坦《作为变革动因的印刷机——早期近代欧洲的传播与文化变革》,何道宽译,北京大学出版社,2010 年,第 57 页。

种不同的版本，估计约有 1.5 到 2 亿册。[①] 最新的一个研究是推算出西欧从六世纪到十五世纪每个世纪所产生的抄本分别为 13552、10639、43702、201742、135637、212030、768721、1761951、2746951、4999161（件）；从 1454 到 1800 每五十年的印本书产出量分别为 12589、79017、138427、200906、331035、355073、628801（种或版）。[②] 虽然这些并非现有遗存数量，其单位"件""种或版"也远远大于中国所谓"种"[③]，同时其具体测算数字亦有可商之处，[④]但仍然是非常能够说明问题的。

欧洲十八世纪之后印刷出版以及遗存图书的种数是此前的数倍。十九世纪以后更为可观，1840 年以后英国、法国、德国的年平均出版书籍就有万册之多，十九世纪一百年整个欧洲的书籍如果只保留其中四分之一的数量，也要远远超过二十万种。综合各种相关数据可以得出，现存 1912 年以前欧洲图书的种数，不会低于五十万种。

其次看历史悠久的程度和不同历史时期的发展水平。中国古代文献在数量上既不存在优势，在文献历史的悠久程度和发展水平方面同样也无法占据绝对上风。

中国的书写起源甚早，书写与载籍二位一体，即使夏代"有册有典"是一种传说，文献传统至少也要从甲骨卜辞记录算起。西周时期除了青

---

① ［法］费夫贺、马尔坦《印刷书的诞生》，李鸿志译，台北猫头鹰出版社，2005 年，第 329 页、第 313 页、第 330 页。案：据大英图书馆（British Library）之 *Incunabula Short Title Catalogue*，现存 1500 年以前不同版本的书大约有 30518 部，见 http://data.cerl.org/istc/_search。又参阅 David McKitterick, "Bibliography, Population, and Statistics: A View from the West", in Joseph. P. McDermont and Peter Burke eds., *The Book Worlds of East Asia and Europe*, 1450 - 1850: *Connections and Comparisons*, HongKong University Press, 2005。

② Eltjo Buringh and Jan Luiten van Zanden, "Charting the 'Rise of the West': Manuscripts and Printed Books in Europe, a Long-Term Perspective from the Sixth through Eighteenth Centuries", *The Journal of Economic History*, Vol. 69, No. 2 (Jun. 2009), pp. 409 - 445.

③ 该研究中抄本单位"件"指 indiviual manuscript，含相同内容的不同抄本；印本书单位"种或版"指 the (new) title or edition，包括一书不同书名本和不同出版商出版本。这两种单位均不同于中国之"种"。

④ 详见 David McKitterick, "Bibliography, Population, and Statistics: A View from the West"。

铜铭文之外,应该已经出现了简牍;降至春秋,可供阅读的简册书籍已经较为丰富。但此类文献仍多由国家拥有,直至战国时期,图书的生产、制作和贸易并不发达。

既然有书籍,就肯定有买卖,这一点并无疑问,但没有证据表明先秦时代出现了专门书店。西汉时期同样如此,扬雄《法言·吾子》所谓"好书而不要诸仲尼,书肆也"之"书肆",应是"书籍陈列"之义,并非指已有专门出售图书的市肆。除此以外,早期文献中没有任何关于书店的反映。至《后汉书》方有很多关于在市场上买卖图书的记叙,如《王充传》"充少孤,乡里称孝。后到京师,受业太学;师事扶风班彪。好博览而不守章句。家贫无书,常游洛阳市肆,阅所卖书,一见辄能诵忆,遂博通众流百家之言",《荀悦传》"家贫无书,每之人间,所见篇牍,一览多能诵记。性沉静,美姿容,尤好著述"等①,但也很难说就是东汉的真实情况。

而希腊在公元前五世纪后期就出现了图书业,以尼罗河三角洲纸草为载体的形制虽然所能承载的文本数量较少,但一卷图书的最低容量也能应乎撰录、阅读的需要,同时也并非不够坚固耐用。② 西方古典学者研究认为,"彼时之文学已达到鼎盛时期。在苏格拉底和阿里斯托芬的年代,诗歌、历史,以及其他知识领域的伟大作品,已得到广泛传布。若非图书以商业化的规模生产,则此种传播断无可能。在柏拉图的《申辩篇》中,苏格拉底辩解说,花上一个德拉克马(合四个金便士),哲学家阿那克萨哥拉的作品便到处都能买到。色诺芬则在其《回忆苏格拉底》中写道,大师及其弟子们时常研讨先贤之'书'(所用确切字眼是 biblion),并从中摘录。图书甚至已广泛出口海外,远达黑海的希腊殖民地,可资为证者,有色诺芬在《长征记》中,对大量货船搁浅于萨拉米德苏斯的记述"③。罗马时期的图书业则较希腊更为发达,至早在西塞罗和卡图卢

---

① 参阅孙文杰《中国图书发行史》第三章,武汉大学出版社,2015年。

② [英]C. H. 罗伯茨、T. C. 斯基特《册子本起源考》,高峰枫译,北京大学出版社,2015年,第9页。

③ [荷兰]H. L. 皮纳(H. L. Pinner)《古典时期的图书世界》,康慨译,浙江大学出版社,2011年,第48—49页。

斯时代便已有书店的存在。①

中国战国时期的惠子"有书五车"，稷下学宫也有相当的著述和藏书，但总体上除周室及诸侯国宫廷外，先秦时期的私人藏书并不常见，清人阮元认为"古人简策繁重，以口耳相传者多，以目相传者少……古人简策，在国有之，私家已少，何况民间？是以一师有竹帛而百弟子口传之"②，所言甚是。希腊公元前五世纪末显然也已经存在私人藏书，到前四世纪亚里士多德已经收藏了大量的图书，吕克昂学园和阿卡德米学园都已具备图书馆形式。中国在秦代经历了一次焚书，汉代立即有了恢复，在公元前后刘向、刘歆整理国家藏书时至少拥有一万五千卷图书；而西方肇始于托勒密一世的著名的亚历山大图书馆在公元前47年一部分馆藏毁于战火以前，有一种说法是全部藏书多达七十万卷。③

罗马的私人图书馆首先发展，图书馆似已成为罗马名流府邸的必要部分；阿西尼乌斯·波利奥于公元前39年创办了罗马第一座公立图书馆。根据公元350年的一个地区普查，罗马曾有二十八座公共图书馆。各省亦有公共藏书，即使小城镇也不例外。④ 中国古代先秦时期"惟官有书"，"秘府之书既不刊布，而简策繁重，笔墨拙滞，又不便于移写传副本于民间，故民间知有书名者，仅赖外史达之；至其全书，则非身入清秘，不能窥见，此学术之所以多在官也"⑤。这种情况在相当长的时期里没有较大的改观。唐以降私人藏书固然较为发达，真正勃兴却仍在印刷术发明以后，且多以秘藏性质的藏书楼为主。中国一直到封建时代晚期才出现面向大众的公共图书馆。

综上可知，四世纪以前中国文献书籍发展的水平并不高于希腊、罗马。四世纪以后直至十五世纪这近一千年的时间中，中国的书籍编纂生产方具有一定的优势（据前文所引 Eltjo Buringh 和 Jan Luiten van

---

① ［荷兰］H. L. 皮纳《古典时期的图书世界》，第92页。

② ［清］阮元《揅经室三集》卷二《数说》，邓经元点校，中华书局，1993年，第606—607页。

③ ［荷兰］H. L. 皮纳《古典时期的图书世界》，第106页。

④ ［荷兰］H. L. 皮纳《古典时期的图书世界》，第101—112页。

⑤ 黄绍箕、柳诒徵《中国教育史》，中国和平出版社，2014年，第127页。

Zanden 的研究,十一世纪以后的优势已十分微弱),但这种优势在欧洲印刷术兴起而导致的革命面前一下子就变得无足轻重了。欧洲从十五世纪"谷登堡革命"以后即迎头赶上,虽然同期中国明代也出现了商业化出版的兴盛,但欧洲仍然取得了压倒性的胜利:十六世纪欧洲最重要的印刷出版中心威尼斯拥有近 500 家印刷工厂,共印制书籍近 1800 万馀册,仅书商吉奥利多(Gabriel Giolito)一家就出版了约 850 种书籍。[①] 威尼斯的规模远超明代十六世纪几大出版中心——建阳、杭州、南京、苏州、徽州出版数量的总和;明代任何一个商业书坊、家族、藩府也难望威尼斯书商吉奥利多之项背。[②] 明代是商业出版真正兴盛的时代,由于刊刻之易,导致著书之易,黄虞稷《千顷堂书目》著录明代著作 12000 馀种,其著录虽不能确证是实见其书,但确实为当时著录明人著作最多者。即使算上大量的通俗文献如科举书、医书、通俗文学、宗教文献等,整个明代出版书籍至多也只有两万种左右,[③]远远落后于同时代的西方。

清代图书出版印刷水平有持续的提高,但雕版仍为主流[④],数量并不巨大;晚清新技术传入后,出版印刷数量方开始陡增。总其一代所编纂的图书大约在 22 万种以上,现存大约在 16 万种左右,[⑤]其中绝大部分

① 〔英〕彼得·伯克(Peter Burke)《知识社会史(上卷)——从古登堡到狄德罗》,陈志宏、王婉旎译,浙江大学出版社,2016 年,第 180 页。

② 明代最为杰出的出版家毛晋及其子先后刊书约 600 馀种,版片逾 10 万块(张秀民撰,韩琦增订《中国印刷史(插图珍藏增订版)》,浙江古籍出版社,2006 年,第 263 页)。尽管其费力极巨,但因为印刷方式限制和商业化程度不足等原因,其出版种数亦不及威尼斯出版商吉奥利多。

③ 案:现存古籍为 20 万种,清代现存图书总量为 16 万种,则明代为 2—3 万种,明代以前为 1—2 万种,此一几何等差序列基本符合古代图书的生产、存佚规律。

④ 石印术大约在十九世纪七八十年代在中国得到使用,但起初尚未得以和传统雕版印刷分庭抗礼。以产业化印刷技术为基础的印刷资本主义,直到十九世纪末二十世纪初才在中国出现。见〔美〕芮哲非《谷腾堡在上海:中国印刷资本业的发展(1876—1937)》,张志强等译,郭晶校,商务印书馆,2014 年。

⑤ 此承山东大学杜泽逊教授赐告。杜教授的此一数字来自其在编纂《清人著述总目》过程中对清代文献种数的大致统计,精确的数字当在其所编目录完成后产生,二者相差不会太大。

为清代晚期出版物。以平均每种每版印刷 100 部的数量计，亦不超过 2200 万部（实际数字远远小于此数）。这一数字远远无法与十八至十九世纪的欧洲相提并论，因为从十八世纪始特别是已进入工业化的十九世纪，欧洲书籍（尚不包括期刊、报纸）的出版种数是此前数量的数倍，而十六世纪到十八世纪欧洲书籍的每种平均印刷量已经稳定在千馀册左右，[①]远远超过平均每种每版印刷 100 部的雕版实际印刷数量。[②] 以往曾经有过的一种所谓"1750 年以前中国生产的书籍比世界上其他所有国家加起来的总数还要多"的说法，已经被证明是一个明显的错误。[③]

欧洲图书生产的发展、社会的进步再加上悠久的图书馆传统，图书馆藏书量这一代表图书出版、知识分享和社会整体发展水平的指数从近代以来即大大超过中国。魏根深总结曰：

> 从大约公元 1500 年起，在藏书数量上，中国的图书馆开始被南欧的图书馆赶上。例如，到 1532 年，威尼斯收藏家多蒙尼克·哥瑞玛尼拥有 15000 册藏书，比天一阁在其创办者范钦 1568 年去世时的藏书量还要多。中国的图书馆的藏书量在公元 1600 年后被北欧的图书馆完全超越了（例如，德国沃尔芬比特尔的奥古斯塔图书馆藏书在 1649 年达 6 万册，到 1666 年达 12 万册）。在 1700 年以后，又被北美的图书馆超越了。截至十七世纪二十年代，巴黎的德若伊图书馆拥有 8 万部图书，剑桥大学有 4 万部（在 1715 年）。甚至哈佛学院图书馆在 1738 年也拥有 3100 部藏书，完全可以同《四库全书》（其所收 3461 部书是 1782 年从超过 1 万种图书中挑选出来的）相比。在十九世纪期间，随着欧洲和美洲藏书量多达 100 万部的大型国家图书馆，以及如罗阿克顿图书馆这样有将近 7 万部藏书的私

---

① ［法］弗雷德里克·巴比耶（Frédéric Barbier）《书籍的历史》，刘阳等译，广西师范大学出版社，2005 年，第 270—272 页。

② 关于雕版印刷每版实际印刷数量，参见后文相关讨论。

③ ［美］魏根深《1900 年以前中国和西方的图书产量与图书馆》，张升、戴晓燕译，载《中国典籍与文化》，2006 年第 4 期，第 43—46 页。

人图书馆的出现,中西方图书馆藏书量的差距进一步扩大。①

十九世纪上半叶欧洲主要图书馆的藏书量均已经超过清帝国的国家藏书馆:"1800 年左右,拥有 20 万册藏书的哥廷根大学图书馆无疑是最好的欧洲图书馆之一。1837 年,大英博物馆藏有 23.5 万册书籍,但是到了 1856 年,这个数字已经不止翻了一倍,到了 54 万册。"②

上述简单的举例分析无疑已经使两大结论的准确性和合理性发生了动摇。这种动摇不可避免地促使我们重新思考:中国文献传统的历史成就究竟体现在哪些方面? 或者说,既然中西文献传统不存在优劣之分,中国文献的历史成就到底有哪些独特之相?

综合前人时贤的成果并参以己意,个人以为中国文献传统的历史具有"连续性""稳定性"和"精英性"三个特殊之处。因为"自我"总是在与"他者"的相遇中才得以成立的,这些特性当然不得流于泛泛而论,而是必须在比较的视野下予以具体的分析。

二、连续性

中国文明表现出一种非凡的连续性,已经得到当代学术研究的公认。中国文献传统同样如此,连续性亦非常明显。但文明发展意义上的"连续性"评价标准不可简单移植至文献传统之上,因为文明的连续性主要是指早期文明未衰落或未发生严重的断裂和转变。除中国黄河文明外,其他同时先后发生的原生文明基本都出现了为次生文明所覆盖的情况,而世界上唯一的两个文献传统——西欧和中国——都没有出现像早期文明那样的断裂、转变情形。因此,中西比较视野下文献的连续性,应

① [美]魏根深《1900 年以前中国和西方的图书产量与图书馆》;又见其著《中国历史研究手册》第十四篇《目录学》"71.1.10 1912 年前书籍的总数"。
② [英]彼得·伯克《知识社会史(下卷)——从〈百科全书〉到维基百科》,汪一帆、赵博囡译,浙江大学出版社,2016 年,第 34 页。

主要体现在各自不同的"连续性特色"和"连续性程度"之上。

显然，中国文献的"连续性"在特色和程度上都具有独特的内涵。

首先，中国文献在发展阶段上没有明显的中辍和低潮期，即使历经灾荒、战争、改朝换代的政治动荡以及外族的入侵，文献传统不仅丝毫没有中断，而且在历经摧毁后一次又一次地得到恢复。

尽管文献存佚并不主要取决于外部因素，但天灾人祸对文献物质因素的影响也不可忽视。中国自古战乱频仍，古人常常感慨文献时遭厄运，汉以后感慨暴秦燔书已史不绝书，隋牛弘又有"五厄"之论，明胡应麟接续而成十厄："隋开皇之盛极矣，未几皆烬于广陵；唐开元之盛极矣，俄顷悉灰于安、史。肃、代二宗浡加鸠集，黄巢之乱复致荡然。宋世图史一盛于庆历，再盛于宣和，而女真之祸成矣；三盛于淳熙，四盛于嘉定，而蒙古之师至矣。然则书自六朝之后复有五厄，大业一也、天宝二也、广明三也、靖康四也、绍定五也，通前为十厄矣。"①问题在于，十厄之后，实亦伴随十次恢复，考诸史记，斑斑可证。胡应麟亦同时指出："等而论之，则古今书籍盛聚之时、大厄之会各有八焉，春秋也、西汉也、萧梁也、隋文也、开元也、太和也、庆历也、淳熙也，皆盛聚之时也；祖龙也、新莽也、萧绎也、隋炀也、安史也、黄巢也、女真也、蒙古也，皆大厄之会也。东京之季，纂辑无闻（班志率西汉，东京甚希，他无校集者）；魏、晋之间，采摭未备；卓、曜诸凶，摧颓馀烬，于聚于厄俱未足云。"②这是非常睿智的见解，我们不能只注意到了文献遭遇天灾人祸的不幸，而忽略灾厄之后必有恢复的事实。近人陈登原撰《古今典籍聚散考》有曰："综计是卷所记，其最明显之现象，即在承平之时，公家私人均致力于搜罗岩穴，博藏深弆；及其乱世，则又仓皇弃之于兵匪之手。如潮汐然，忽高忽低，而终于散失消沉。"③陈氏所谓"如潮汐然，忽高忽低"无疑是恰当的总结，而"终于散失消沉"的结论则并不正确，古代文献虽然不免散亡，但总体上仍保持一种

---

① ［明］胡应麟《少室山房笔丛》，上海书店出版社，2009年，第6页。

② ［明］胡应麟《少室山房笔丛》，第6—7页。

③ 陈登原《古今典籍聚散考》，华东师范大学出版社，2010年，第17页。

强大的连续性。

在西方,罗马帝国的覆灭和宗教的笼罩使六至十四世纪明显成为文献发展的低潮期。"无数珍贵的藏书直到公元五世纪仍有存留,而后消失得无影无踪。日耳曼部落的入侵将它们埋葬,猝死的古代文化成了它们的坟场……"①所剩的书籍生产几乎都与宗教有关,而且书籍稀少,甚至连教士也很少能有阅读的机会。② 这一情况直至十到十二世纪才略有好转,至十六世纪谷登堡印刷革命才出现高潮并延续至今日。毫无疑问,中国文献传统中显然不存在这种几乎贯穿整个中世纪的极其漫长的文献衰微,当然也没有类似于欧洲文艺复兴那样性质的文献重振。

其次,中国文献书面语言一以贯之,金文记录、《尚书》《春秋》《左传》《国语》及先秦诸子等经典奠定的极为成熟的书面语作为唯一的"文献语言"传承至今,三千年来连续未断。此一特殊之处尤为显明,其根源肇自中国书写发明并发展成语素或语标文字(morphemic or logographic writing)后,出于发明这种书写系统的文明所拥有的独特性和强大影响力,使这种非常成熟的文字(甲骨文)就已经成为"书面语"的书写而非"日常言语"的书写。中国书写系统和古代书面语可以认为是世界范围内独一无二的现象,它成为中国的"第二语言",主要以规范化的语词系统而不是用对应于日常言语的语音来指代意义。通过这种书面语言,人口众多的中国人得到了一门全民族语,从而得以承载知识、思想、信仰传统,并能摆脱方言歧异、言语变迁的困扰而实现跨越时空的传达。③

西方在这一方面完全不同。由于埃及和两河文明的衰落和被覆盖,"神圣书写"不可避免地让位于不同方言的书写,因此文字作为语言特别是语音的外壳,必然走向拼音文字,拼音文字又必然导致民族书写。另外,统一王朝的衰亡使"雅语"逐渐失去统治地位,从而使文献书写形成分化。这对文献传统连续性的影响是相当严重的,"到公元六世纪,希腊

---

① [荷兰]H. L. 皮纳《古典时期的图书世界》,第 116 页。
② [新西兰]史蒂文·罗杰·费希尔(Steven Roger Fischer)《阅读的历史》,李瑞林等译,商务印书馆,2009 年,第 133—137 页。
③ 以上详见本书第五章的讨论。

语在西方已经成为死语言，教皇大格列高利（Gregory the Great，约公元590—606 年）便完全不懂了，罗马帝国已完全控制在蛮族移民手上，东西方文学教养和对图书的照管与收藏完全衰落了。希腊语在罗马已经完全没人说了，而拉丁语在君士坦丁堡已被禁止。不可设想罗马的图书馆会在这个时候继续增加它们的希腊语藏书，或希腊语图书馆致力于拉丁语书籍收藏"①。至十七世纪，拉丁语又全面式微。从十五世纪六十年代至十六世纪初约五十年间，欧洲出现了第一本德语、捷克语、意大利语、加泰罗尼亚语、法语、佛兰德语、西班牙语、葡萄牙语、丹麦语、瑞典语、普罗旺斯语、波兰语等主要地方语言印刷书籍，②此后这一地方语言印刷书籍名单持续增加，"至此，各地的民族文学皆建立起基础，并令泛欧书市开始分裂；各国执政者基于政治与宗教理由，推展各种成效显著的图书审查，亦助长这种分化。到头来，欧洲的不同国家，终以文化差异为界，将彼此的出版市场永久区隔开来"③。

　　方言出版促成西欧民族国家的形成，而长久不变的书面语却使中国王朝始终存在。④ 代表着国家权力、教会权力和文化权力的拉丁语被地方语言取代，⑤这种情况在古代中国从未发生。在欧洲，印刷术可能反过来促进了民族语言的格式化和固定化，并强化了民族与民族之间的"语言壁垒"⑥，这一情况在中国同样也未出现：书面语言的格式化和固定化早在先秦时代就完成了，书面语典范长久垂范，并不待印刷术的发明而进一步加强；同时，明以来通俗文献特别是通俗文学所带有的方言、俗语，也未能因为印刷品的普及而得到固定。钱存训所指出的印刷术对

---

　　① ［荷兰］H. L. 皮纳《古典时期的图书世界》，第 121 页。原注：引自汤普逊《古代图书馆》，第 40—41 页。

　　② ［英］彼得·伯克《语言的文化史：近代早期欧洲的语言和共同体》"欧洲出版史年表"，李霄翔等译，北京大学出版社，2007 年，卷首。

　　③ ［法］费夫贺、马尔坦《印刷书的诞生》，第 346 页。

　　④ 参阅［美］本尼迪克特·安德森《想象的共同体：民族主义的起源与散布》。

　　⑤ 参阅［英］彼得·伯克《语言的文化史：近代早期欧洲的语言和共同体》，第 82 页。

　　⑥ 参阅［英］彼得·伯克《语言的文化史：近代早期欧洲的语言和共同体》，第 128—129 页。

中西社会所发生的不同作用:"印刷术促进文化发展,扩大读书范围,普及教育,推广识字,丰富各科学术,这些效果虽是一样,但程度不同。不过在西方,印刷术同时激发理智思潮,促进民族语言和文字的发展以及在文学上的应用,并鼓励了民族主义和建立新兴民族国家的行动。相反的,在中国印刷术帮助了书写文字的连续性和普遍性,成为保持文化传统的重要工具。儒家典籍与科举考试用书的印刷,更可证明。所以,印刷术是中国文化和社会的相对稳定的重要因素之一"①,实际上也正是说明了中国文献传统连续性所具有的特殊的社会文化意义。

第三,经典及经典阐释传统同样连续不断,并没有因为宗教、政治和族群异见而形成断裂。

经典阐释的连续性是中国古代主流思想——儒家思想赖以发展壮大的重要基础,也是整个文化核心得以延续的关键所在。因为儒家思想不断提倡的伦理道德在很大程度上取代了宗教,所以不会被宗教所左右,反而改造宗教为其所用。同时,缘于儒家思想成为统治哲学,除了少数暴政时期外,王朝政治一贯维护着经典传统而不使之有丝毫的断裂。古代中国并不乏各种次生族群,也常因游牧族群的入侵而导致异族入主,但异族华化始终是历史主流。在"来中国则中国之"的过程中,文化可能稍有损伤,但不久即恢复原状。经典阐释的情况同样如此,无论是北朝、金、元以及清,可能在某个时期稍有顿挫,但经学传统从未断绝,这可以从六经、九经、十一经、十三经的编纂刊刻上得到具体证明。最典型的是,与欧洲基督教、东正教分裂以及后来民族语言不同所形成的不同印刷书籍完全相反,自元以后,中国、日本、朝鲜、琉球、越南则形成了一个"汉字书籍共同体",并且这一共同体并非单向的传播模式,而是往复交流意义上的"书籍环流"②,成为九世纪以来东亚文化圈赖以存在的根本性保障。

---

① 钱存训撰,郑如斯编订《中国纸和印刷文化史》,广西师范大学出版社,2004年,第360页。

② 参阅张伯伟《书籍环流与东亚诗学——以〈清脾录〉为例》,载《中国社会科学》,2014年第2期。

＊　＊　＊　＊　＊　＊

　　文献传统的独特的"连续性"内涵，使中国古典文献学亦因此而具有相同的特色。

　　由于文献传统的连续性，中国古代的图书目录极为发达，不仅类型多样[①]、数量丰富，而且在共时和历时两方面都形成了环环相扣的链条；同时总体上都具有详尽的描述性，可以使整体古典文献得到一个相当完备的历史描述。尤为特别的是，其中的佼佼者不仅能够记录图书，而且还能进行学术建设，使图书目录上升成为学术史和学术综述。前一个特性使古典文献学的基础空前牢固，文献属性的研究不仅成为可能，而且即使在积累深厚的情况下仍能不断取得更加准确精密的实证成果。后一个特性使文献学和古典学术研究紧密地融合在一起，文献学已经不仅仅是单纯的文献学，而是一种"辨章学术、考镜源流"式的达成真理之道。在西方，就前一点而论，描述性的目录只有在十五世纪以后方才出现，而因为某种意义上的断裂，并未形成历时久远的目录链条。在后一点上，textual criticism 和 higher criticism 显是一种对比性的存在。

　　"文献语言"的连续性使中国语文学极其发达，从公元前的《尔雅》到公元 100 年左右的《说文解字》即创建了一个从未断绝的辞书、字书传统，此后又因音节文字特性而产生同样未曾中断的韵书传统，两个传统共同形成了连续不断的训诂链条。特别是当乾嘉学者发现了部分语言文字学原理从而形成"因声求义"的科学方法后，丰富的形音义材料和语文学遗产促成了文字、音韵、训诂三大语文学分支的成立，使文本校勘的学理水平达到了空前的高度，也就是依据语言文字原理、文献原理和历史事实进行研究判断的所谓"理校"非常发达，王念孙父子《读书杂志》、俞樾《古书疑义举例》等即为显著标志。

　　具体对比而言，西方的校勘方法主要是建立谱系、选择底本，错误之

　　[①]　一般来说，古典目录至少可分为国家目录、史志目录、私家目录、专科目录、特种目录（各种类型的指导目录、版本目录和特藏目录）、地方文献目录等主要类型。

由判别原则主要是依据语文、语音及抄写规律;而中国文本校勘的方法则颇为广泛:除了建立谱系、选择底本外,还可以利用丰富的"关系书"他校。同时,因其书写特质,错误之由判别原则除了依据语音规律外,又可以根据表达惯例、文字形体、语义规律、古书体例进行探究,体现出综合、贯通的特点。

三、稳定性

文献传统既未中断,照理而论,文献发展就势必会随着社会文化经济的进步而形成一个持续上升的趋势。但事实上中国古代的情况却并非如此,整体文献明显呈现出一种螺旋式发展的模式:至少在清中期以前,每一个大的螺旋以后并没有显著的跃升。前文所讨论的现存古籍数量可以为证:若现存 1911 年以前的古籍约为 20 万种计,则明代以前古籍现存至多 2 万种,明代至多 2 万种,清顺治至嘉、道大约 4 到 6 万种,而整个晚清时代可以达到 10 万—12 万种,从这些数字可以推出从《七略》以来至十七世纪近 1600 年的文献种数的增长率极其有限。胡应麟《少室山房笔丛·经籍会通一》曰:"古今书籍,统计一代前后之藏往往无过十万(卷),统计一朝公私之蓄往往不能十万(卷),所谓天之生财止有此数也。"[1]尽管胡氏总结的原因不完全正确,但他所揭示的现象仍是非常客观的存在。也就是说,整体文献保持着一种稳定性的存在。

中国古典文献的稳定性的主要内涵之一是文献传统具备一种历时性的内在规律,积聚、散佚有常,生产、保存、淘汰亦有常,也就是在数千年的历史中,文献整体明显是一个按自身规律保持运作的有机系统。

前文已论,不能完全用文献颇遭人为摧残来解释文献未能实现突破进展的事实。诚然,中国自古战乱频仍,文献时遭水火,散佚确为严重:至清代,史志所载及藏弃家著录所载宋以前书,已百无一二;"自宋以来,书目十有馀种,粲然可观。按实求之,其书十不存四五。"(曹溶《流通古

---

① [明]胡应麟《少室山房笔丛》,第 14 页。

书约》)但透过现象看本质,我们可以明显发现:文献的散亡,主观原因大于客观原因,内部因素大于外部因素。亦即:文献的散亡并非天灾人祸所造成,而是社会历史环境下主观取舍和文献内部规律作用的后果。[①]个人认为这是一条最重要的中国古典文献基本规律之一,它所揭示的意义是:中国古典文献之所以呈现出一种低增长的螺旋式发展,保持着某种稳定性,并不是一种偶然而是一种必然结果。

综合而言,可以这样认为:中古以后无论经历何种的天灾人祸,也无论独裁统治实施怎样的禁绝方针,文献的总体格局已基本定型:注定散佚的,必然渐趋无形;必然存留的,往往不绝如缕。总量则是缓慢增加,从中古到十七世纪一千多年来至多也就五到六倍的增长。很明显,这与西方五世纪以前的情况或许有一定相似之处,但和六世纪以后的情况完全不同。据 Eltjo Buringh 和 Jan Luiten van Zanden 的研究估算,西欧自公元 500 年至公元 1800 年这 1300 年来书籍生产的平均年增长率为1‰,[②]也就是公元 1800 年的生产量是公元 500 年的约四十几万倍。这一长时段的增长结果是极其惊人的,中国的增长率和增长结果远远不及。

中国古典文献的稳定性的主要内涵之二是从两汉以来直至十八世纪,中国持续的文献传统固然不乏新创,但总体上以继承为主、新创为辅。形成此一内在机制的根本原因是经典形成甚早,作用时间极长,经验主义和复古主义的力量极为强大,儒家思想的核心是整顿衰敝的现实世界并恢复远古黄金世界的辉煌,因此阐释经典以发现前往大同的道路,成为思想文化建设最根本的手段,"述而不作"进而变成一种思想和方法原则。《四库全书总目》"经部序"所谓"经禀圣裁,垂型万世,删定之旨,如日中天,无所容其赞述。所论次者,诂经之说而已"云云,[③]虽系就"经"而言,但实际上也是古人所以著述的基本心态的写照。

---

① 详细讨论见本书第三章。

② Eltjo Buringh and Jan Luiten van Zanden, "Charting the 'Rise of the West': Manuscripts and Printed Books in Europe, a Long-Term Perspective from the Sixth through Eighteenth Centuries".

③ [清]永瑢等《四库全书总目》,中华书局,1965 年,第 1 页。

事实可证,从《隋书·经籍志》确立四部系统后直至清乾隆时期,整体文献虽不能说完全走向封闭,但至少是没有发生剧烈的体系变化。《隋书·经籍志》分经、史、子、集四部共四十个二级类目,《四库全书总目》分四部共四十四个二级类目(含六十七个三级类目)。新增、改易者并不多。收书内涵上除了集部和子部杂家类有较大扩张外,其他类目的增大幅度都是有限的。"四部"固不能返"七略"①,但"四部"并未完全迈越或颠覆唐宋旧观,知识更新没有实现质的提高。也就是在知识创造方面,保守的、内敛的思想观念发挥着显著的规范作用。这个特点,与前文所述之"连续性"和后文将述之"精英性"密切相关并构成一种整体性。

相比之下,欧洲文艺复兴运动所突破的是中世纪以来宗教保守思想的束缚,以"发现"古典为名而行创造之实,实用知识得到重视,新的学科不断涌现,知识系统得到更新。②紧接而来的知识产权自觉意识的产生和印刷资本主义的出现,使书籍生产不仅完全摆脱了旧时代的政治、文化禁锢,而且更重要的是促成"知识"变为销售商品这一现代性因素的出现。③而在中国,这一切直到二十世纪初帝制结束以后方才真正发生。

促成文献传统稳定性的内在规律的存在及其作用,同样造就了文献具体层面的若干特色。比如就"存佚"这一古典文献的重要问题而言,中国古典文献的聚散之迹实际上是完全有章可循的,即所谓"存亡聚散之迹,可得而数也"④,而且存佚的历史状况可以充分反映主观思想和学术升降的内在脉络,因此为"辨章学术,考镜源流"提供了实证基础。

再就中国学术而论,如经典阐释既为主流,在"述而不作"的原则以及单一的主观选择原则的规约下,注疏和申发式著作始终成为主要的著述方式,"汇纂"或"纂辑"则成为重要的书籍生产方式,引述现象遂至于

---

① 参阅[清]章学诚《校雠通义》卷一《宗刘第二》,叶瑛校注《文史通义校注》,中华书局,1985年,第956页。

② [英]彼得·伯克《知识社会史(上卷)——从古登堡到狄德罗》,第86—123页。

③ 以上参阅[英]彼得·伯克《知识社会史(上卷)——从古登堡到狄德罗》,第163—180页。

④ 张舜徽《广校雠略》卷三"书籍散亡论",华中师范大学出版社,2004年,第51—52页。

大量存在。被排斥而得不到引述的新兴学说、技术知识、异端思想的文献则逐渐沦亡。这使得中国古典文献中古以前的"原生书"（即有意为之的撰作、编纂书籍，无论是自撰抑或后人门生所编，当时即有意为之并有直接资源者）较少，其时文献之成书，大多为后世纂辑而成（其人其门派原无著作，后世汇编其零散文本而成之书），复多亡佚，又为后世重编（纂辑之书不全或不当，后世据各种数据重新编纂）或辑存（原生书或后世纂辑书已佚，据各种资料辑佚而成）。如此，则在经典文献内部形成"关系书"群体。所谓"关系书"，本是王叔岷先生根据日本学者的说法而提出的一个概念，①这里借用此词表示在精英文献内部存在着多种多样的前后层积、彼此引述和汇集、类纂、再编的关系，具备这种关系的就是"关系书"。如图所示：

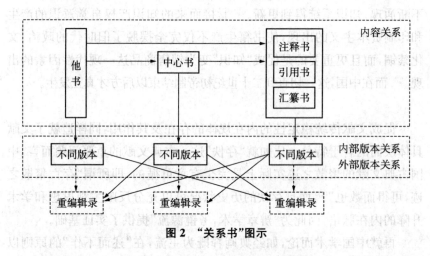

图2 "关系书"图示

以著名的《史记》《汉书》为例。《史记》《汉书》二史，本有关系：武帝以前史事，《汉书》多取自《史记》，"十志"亦多改编自"八书"。二史各有注释之书，因其所注文字有相同之处，所以二史注释之书亦存在关系，如《史记》三家注即多采《汉书》诸家注释。无论是《汉书》还是《史记》之注，原本都是各自单行，因此按时间先后其本身也存在继承、层积关系。《汉

---

① 参阅王叔岷《斠雠学》，中华书局，2007年。此承北京大学中文系李更教授提示。

书》注释之书极夥，"始自汉末，迄乎陈世，为其注解者凡二十五家"（《史通·古今正史篇》)，后来多有汇纂之书如西晋时晋灼《汉书集注》、臣瓒《汉书集解音义》，东晋时蔡谟《汉书集解》，唐时颜师古之《汉书注》，此四家汇纂之作不仅与诸家注释有关系，其本身也存在关系：臣瓒大约补增晋灼，而蔡谟全取晋灼，颜师古注则集《汉书》注释之大成。随着文献体制的进步，渐渐出现注释与正文合编的形式，其中《汉书》颜注和《史记》三家注留存至今。原注单行本中，《汉书》注旧本均佚，《史记》也仅有《史记索隐》单刻本（明毛晋汲古阁本)，及与正文合刻的一家注本——南宋绍兴初刻《史记集解》和二家注本——南宋淳熙三年张杅刊八年耿秉重修《史记集解索隐》留存，但在历史过程中，《史记》、《汉书》、《汉书》各注本、《史记》各注本、《汉书》注释汇编本、《史记》三家注合编本、《汉书》注合编本都曾经同时存在过，并且各有各的传抄、刊刻链条。总结起来，以《史记》《汉书》为中心形成一个独特的"关系书"集合，至少存在以下八种关系：

（1）《史记》与《汉书》

（2）《汉书》与其注释

（3）《史记》与其注释

（4）《汉书》各家注之间

（5）《史记》各家注之间

（6）《汉书》各家注与《史记》各家注

（7）《史记》单注与《史记》三家注合编本

（8）《史记》一家注本、二家注本与《史记》三家注本

以上这八种关系中的书籍，又随着每一种书的历时性传流形成不同版本，最终又生成复杂的版本关系，加入到《史记》《汉书》的"关系书"集合中。同时，这一集合因《史记》《汉书》注释大量引用其他典籍，又与更大的集合形成关系，造成了更多的"关系书"。

"关系书"层层推进，可以覆盖整个古典文献范围。"关系书"所反映出来的"关系"，可以典型地揭示古典文献的性质和源流，同时也使得"辨伪""辑佚"成为符合客观实际的科学的方法。因此，在文献学的意义上，

"关系书"及其具体关系内涵，是研究中国古典文献属性、文献源流以及文本校勘的重要原则，当然也是中国古典学某种特色的体现。

四、精英性

由于教育普及程度极差、农业人口居多及地区文化水平差别较大等原因，中国古代的识字率（具有阅读能力的人口占总人口的比例）较低，直至二十世纪初叶，社会整体的识字率不会超过 20%，明代以前则更不堪言。早先国外汉学家如罗友枝（Evelyn Sakakida Rawski）研究认为十九世纪中期到晚期，约 30% 到 45% 男性，2% 到 10% 女性具有读写能力[1]（如此，低限平均为 16.6% 至 20.5%；高限为 24% 至 28%[2]），这个结论显然过于乐观。[3] 以欧洲的情况作比较：本尼迪克特·安德森（Benedict Anderson）的一个总结是迟至 1840 年，即使在欧洲最进步的两个国家——英国和法国——也有近半数的人口是文盲，而在落后的俄罗斯则几乎 98% 是文盲。[4]

识字率的低下，导致古代中国阅读人口的阶层和范围均极有限，与欧洲相比更为逊色：欧洲"阅读阶级"除了贵族和地主士绅、廷臣与教士等旧统治阶级外，还包括平民出身的下层官吏、专业人士以及商业和工业资产阶级等新兴的中间阶层。中国明清时代的能文之人，除了精英分子以外，中间阶层非常有限，只有如生员、吏员、部分僧道师巫、代笔者、书会先生、算卜等专门职业者、商人特别是书商及其雇佣写手和极少数

---

① Evelyn Sakakida Rawski, *Education and Popular Literacy in Ch'ing China*, University of Michigan Press, 1979, p. 140.

② 张朋园《劳著〈清代教育及大众识字能力〉》（书评），载《近代史研究集刊》，第九期，1980 年。

③ 参阅 Wilt L. Idema, Review of Evelyn Sakakida Rawski, *Education and Popular Literacy in Ch'ing China* (University of Michigan Press, 1979), in *T'oung Pao* LXVI(1980), pp. 314 - 324.

④ ［美］本尼迪克特·安德森《想象的共同体——民族主义的起源与散布》，第 73 页。

的城镇市民。

正是这一原因，使古典文献无论是曾经编纂、出版、流通者，还是现存者，均以精英文献为主。从早期观念上来看，在《墨子》中，"书于竹帛，镂于金石，琢于盘盂"已数数言之，按照墨子的理论，最需要传达和保存的认知和记忆，是对天的意志和鬼神（二者实即最初的宗教）的敬崇，"又恐后世子孙不能知也，故书之竹帛，传遗后世子孙。咸恐其腐蠹绝灭，后世子孙不得而记，故琢之盘盂，镂之金石，以重之。"（《墨子间诂》卷八《明鬼下》）①这其中当然有不少理想化的猜想，但就出土文献中的早期书写而言，甲骨文是卜辞，属于墨子理论的第一个方面"宗教"；青铜铭文主要是纪功、诰命，属于墨子理论的第二个方面"政治"——理性的和现实的行为。发展到印刷时代情形依旧，和西方更是大不相同，如钱存训所指出的："印刷在西方社会中，主要是一种营利事业，跟随工业革命而发展成为一种庞大的出版工业，是大众传播的主要媒体。而在中国传统社会中，印刷术的主要功能并非谋利，却含有一种强烈的道德观念。刻书对知识的传播和文化保存，认为是人生的一种美德，所谓'传先哲之精蕴，启后学之困蒙，亦利济之先务，积善之美谈。'尊重古代典籍是儒家思想的主要成分。"②所有这一切都使书写和载籍文献从最初到最后，必然都只能是属于精英分子而不是其他阶层。

随着社会的进步，通俗文献亦渐次而生，但一直居于极低的地位。即使是商业化出版的时代，国家和士人阶级也表现出强大的主宰力量。彻底颠覆这一主宰力量的"印刷资本主义"，要晚至十九世纪末方在某些地区发展起来。在此之前，精英文献虽然在有些时候也呈现出商品状态（特别是带有文物性质的宋元旧本），但从未像欧洲的《百科全书》出版一样，既是一场启蒙运动行为，又是一个典型的"生意"③。而作为商品的

---

① ［清］孙诒让撰，孙启治点校《墨子间诂》卷八《明鬼下》，中华书局，2001年，第237—238页。

② 钱存训《中国书籍、纸墨及印刷史论文集》，香港中文大学出版社，1992年，第238页。

③ 参阅［美］罗伯特·达恩顿《启蒙运动的生意——〈百科全书〉出版史（1775—1800）》，叶桐、顾杭译，生活·读书·新知三联书店，2005年。

通俗文献如蒙书、科举应试书、日用型书、宗教读物书、通俗文学书等一方面毕竟仍为中等文化水平之人阅读，一方面还是无法撼动精英文献的主导地位。

一直到近代以前，中国书籍印刷的复本量都是较小的。雕版印刷术为主流方式，活字印刷始终没有得到规模化应用，也能说明这个事实。因为精英文献的出版并不需要庞大的一次性产量，而是需要可以长久的保存印版以便将来修订、再版，或者垂诸久远。雕版印刷恰恰可以满足这种需求。利玛窦（Matteo Ricci）最早就指出了这一点：雕版印刷并非不可以大量印制复本，因为技术的成熟，其成本也低于活字，但其最明确的优点是"一旦制成了木版，就可以保存起来并可以用于随时随意改动正文。也可以增删，因为木版很容易修补。而且用这种方法，印刷者和文章作者都无需此时此地一版印出极大量的书，而能够视当时的需要决定印量的多少"[1]。范成大《吴郡志》卷六："嘉祐中，王琪以知制诰守郡，始大修设厅，规模宏壮。假省库钱数千缗，厅既成，漕司不肯除破。时方贵《杜集》，人间苦无全书。琪家藏本，雠校素精。即俾公使库镂版印万本，每部为直千钱。士人争买之，富室或买十许部。既偿省库，羡馀以给公厨。"[2]此即根据需要决定印刷数量的显例。清代内府印本《佩文诗韵》等书籍主要用于赏赐臣下，也可以根据需要随时加印。当代研究者普遍认为雕版印刷有利于分散于各地、每版印量不大、便于重印的书籍生产模式。[3] 其中，再版、重印是关键。精英文献的特点就是具有经典性，因此一次雕版而能获得不断再版的机会，自比一次性的活字印刷要

① ［意］利玛窦、金尼阁（Nicolas Trigault）《利玛窦中国札记》，何高济等译，何兆武校，中华书局，1983年，第21—22页。
② ［宋］范成大撰，陆振岳校点《吴郡志》，江苏古籍出版社，1999年。
③ 最新的综述见［美］安·布莱尔《工具书的诞生——近代以前的学术信息管理》，徐波译，商务印书馆，2014年，第52页。

重要得多。也就是说：雕版是适应精英文献生产的模式，与西方完全不同。[①] 通俗文献虽然出自商业生产，但因其阅读者至少是识字之人的缘故，高数额的一次生产量并不是市场需要，故而也同样一直采用雕版印刷。虽然理论上和实际上雕版印刷的复本量可以达到成千上万，[②]有研究表明，除了宫廷和政府以外，无论是何种类型的书籍，每一版次的实际印刷量至多也就在 100—200 部之间。[③] 这证明中国雕版印刷术从技术到模式都是为精英文献而不是商品化的通俗文献服务的。

另外一个典型的例证是报纸，书史研究者都指出，报纸是整个后工业化时代印刷史中最重要的内容，"尤其是受欧洲影响或控制的海外殖民地的印刷发展史上，印刷文化最初是通过报纸的出版而发展起来的，报纸在当地社区被当作一种发布信息和维系凝聚力的手段。报纸的大规模机器印刷，在萌芽阶段影响和促进了民族凝聚力的形成、语言的塑造和罗伯特·埃斯卡皮所称的'独立的民族文学'（Escarpit，1966：24）的产生"，当然也就是本尼迪克特·安德森所谓"印刷资本主义"的根本性要素，只有在相同的时间段内被千万人消费的日报，才可以让人感到被同一种语言连接在一起。[④] 然而在中国，"邸报"不是真正意义上的报纸；即使算上传教士创办的报纸，也要迟至十九世纪中叶以后才较多出

---

① Cynthia J. Brokaw, "On the History of the Book in China," in Cynthia J. Brokaw and Kai-wing Chow eds. , *Printing and Book Culture in Late Imperial China* , Berkeley：University of California Press, 2005, pp. 3 - 54. 有一种观点认为雕版印刷对于低档书坊的出版尤为经济（[美]艾尔曼（Benjiamin Elman）《科学在中国（1550—1900）》，原祖杰等译，中国人民大学出版社，2016 年，第 17 页），当主要是因为雕版印刷不需要像活字印刷那样先期投入一大笔资金以制作大量的活字。这种经济上的节省，对于任何出版主体都是一样的。

② 参阅钱存训《中国雕版印刷技术杂谈》，见其著《中国书籍、纸墨及印刷史论文集》，香港中文大学出版社，1992 年；王水照《作品、产品与商品——古代文学作品商品化的一点考察》，载《文学遗产》，2007 年第 3 期；周绍明《书籍的社会史——中华帝国晚期的书籍与士人文化》，北京大学出版社，2009 年，第 12—28 页。

③ 关于中国古代雕版印刷的一次印刷数量问题，参阅本书第四章的相关讨论。

④ 以上见[英]戴维·芬克尔斯坦、阿利斯泰尔·麦克利里《书史导论》，何朝晖译，商务印书馆，2012 年，第 157 页。

现，而直至十九世纪末二十世纪初才真正开始在社会上发生显著作用。

因此，十六世纪开始兴盛的书籍商品化，既然未能形成"印刷资本主义"，当然也就不可能像欧洲一样，创造出一个"从根本上腐蚀了历史悠久的王朝原则，并且煽动了每一个力有所及的王朝去进行自我归化的""群众性的、以方言为基础的民族主义"①。中国古代文献主要是以精英文献为主，通俗文献扮演沟通上下的角色，二者合力延续、加强的是古典共同体（王朝），而不是现代的"想象的共同体"（民族国家）。十九世纪末以降主要在上海出现的"印刷资本主义"所带来的通俗文学作品、知识读物、日用书籍以及报纸、杂志等媒介出版物，方才促进了后者的诞生。

在具体的纯粹意义上的文献层面，"精英性"特点更是非常明显，造就了许多深层次的问题。在此难以详尽缕列，姑略述数端，以概其馀。

在中国文献史上，书籍抄写固然是一直存在的，但因为适应于精英文献的雕版印刷极早成熟，遂使得写本时代的抄本近乎完全消亡（敦煌遗书得以发现，以及域外保留少量残抄皆是异数），中上古文献的校雠失去了最为重要的中间环节。宋刻本已经将几乎全部重要的古典文献予以定型，明代刻书较易，又使定型的数量和程度变本加厉，终于酿成不可挽回的损失。胡应麟的一个辩证颇能说明问题："叶少蕴云：'唐以前，凡书籍皆写本，未有模印之法，人以藏书为贵。人不多有而藏书者精于雠对，故往往皆有善本；学者以传录之艰，故其诵读亦精详。五代时冯道始奏请官镂板印行，国朝淳化中复以《史记》《前、后汉》付有司摹印，自是书籍刊镂者益多，士大夫不复以藏书为意，学者易于得书，其诵读亦因灭裂。然板本初不是正，不无讹误，世既一以板本为正而藏本日亡，其讹谬者遂不可正，甚可惜也。'此论宋世诚然，在今则甚相反。盖当代板本盛行，刻者工直重巨，必精加雠校始付梓人，即未必皆善，尚得十之六七，而钞录之本往往非读者所急，好事家以备多闻，束之高阁而已，以故谬误相仍，大非刻本之比。凡书市之中，无刻本则钞本价十倍，刻本一出则钞本

---

① 参阅［美］本尼迪克特·安德森《想象的共同体——民族主义的起源与散布》，第 130 页。

咸废不售矣。"(《少室山房笔丛·经籍会通四》)①叶、胡二人所言无论是
非如何②,都道出了抄本因雕版而消亡的事实。而印本(即使是宋本)理
论上的弊端,中西都是相同的:"印刷书籍的发明,特别是 1465 年西塞罗
首印本的出现,标志着古典文本的未来第一次得到了保证。不过也有一
个副作用:早期印刷者,在将文本印刷之时,倾向于给予印刷文本一种权
威和永久性,事实上它们在绝大多数情况下是不配得到的。古典作家文
本的首印本(editio princeps),通常并不比印刷者随便选作底本的人文
主义者抄本的一个誊抄本好多少,只是一个现存抄本的印刷形式的复制
本。这个文本的复制,一版接一版,只有很小的改动,很快就确立了一个
通行本(vulgate text);虽说并未禁止对通行本进行零星的改进,但是惯
性的力量和保守主义使得我们很难舍弃通行本,选择一个全新的文
本。"③一言以蔽之,代替抄本的印本不过是使一个文本"标准化"和"权
威化",未必没有造成新的讹误。特别是中国雕版印刷因为单次印刷数
量有限,遂在一定程度上增加了历时性的版本数量,从而也增加了异文。

　　西方因为印刷发明并运用相对较晚,再加上宗教"抄写房"的发达,
因而使早期抄本得以较大规模的存留,且手稿也有相当的遗存(手稿的
收集在西方是一个历史悠久的传统④),文本校勘在理论上较为容易达
成狭义文献学的终极目标——将各种文本恢复到较为原始的形式或统
一为单一文本,而中国古代的版本校勘,绝大部分在实质上只能上溯到
宋本为止。

---

　　① ［明］胡应麟《少室山房笔丛》,第 44 页。

　　② 案:叶氏所言较是,而胡氏为非。第一,宋代刻者,工直更巨;明代刊刻相对较便易。
胡氏正好弄反了。第二,讹误的产生,不重在于刻或抄的方式,而在于流传时间的长短和原本
流传环节的多寡。明人在宋人之后,不可能在这一点上超过宋人。第三,宋人刻书的态度,也
要好过明人。第四,"钞录之本,往往非读者所急"是明代的情况,不是写本时代的情况,也不是
宋代的情况。第五,"刻本一出,则钞本咸废不售",是雕版印刷产生以后就开始产生的必然现
象,在这一点上,明代更要甚于宋代。

　　③ ［英］L. D. 雷诺兹、［英］N. G. 威尔逊《抄工与学者:希腊、拉丁文献传播史》,苏杰译,
北京大学出版社,2015 年,第 215 页。

　　④ ［英］彼得·伯克《知识社会史(下卷)——从〈百科全书〉到维基百科》,第 32 页。

　　"精英性"最为重要的文献学表现是编纂、出版人的学识决定了一切。特别是在重新编校出版经典著作方面，由于中国书写的特殊和文献时代的久远，千余年中无数妄改的错误被彻底掩盖了，乾嘉以来的校勘所纠正的形音讹误只不过是冰山之一角。宋代印本传至明代已有大量亡佚，今世经典及其他精英文献的基本面貌，乃是明代大规模印刷奠定的。明人处于时代的链条之上，居于宋以后的一环，恰好这个时代经济较为发达、雕版印刷较为便利、商业出版趋于兴盛，所以他们无可选择地、历史地承担了"刻书"的责任，而不是因为其天生具有"刻书"的本性；同时，他们的"不学"确实又因刻书而使"书亡"，亦即没有很好地高质量地接续从汉到元的环环相扣的文本传承链条。可是无论如何，文献的精英性特点和所处时代的历史宿命，使明人成为很多文本的最后奠定者。清人及近现代学者虽然努力去恢复为明人障蔽或弄错的文献文本，但因为古写本为宋刻本淹没、宋刻本又大量沦失的客观状况，这一努力的成果仍然是相当有限的。

　　不过，近百年以来地不爱宝，出土文献越来越多，竟然使最难弥补的中上古文献缺失环节得到了部分的恢复，使当代学者真切地认识到文献、文本传流错讹问题的严重性，以致古典文献需要"重写"或古典学需要"重建"的呼声渐次出现。① 这对于一个源远流长的文献传统来说，显然是一个意味深长的事件。

＊　＊　＊　＊　＊　＊

　　总而言之，中国并不是世界上文献传统唯一悠久、发达的地区；中西文献传统没有高下之分，只有特色不同。中国文献传统的"连续性""稳定性""精英性"，绝非是一般意义上的文献传统皆能具有的共性，而是在中西比较视野下所得出的中国载籍发展演变的历史独特性。文献传统

---

　　① 参阅［美］夏含夷《重写中国古代文献》，周博群等译，上海古籍出版社，2012年；裘锡圭《出土文献与古典学重建》，见复旦大学出土文献与古文字研究中心编《出土文献与古典学重建论集》，中西书局，2018年。

的特色在根本上是由文化特性决定的,但它同时又以其非凡的能量反过来影响和建构文化特性。

就具体的文献而言,不同文化区域的文献(书籍)具有共同性,原因在于"文献"的客观性以及古典文献的历史性:文献是意义的物质成果,文献一旦产生即独立于意识之外;古典文献又是历史的产物,故其载体、书写、体式、复制、流传、存佚、讹误等,皆有历史的演进规律可循。但更重要的是,不同文化区域的文献(书籍)同时也具有显著的独特性,因为文献毕竟承载不同的文化内容,其发生、书写、编纂、阅读、流传、存佚、讹误等无不受到文献传统特质的影响。

第二章
形制与意义

明人胡应麟有曰：

> 今人事事不如古，固也，亦有事什而功百者，书籍是已。三代漆
> 文竹简冗重艰难，不可名状；秦、汉以还，浸知钞录，楮墨之功简约轻
> 省，数倍前矣。然自汉至唐犹用卷轴，卷必重装，一纸表里，常兼数
> 番，且每读一卷或每检一事，绅阅展舒，甚为烦数，收集整比，弥费辛
> 勤。至唐末、宋初，钞录一变而为印摹，卷轴一变而为书册，易成难
> 毁，节费便藏，四善具焉。溯而上之至于漆书竹简，不但什百而且千
> 万矣！士生三代后，此类未为不厚幸也。[1]

中国文献史上，书籍载体以及书籍制度这一文献物质层面上的显著
进化，是极端强调经验、崇尚复古的中国古代士人也不得不承认的事实。
或许宋人尚未能充分意识到雕版印刷的划时代进步，但到了明代，如胡
应麟所述，士人已经完全为书籍物质形态的进化成就所惊服。事实上，
在中国所谓"四大发明"中，纸与印刷术紧密相关，两者实质上代表着的
就是书籍载体与书籍制度的技术发展程度。毫无疑问，书籍载体及其所
决定的书籍制度的发展进步，是中国古代文献之光赖以辉煌的基础之
一，当然也是中国古代文献历史过程中的重要内容之一。

---

① ［明］胡应麟《少室山房笔丛》，上海书店出版社，2009年，第45页。

书籍制度研究之兴起，余嘉锡所述最为扼要：

> 考书册制度者，《诂经精舍文集》中有汪继培、徐养原《周代书册制度考》，金鹗《汉唐以来书籍制度考》（亦录入《学海堂经解》《经义丛钞》），其文皆略而不详。其后有叶德辉《书林清话》中"书之称册""书之称卷""书之称本""书之称叶"数篇，及日本人岛田翰《书册装潢考》（在《古文旧书考》中）、法人沙畹《纸未发明前之中国书》（冯承钧译本）诸篇，皆不免时有舛误。至近世王静安先生作《简牍检署考》（在《云窗丛刻》及《王忠悫遗书》中），而后简策之制大明。今人马叔平先生作《中国图书制度变迁之研究》（见《图书馆学季刊》第一卷第二期），取证实物，附以图象，又前人所未及也。[①]

余氏并有《书册制度补考》文，踵武继贤，后来居上。因为纸本以后之制度有实物传世，故书籍制度研究原来最偏重难能见到之简册，而近世出土简书已多，简册制度实况已不难详知，故文献史、出版史之陈述以外，书籍制度本身之专门研究越来越缺乏深入之馀地和拓展之可能。最根本的困境是：旧有的书籍载体和书籍制度的研究仅限于专门的印刷出版史、书籍形态史的范畴，很少会进行其他方面的思考。这样一种单一的观照视野使文献的"物质"层面和其所承载的"精神"层面被完全分割开了，导致它们的相互影响被明显地忽略。这无疑是一种严重的错误，但还不是最严重的。随着书籍史、文献文化史的视野的拓展，我们已经发现文献的"物质"层面不仅需要和文献的传播、阅读及其影响结合而观，而且在这种结合中，"物质"层面甚至比"精神"层面更加重要，因为"物质"是"精神"的载体，没有前者，后者即成无本之木、无源之水。

西方书志学者很早就注意到文本载体的物质特点的重要性，以麦克科洛（R. Mckerrow）、格雷格（W. W. Greg）等倡导的"新书志学"（new

---

① 余嘉锡《书册制度补考》，见《余嘉锡论学杂著》，中华书局，2007 年第 2 版，第 539—540 页。

bibliography)即开始注重对书籍的物质因素的研究。书志学家麦肯锡提倡将文本作为媒介产品来研究,特别注重书籍的形式,强调不能排除形式、功能和符号意义之间的关系。他睿智地指出——"形式影响意义",研究者必须从形式及其传递上来关注文本及其对社会的影响。①法国书籍史学者罗杰·夏蒂埃在此基础上指出"实体形式"的重要性:

> 有种观点来自文学,并被大量书史研究者所采纳:文本脱离其物质载体而独立存在。我们反对这种观点:不存在没有载体的文本,无载体如何读(或听)?任何一种对文字的理解都在一定程度上依赖于读者所接触到的实体形式。②

而且这种"形式"是文本抵达读者的两种方式之一:

> ……没有任何文本能脱离使之能被阅读的支撑物而存在;无论文本类型如何,任何一种文本的理解都仰赖使之能抵达读者的形式。因此有必要理清两种工具形式(apparatus):一种由文本转译、写作技巧和"作者"意图而形成;另一种则是书籍生产或出版的结果,产生于编辑决策或车间程序,而且所预设的读者或阅读可能与作者所设想的根本不同。意义就在这两者之间的差距中被建构起来;但这种差距不仅被古典研究方法,而且还被接受理论(德文 *Rezeptionstheorie*)忽视了。古典研究方法将著作本身看作纯粹的文本,其印刷形式根本不重要;接受理论则在"文本"和读者之间、作者使用的"文本信号"(textual signals)和读者的"期望视域"(hori-

---

① D. F. McKenzie, *Bibliography and the Sociology of Texts*, Cambridge University Press, 2004.

② [法]罗杰·夏蒂埃《书籍的秩序——14 至 18 世纪的书写文化与社会》,吴泓缈、张璐译,商务印书馆,2013 年,第 92 页。

zen of expectation)之间假定了一种直接与即时的联系。①

按照罗杰·夏蒂埃的观点,"文本"抵达读者既有两种不同的形式,而且这两种形式在所预设的读者或阅读与作者所设想者之间,是存在"差距"的;忽视任何一种形式都不是正确的认识方法,在文本和读者之间作任何先验假定同样也是错误的。此一观点十分精辟,它标示出一种正确的理念和思考方针:文献的物质既然是抵达读者的重要形式之一,那就绝不应该被忽视,"一文本所拥有的种种不同的社会和历史意义,无论它是哪种意义,都离不开其呈现给读者的物质形式"②。在新的观念之下,"书籍制度"就不再是单纯的外在物质形态,而成为对书籍传播、阅读甚至其文本内容发生作用的重要因素。

通过文本抵达读者的方式来考察文献图书的意义,至今仍然是一个较新的课题。尽管在明清至近代书籍史的研究中,已经有学者注意到装订、版式、插图等对于印刷书籍传播、阅读的影响,③但统观整体文献史以至发现更多的问题,则尚不多见。文献文化史作为一种崭新的和综合的观照,不仅需要关注中国古代文献物质层面的成就和特色,更为重要的是需要充分注意到物质形态和表现形式对于文献的丰富意义,因此阐述这一问题成为题中之义。但这个问题比较复杂,涉及的面非常之广,本章仅从其中拈出三点进行尝试性的探讨,旨在抛砖引玉,共同推动对其认识的深入。

---

①　[法]罗杰·夏尔提埃《文本、印刷、阅读》,见[美]林·亨特编《新文化史》,姜进译,华东师范大学出版社,2011年,第152页。

②　[法]罗杰·夏蒂埃《书籍的秩序——14至18世纪的书写文化与社会》,第26页。

③　如 Robert E. Hegel, *Reading Illustrated Fiction in Late Imperial China*, Stanford University Press, 1998(中译:《明清插图本小说阅读》,刘诗秋译,生活·读书·新知三联书店,2019年);Yuming He, *Home and the World: Editing the "Glorious Ming" in Woodblock-Print Books of the Sixteenth and Seventeenth Centuries*, Harvard-Yenching Institute monograph series, Harvard University Asia Center, 2013(中译:《家园与天下——明代书文化与寻常阅读》,何予明著译,中华书局,2019年)。

一、书籍形制进化的动因与文献承载、传播和阅读

二十世纪以来，文献史及印刷出版史已经对书籍载体和书籍制度的发展进行了充分的探讨，对其发展脉络基本上可以达成共识：在载体方面，如果不计入主要是文献档案意义上的载体甲骨、金石，书籍载体主要经历了竹木、缣帛和纸三个阶段；在制度方面，与载体相对应，先后产生过三种书籍制度：简策制度、卷轴制度和册叶制度。总体上，中国古代典籍的发展过程按载体、书写、复制技术等要素综合而观，可分为三个阶段：纸前时代、写本时代、印刷时代。每一时代都有不同的书籍制度，纸前时代主要是简策制度，写本时代主要是卷轴制度，印刷时代主要是册叶制度。

所谓"书"，贾谊曰："《书》者，著德之理于竹帛而陈之令人观焉。"（《新书》卷八《道德说》）[①]此虽就《尚书》而言，实已道及古人名"书"之本义，其实质就是承载书写内容而能方便人阅读之物。从这个意义上说，金石、碑板之类可以称为"文献"，绝不能称为"书"。

书籍制度，就是这一供人阅读之物的构成形式。"简策制度"的核心是：简上直书，编简成册；一根竹片谓之"简"，是组成书籍的基本书写单位；简的长度，因其用途与重要性而异，大致而言：长简常用于较为重要的典籍，而短者用于次要之书；[②]多简编连，谓之"策"，亦作"册"；编简成册的绳子谓之"编"；"篇"原是简策书籍计数的单位；一篇书或一部书以尾简为中轴卷为一卷，同一书的册用"帙"或"囊"装起。"简策制度"作为历史上第一种书籍制度，在文字、书写、书籍形式等方面具有极为重要的影响：首先是决定了古代中国文字书写的直行书写（直书）和自右至左的阅读顺序（左行）。其次是奠定了中国书籍的基本体式，如行格、单位、编装。这一体式即使是简策被纸取代乃至印刷术发明以后，也没有发生根

---

① ［汉］贾谊撰，阎振益、钟夏校注《新书校注》，中华书局，2000年，第327页。

② 钱存训《书于竹帛——中国古代的文字记录》，上海书店出版社，2006年，第74页。

本的改变。[①]

"卷轴制度"的核心是以帛或纸为载体(卷轴制度的发展过程中,载体由缣帛向纸过渡),直书左行,长卷书写,然后以卷末为轴心卷起。卷轴便于携带,也便于保存,使书籍流传的广度跃上了一个新的台阶,成为中古写本时代的主要书籍制度。

"册叶制度"是与印刷术的发明密不可分的,其核心是一版一页,编页成册,最早是蝴蝶装,后来发展为包背装,最后是线装。册叶制度最终奠定了中国古典书籍的基本体式,规范了书籍的单位、大小、数量、格式、编排及各种形式特征,"使书籍形式统一,版面标准化,字体固定"。宋刊本的行格已相对统一,[②]此后每种册叶书籍的版式都完全一致。册叶制度扩大了书籍的表现力,同时又使阅读、携带、保管更加方便。"册叶制度"成为以普通物质为载体的书籍的根本制度,一直延续到今天。

书籍制度归根结蒂是由载体决定的。竹片之与"简策制度"最为明显。实际上,与竹子并行的可供方便书写的材料还有木板,竹、木除了长简以外也能制成其他的形制,宋王观国总结道:"古人写书者,有简、有策、有觚、有方、有牍、有札、有椠、有版。盖简、策、觚皆以竹为之;方、牍、札、椠、版皆以木为之。简有间,以竹为之,用以写书。……策,象册字形,中有二编。……觚,以竹为之,其形有方角,亦作柧,所谓操觚者,可持以书也。方,以木为之,柱下方书,以方出之类是也。牍,以木为之,所谓尺牍者,盈尺之牍。……札,以木为之而薄小者。……椠,以木为之,可修削者。……版,以木为之。《周礼·小宰》:'听闾里以版图,司书掌邦中之版土地之图,司会掌版图之贰,内宰掌书版图之法,而大胥掌学士之版。'盖版以记户籍,图以记土地。"(《学林》卷四"方书")[③]但竹、木之其他形制,虽各有功用,皆无法成为记录文字之书籍,唯有可以"作册"之细长形竹片,最后主要承担了此一功能。可见,载体的物理性质与书籍

① 钱存训《书于竹帛——中国古代的文字记录》,第 141—143 页。
② 参阅陈彬龢、查猛济《中国书史》,上海古籍出版社,2008 年,第 56 页。
③ [宋]王观国撰,田瑞娟点校《学林》,中华书局,1988 年,第 136—137 页。

的功用形成因果关系，因此必然决定了书籍的物理制度。以此类推，缣帛之于"卷轴制度"也是一种必然。

纸与卷轴制度和册叶制度兼涉，但中国的册叶制度直接肇始于雕版印刷技术的出现。钱存训认为，"印刷术除了一些在印刷书页上的特色外，对书籍外形并没有重大的改变。在九世纪末或十世纪初，书籍从卷轴形式演变为折叶或平装，主要原因是卷轴开展不便，和印刷术并无一定关系。"①此论不能成立。中国如果没有雕版印刷，卷轴制度会出现一些改良，但不会演变成为另外一种书籍制度。雕版印刷决定了印版绝不能大，故必使纸卷一变而为书叶。雕版而产生的书叶历经"经折装""旋风装"（或称"龙鳞装"），但绝不能恢复卷轴之旧，遂终于由"蝴蝶装"进化为"册叶装"。以是而论，册叶装固是印刷术造就的，但归根结蒂仍然是纸这一载体决定的。

人类历史上的每一种技术进步都是应乎人类社会的某种实际需要而产生的，因此也可以这样说，人类社会的需要推动了技术的进步。很显然，三种载体（竹、帛、纸）和三种制度（简策、卷轴、册叶）存在很多本质的不同，载体和制度的更替和发展属于一种技术进步，而这一进步乃是应乎文献承载、传播、阅读的需要而产生的，也就是文献的承载、传播和阅读的需要直接推动了从简策到卷轴再到册叶制度的进化。这个结论的推导很简单：从实质上分析，书籍制度的形成、完善、变化根本上体现出三个方面的进步，即：容量增大、传播容易、阅读方便；而这三个方面的实质内涵就是承载、传播和阅读。

此一事实前人论述已尽，无须再一一论证。不过，仍可以再做一些细密的分析，以进一步阐释载体和制度进化的意义。

首先是"最优化"问题。在载体和制度可以有所选择且各有利弊的情况下，某种书籍制度必然就是一种最优化选择的结果。而这种"最优化"的标准，就是承载、传播和阅读诸方面综合考量下的方便程度最大

---

① 钱存训撰，郑如斯编订《中国纸和印刷文化史》，广西师范大学出版社，2004年，第354页。

化。比如竹简及简册制度即是当时载体条件下最优化的结果。一根长形竹片的容量比较小，远不如方形木板来得大，但木板则不便集合成更大的单位；而一根竹片容量虽小，幸运的是可以将多根竹片编连成册，这样的话容量就大大超过无法编连的木板了。《春秋左传正义》有一段话分析了"简""方"和"作册"的考量过程："简之所容，一行字耳，牍乃方版，版广于简，可以并容数行。凡为书，字有多有少，一行可尽者，书之于简；数行乃尽者，书之于方；方所不容者，乃书于策。"（《春秋左传正义》杜预序"诸侯亦各有国史，大事书之于策，小事简牍而已"疏[1]）清人金鹗认为："事虽小，而其文多，不可不书于策；事虽大，而其文少，亦可以书于简"（《周代书册制度考》，《求古录礼说》卷十[2]），无论是否符合杜预的原意，就简、方、策载体之事实而言都是非常正确的。此所谓"策"即"册"，也就是编集众简而成书册。清毛奇龄考证曰：

> 特志简而记烦。简则书之于简，谓之简书。简者，简也，以竹为之，但写一行字者。烦则书之于策，谓之策书。《聘礼》所云："百名书于策"，谓百字以上皆书之，虽犹是竹牒、木版所为，而单策为简，联简为策。策者，册也，以编合竹简，合两丹为一册，故襄二十五年'崔杼弑齐君，南史氏执简以往'，此简也，书志者也。文十五年'宋司马华孙来盟，公与之宴，辞曰：臣之先臣督，得罪殇公，名在诸侯之策'，此策也，书记者也。（《春秋毛氏传》卷一）[3]

此说是否符合当时实际，尚待进一步研究，但可以确定的是，在先秦时代，竹、木载体及最后的书籍制度的选择的首要标准是记录容量。而单位载量大的木板最后让位于单位载量小的竹片，则是因为后者可以"作册"从而达成效能最大化的结果。

---

① 〔清〕阮元校刻《十三经注疏·春秋左传正义》，中华书局影印本，1980年，第1704页。
② 〔清〕金鹗《求古录礼说》，清光绪二年孙熹刻本。
③ 〔清〕毛奇龄《春秋毛氏传》，《文渊阁四库全书》本。

实际上木板的最显著特长并不在于文字的容量,而在于其形式特征所形成的独特功用,比如章太炎曾谓:"方,版牍也。古者师徒讲习,亦用方誊写。《尔雅》:'大版谓之业。'故曰肄业、受业矣。《管子》云:'修业不息版。'修业云者,修习其版上之所书也。竹简繁重,非别版书写,不易肄习。二尺四寸之简,据刘向校古文《尚书》,每简或二十五字,或二十二字,知一字约占简一寸。……《仪礼·乡射》有六千字,《大射仪》有六千八百字,如横布《大射》《乡射》之简于地,占地须二丈四尺,合之今尺,一丈六尺。倘师徒十馀人对面讲诵,便非一室所能容。由是可知,讲授时决不用原书,必也移书于版,然后便捷。故称肄业、受业,而不曰肄策、受策也。帛,绢也,古时少用。"①历史事实是否如此容另当别论,木版的优点确实是显而易见的,可以肯定的最大特长是作图。《周礼·天官·内宰》:"掌书版图之法,以治王内之政令",郑玄注:"版谓宫中阍寺之属及其子弟录籍也;图,王及后、世子之宫中吏官府之形象也。"②又《周礼·天官·小宰》"听闾里以版图",郑玄注引郑司农曰:"版,户籍;图,地图也。听人讼地者,以版图决之。"③综合来看,版为木板记录,图则为图像可以无疑。目前出土木牍有尹湾汉牍《神龟占》《六甲占雨》《博局占》,④有很精致的绘图。书籍毕竟以文字记录为主,因此书籍制度只能以竹简为本,由于木板、竹片两种载体形制差异,结果导致图、文只能分立,所谓"左图右史";后来简、帛并行,简书附以帛图,⑤书、图仍然分立。简策制度在很大程度上牺牲了图像功能,同样是一种实际条件下最优化的选择(这并不是说简策不能作图制表,出土文献可以证明简策同样可以

① 章太炎《国学讲演录》,华东师范大学出版社,1995 年,第 44—45 页。
② 〔清〕阮元校刻《十三经注疏·周礼注疏》,第 1473 页。
③ 〔清〕阮元校刻《十三经注疏·周礼注疏》,第 1407 页。
④ 连云港市博物馆等编《尹湾汉墓简牍》,中华书局,1997 年。
⑤ 《汉书·艺文志》著录《齐孙子》八十九篇图四卷,《吴孙子》八十二篇图九卷,分言"篇""卷",即为简书附以帛图之证。此据刘国钧《中国书史简编》,书目文献出版社,1981 年,第 27 页。

绘制简单的图形和表格,①但明显不如木板那样方便,而且图像的内容受到限制)。

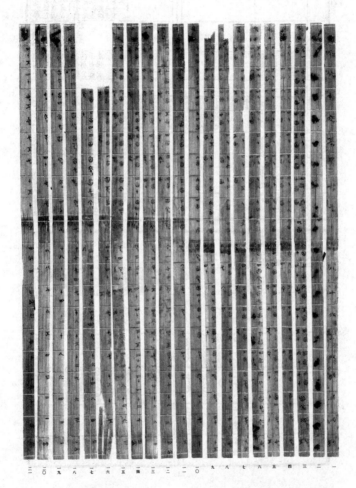

图 3-1 不同载体中的表格——清华大学藏战国竹简"算表"

---

① 1977 年出土的阜阳双古堆汉简《年表》证明简策可以书写表格(参阅藤田胜久《〈史记〉战国史料研究》,曹峰、广濑熏雄译,上海古籍出版社,2008 年,第 42—44 页),清华藏战国竹简"算表"(图 3-1)提供了更好的例证,而清华简《筮法》中的《人身卦位图》则证明了简策亦可以作图(摹本见贾连翔《战国竹书形制及相关问题研究——以清华大学藏战国竹简为中心》,中西书局,2015 年,第 281 页)。

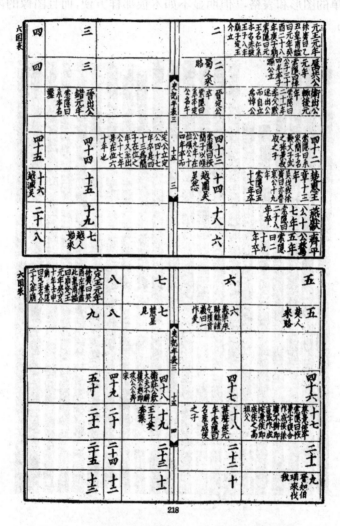

图 3-2 不同载体中的表格——《史记·六国年表》

卷轴和册叶制度同样也都是某种最优化的结果，唯各自的优化内容有所不同，册叶制度在容量、便携、翻阅、生产制作、保存、管理等各个方面达成了最优。

其次是纸的重要意义问题。无论是竹还是木都只是自然物的简单加工,帛则是一种兼用之物,只有纸是专门应乎书写需要而产生的人工发明,这一事实本身就说明了技术进步与人类实际需要之间的关系。中国汉代即发明造纸术,六、七个世纪中不断发现新的造纸原料、持续改进技术并探索各种用途,①不仅极大程度地改变了书写,而且终于在十世纪初的五代时期催生出较成熟的雕版印刷,从而改变了书籍的面貌,使书籍的物质层面水平达到了一个空前的高度:一是便携,如明人张萱总结的"上古书籍皆编竹为简,以韦贯之,用漆作书,简帙浩重,不便提挈。自有制纸笔及墨者,乃易去竹简,诚为便易。"(《疑耀》卷一《书籍板行》)②二是容量增大,在人所能携带的并且方便阅读的最小书籍单位容量上,纸及其所形成的卷轴制度和册叶制度均可以达到极高的程度。缣帛特别是纸,"如逐张连接,长度可至无限。一般纸卷展开的长度有 9 米至 12 米,最长的可达 32 米。"③卷轴制度文献的容量大大超过简策制度文献。册叶制度在便携和容量的综合上达至最优:若以一册仅五十筒子叶、每单面十行二十字计,可至两万字;二十万字书,不过十册。三是经济、方便生产,利于收藏。

再次是载体和书籍制度的精益求精。纸的发明和使用并不能使中国古人满足,书籍制度仍然实现了一个进化过程:因纸卷仍不便翻检,又逐渐发展出两种解决之道:一是将粘连之纸叶恢复原貌,改为以散叶方式粘在一长纸上,此即欧阳修所谓唐人"叶子":"唐人藏书,皆作卷轴,其后有叶子,其制似今策子。凡文字有备检用者,卷轴难数卷舒,故以叶子写之,如吴彩鸾《唐韵》、李邰《彩选》之类是也。"(《归田录》卷二④)白居易《白氏六帖》也是这样一种粘贴书叶的装帧形式。⑤ 具体方式当即所谓"旋风装",此一形式虽仍为卷轴,但因仅粘纸边形成叠加,卷轴长度可以大大缩短,既便于翻检,又可以保护书叶。当然,如果书籍篇幅极大,

① 钱存训《中国纸和印刷文化史》,第 42 页。

② [明]张萱撰,栾保群点校《疑耀》,文物出版社,2019 年,第 4 页。

③ 钱存训《书于竹帛——中国古代的文字记录》,第 115 页。

④ [宋]欧阳修撰,李伟国点校《归田录》,中华书局,1981 年,第 31 页。

⑤ 张雯《白氏六帖事类集之"六帖"考》,载《古籍整理与研究》,2019 年第 3 期。

一纸所粘散叶过多，则势必又成为卷子。二是将纸卷之卷舒改为折叠，即所谓"经折装"。经折装可以纾解卷舒之难，但缺点也很明显，就是久而易断，因此又催生出另外一种方式："古书皆卷轴，以卷舒之难，因而为折，久而折断，复为簿帙。"（吾丘衍《闲居录》①）"盖古者书册皆装为卷子，其后以卷舒之难，因而为旋风摺叶，久而摺断，乃以糊粘其摺折处，因以为册子，谓之蝴蝶装也。"（岛田翰《书册装潢考》）②最后由印刷术催生的册叶制度，完美地解决了卷轴在阅读上的不便。③ 而册叶制度下装订方式由蝴蝶装进化为包背装、线装，不仅是单纯的装订形式和技术的进步，④更重要的是后者又促使了版式的发展，特别是书口部分的出现，增加了题名（小题）、卷次、页码、版本说明等标示性内容，都极大地方便了阅读。

可以拿来说明这一点的是类似于中国册叶书的西方的册子本（codex）。在西方书籍史上，册子本取代书卷被认为是载体形式的一次革命，⑤"册子本的发明对于书写文明的前途而言绝对是根本性的事件，因为它为脑力劳动的所有未来发展开启了书面文献资料的新道路。册子本的各个组成部分相同（即书页，每页两面），因此，可以很好地进行部分查阅，并最终可为其添加一个参考系统以便简化这种查阅（编页码）"⑥。

---

① ［元］吾丘衍《闲居录》，《文渊阁四库全书》本。

② ［日］岛田翰《书册装潢考》，见其著《汉籍善本考》，北京图书馆出版社，2003 年，第 65 页。

③ 马衡认为"自册叶之式发明，而后有刊版印刷之法"（《中国书籍制度变迁之研究》，载《图书馆季刊》第一卷第二期，第 211 页），结论错误。雕版印刷是另一种技术进步，其动因来自书籍大规模生产和复制的需要，而书籍制度的演进则源自书籍传播、阅读的推动，是完全受书籍载体和书籍生产制约的。

④ 余嘉锡据《明史·艺文志》序"秘阁书籍，皆宋元所遗，无不精美，装用倒折，四周外向，虫鼠不能损"云云，认为蝴蝶装在此方面具有优长（《书册制度考》，见《余嘉锡论学杂著》，第 556 页）。案此说不知何据。虫鼠之患，与书籍装帧形式并无太大关系。

⑤ ［法］罗杰·夏蒂埃《书籍的秩序——14 至 18 世纪的书写文化与社会》，第 22—23 页。

⑥ ［法］弗雷德里克·巴比耶《书籍的历史》，刘阳等译，广西师范大学出版社，2005 年，第 36—37 页。

西方册子本的发明远在中国册叶制度以前,到五世纪已经全面取代卷子。天下事阴阳消长,西方因未能发明纤维纸,遂从独立于纸草卷子的另一种载体"书写板"(writing tablet)过渡到"皮纸笔记本"(parchment notebook),从而造就了册子本的出现;①中国则较早发明并使用了纤维纸,但直至雕版印刷后才发明了册叶书。

不同书籍载体和书籍制度作为抵达读者的不同形式,当然也就产生了不同的效果。如前文所论述的,总体上载体和制度的发展促进或改变传播和阅读,呈现出一个进化的过程。但从历时性的角度审视这一过程,可以发现不同的书籍制度造成的不同的传播、阅读方式,形成了某种时代特征。罗杰·夏蒂埃以欧洲为例总结道:

> 大量例子证明,纯粹的"版面变化"("版面"乃广义)是如何深深改变了"同一个"文本的用法、传播与理解的。比如说对《圣经》文本的各式各样的分段方式,尤其是自罗贝尔·埃蒂安纳版开始的标行数的做法。比如说印刷书的特有版式(标题,标题页码,分章,木版插图)被强加在那些最初以手抄本形式传播的作品上,对后者而言上述形式显得分外突兀。西班牙流浪汉体小说《小癞子》就是一例,该书作者存疑,无标题,无插图,亦不分章,原本是写给文人雅士看的,但却被最早的出版商改造成类似于圣徒事迹或奇闻异趣的书,亦即西班牙黄金世纪最为流行的体裁。再比如说在英国,剧本逐渐舍弃了伊丽莎白时期的粗陋形式,在 18 世纪初采纳了法国古典传统做法,使得幕与场的划分在文字中一目了然,并通过提示或标注,用文字再现某些戏剧行为的表演形式。又比如说那些以普及为目的的新版老书:采用新版式,走出象牙斋,由货郎走街串巷传遍卡斯蒂利亚、英国或法国。上述件件实例皆给出同一个结论:一文本所拥有的种种不同的社会和历史意义,无论它是哪种意义,都离

---

① [英]C. H. 罗伯茨、T. C. 斯基特《册子本起源考》,高峰枫译,北京大学出版社,2015 年。

不开其呈现给读者的物质形式。①

中国同样如此。最早的例子比如上古图、书分立所造成的"左图右史"，它和商业化出版兴起以后形成的书籍插图，就形成了历史上两种迥然不同的方式。就图与文字的结合来说，前者无疑要大大弱于后者；但就图像表现来看，木板单独绘制而少受限制则更优一筹。在传播方面，图、书分立无疑颇不方便，甚至使图版较易亡佚。简策时代的图像基本不存于今日，这是重要原因之一。

在这个方面，比较重要并值得一论的有三例：一是上古时期的"单篇别行"，二是中古时期的"经传注疏合编"，三是明清时期的"杂志体出版物"。

上古之书单篇别行，章学诚称这种情况为"别出独行"："古人文字，散著篇籍，而不强以类分可知也。孙武之书，盖有八十二篇矣，而阖闾以谓'子之十三篇，吾既得而见。'是始《计》以下十三篇，当日别出独行，而后世始合之明征也。"（《文史通义》卷一《诗教下》）②余嘉锡论述更精：

> 别本单行者，古人著书，本无专集，往往随作数篇，即以行世。传其学者各以所得，为题书名。及刘向校定编入全书，题以其人之姓名，而其原书不复分著，后世所传，多是单行之本，其为自刘向校本内析出，抑或民间自有古本流传，不尽行用中秘定著之本，皆不可知。

> 古之诸子，即后世之文集……既是因事为文，则其书不作于一时，其先后亦都无次第。随时所作，即以行世。论政之文，则藏之于故府；论学之文，则为学者所传录。迨及暮年或其身后，乃聚而编次之。其编次也，或出于手定，或出于门弟子及其子孙，甚或迟至数十百年，乃由后人收拾丛残为之定著。后世之文集亦多如此，其例不

---

① ［法］罗杰·夏蒂埃《书籍的秩序——14 至 18 世纪的书写文化与社会》，第 25—26 页。
② ［清］章学诚著，叶瑛校注《文史通义校注》，中华书局，1985 年，第 80 页。

胜枚举。①

"单篇别行"实质上是当时文献生产条件亦即书籍载体和书籍制度所造成的书籍原始样态,而非为有意于一书之外,"别行"所谓"单篇"。这一事实最精确的表述应该是:"上古之书,本即单篇",简牍制度决定了当时著书者或记录书写者必当以一篇为单位进行书写。"篇"既是古书的物理单位,更重要的是内容单位,后人整理时汇聚众篇而为一书,乃是书籍发展的结果。至于众篇累积是否具有单一主题,则为另一回事。战国中后期某人思想一贯发而为文,或门弟子记录先师言论,诸篇形成一个有机整体,也有相当大的可能性,如邹衍"深观阴阳消息而作怪迂之变,《终始》《大圣》之篇十馀万言"(《史记·孟子荀卿列传》)②、韩非"作《孤愤》《五蠹》《内、外储》《说林》《说难》十馀万言"(《史记·老子韩非列传》)③等。但无论如何,单篇为主要单位、汇辑并无事先计划,大体为当时事实。在《吕氏春秋》之前,很少有系统规划、统一安排各篇先后内容以成一书的情况。④ 迄今为止出土的三批战国楚简——郭店楚墓竹简、上海博物馆藏战国楚竹书、清华大学藏战国竹简,基本上都是较为短小的单篇文献。其中清华简的部分内容,既证明了"上古之书本即单篇"的推断,同时也证明了战国时期就有合数篇文献于一册的现象。⑤

"古书单篇"在文献史上的意义,余嘉锡等已经作了充分的论述,核心结论就是今所存上古之书既为后学记录或编汇,又多赖后世之编纂,且并非一人之著作,而常为学派撰作之累积。作为当时书籍形制的重要表现之一,"古书单篇"对传播、阅读发生的重大影响,当代研究仍有不

① 余嘉锡《古书通例》,中华书局,2007 年,第 224、265 页。
② [汉]司马迁《史记》,中华书局,1982 年,第 2344 页。
③ [汉]司马迁《史记》,第 2147 页。
④ 章学诚谓:"《吕氏春秋·自序》以为良人问十二纪,是八览六论,未尝入序次也。"(《文史通义·诗教下》,叶瑛校注本,第 80—81 页)至少"十二纪"是有计划的系统安排,应无疑义。
⑤ 李守奎《清华简的形制与内容》,见《古文字与古史考——清华简整理研究》,中西书局,2015 年,第 4—25 页。

足，比如在传播方面，上古私人著述文本上的类同、承袭现象，文本的历时性生成以及此一过程中的复杂多绪、后世的汇编汇纂等，都与"古书单篇"密切相关。阅读方面，春秋战国时期的"道术之裂"与之也不无关联，因为书籍形式条件的局限，必然形成阅读上的"零碎"和接受上的歧异，从而形成不同的后学派别。当然，这种阅读上的缺陷也是推动汇编单篇形成统一书籍的内在动力之一。凡此种种，都需要进一步加以探讨。

* * * * * * *

经典阐释是一个历时性的过程，各种阐释方式承递连接，形成链条。但经之与传、注、疏等著述原是各自单行，经、传、注、疏的合编是书籍内容编排形式的一次重大进步。经、传、注合编这一进步出现的具体时间不能详考，一说前后汉之际就已出现经注本，①一说最早合编是郑玄、王弼合《易》传于经，②一说乃魏晋南北朝时期受到佛经"合本""子注"启发所致，起于《春秋》经文与《左传》之合编。③ 可以肯定的是，催生这一技术革新的根本动力，是来自经典阅读、阐释的强大需求。

正文、注疏的合编是一种技术性、事务性工作，指望作者去做这样的工作是不可能的，因为他们在撰写注释或训释的时候绝不会去预先估计到会写多少字，从而在卷子空白处或行句间预留下足够的空间。所以，经学家们的注释本原来必然是单行的，而将它们合编在一起的是专门的书籍抄手。这些专业性抄手中最为优秀的是两类人，一是皇家图书馆的抄、校书者，二是宗教职业者。前者是国家藏书的主要完成者，汉武帝建

---

① 《毛诗正义》卷一孔颖达疏："《艺文志》云，《毛诗经》二十九卷，《毛诗故训传》三十卷。是毛为诂训，亦与经别也。及马融为《周礼》之注，乃云欲省学者两读，故具载本文，然则后汉以来，始就经为注。"参阅长濑诚《关于五经正义单疏本》，译自《拓殖大学论集》第 35 号，载《中国文哲研究通讯》第十卷第四期。

② 《三国志·魏书·高贵乡公髦》："帝又问曰：'孔子作《彖》《象》，郑玄作注，虽圣贤不同，其所释经义一也。今《彖》《象》不与经文相连，而注连之，何也？'俊对曰：'郑玄合《彖》《象》于经者，欲使学者寻省易了也。'"章太炎《国故论衡》卷中《明解故上》："夫章句始西京，以传比厕经下，萌芽于郑、王二师，自是为法，便于习读，非古之成则。"

③ 目前所知的唐前遗存实物，敦煌卷子中有一些经注本，而经注疏合抄本只有在日本发现的《礼记子本疏义》和《论语皇侃疏》两种古抄本残卷。

藏书之策，即"置写书之官"。《太史公自序》曰全书"五十二万六千五百字"，当非史公自己统计，应为专门抄写人的事后结算。汉以降至唐宋，政府专门机构中抄书、校书的抄手，数量尤夥。明代《永乐大典》和清代《四库全书》的誊写工作，皆由此类"笔札精熟"者完成。宗教职业者的抄写当然也成就巨大，中国经传注疏的来源之一"合本""子注"，就是佛教僧人的创造。①

经传注合编在技术方面虽然要求不高，但较为烦琐，同时还会引起文献方面的很多问题（详下一节论述），可是它适合汉代经学和南北朝义疏学的要求，带来的阅读效应也是无与伦比的。雕版印刷以后更是如此，为避免单注本、单疏本研习不便而产生的经传注疏合编本一直是主流。② 不仅经典注释，子书、史书、诗文作品的注释无一不为合刊。甚至原附于本经之末的《诗》《书》之序，汉以后亦开始分冠每篇之首。③ 这种合编最后发展出各种相关内容聚合一处而分别标识的版式方法，得到了广泛的应用，最主要的表现形式是一部分内容作大字，另一部分内容作双行小字（加标识、提行等）。合编与书坊亦有关系，对商业利润的追求使书坊为了扩大销售，从而采用新的方式，南宋时期出现的"纂图互注重言重意"经子注疏合刻即是显例（图4）。其中"重言""重意"（包括"似句""重篇"）具有简单词句索引的功能。④ 通俗文献兴起以后，又出现了评点本

---

① 参阅陈寅恪《支愍度学说考》，见《金明馆丛稿初编》，生活·读书·新知三联书店，2001年。

② 印刷术出现以后的经传注疏合刻，一说起于北宋末，一说始于南宋中叶。钱大昕《十驾斋养新录》卷十三："唐人撰《九经》正义，宋初邢昺撰《论语》《孝经》《尔雅》疏，皆自为一书，不与经注合并。南宋初乃有并经注正义合刻者。士子喜其便于诵习，争相放效，其后又有并陆氏《释文》附入经注之下者。"（上海书店出版社，1983年，第292页）南宋越刊八行本为现存最早经注疏合刻本。

③ 张舜徽《广校雠略》，华中师范大学出版社，2004年，第43页。

④ 所谓"重言"，即在某词下标出本书其他相同的词句；所谓"重意"，即在某句下标出本书其他意义相同的词句。所谓"似句"，即在某句下举出本书中相似之句；所谓"重篇"，仅见《毛诗》，标出篇名重复之诗。详见张丽娟《宋代经书注疏刊刻研究》第三章《纂图互注重言重意本》，北京大学出版社，2013年，第222—223页。

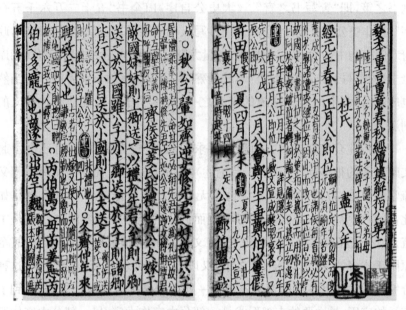

图4 "重言重意"图书的版式编排（《上海图书馆藏宋本图录》）

等，合评本甚至可以采取彩色套印，这就不止是方便，而直接是取悦读者了。

经传注疏合编直接淘汰了当时存在的某些形制比如"隐义"。《隋书·经籍志》著录"梁有"《丧服经传隐义》《论语隐义注》，又有《毛诗背隐义》《毛诗音隐》《毛诗表隐》等，姚振宗《隋书经籍志考证》曰："按齐、梁时隐士何胤注书，于卷背书之，谓之隐义、背隐义之义盖如此。由是推寻，则凡称音隐、音义隐之类，大抵皆从卷背录出，皆是前人隐而未发之义。当时别无书名，故即就本书加隐字以名之。"①"隐义"就是将相关注释、义疏写在书纸背后，是较另本书写不同的一种方式。"隐义"的形式也许有助于某种方式的学习——阅读者可以先行思考，然后再翻转纸卷以参考解释，但无论是对作者还是读者来说仍相对烦琐。

---

① 以上据苏芃《隐义：一种消失的古书形制》，见其著《〈春秋〉三传研究初集》，凤凰出版社，2019年。

经传注疏合编作为一种形式上的进步,肯定起到了推动经典阐释学的作用。将经典本文与原来另行分散的注解阐释集中在一起,不仅是"一以便注家之参稽,一以省学者之两读"[1],更重要的是使经文与传注得到了更加紧密的关联,从而增强了理解上的深度;同时,如果是多种传注疏的合编,又会形成多文本之间的关联性(亦即某种"互文性"),因而又扩大了阅读者的理解广度,并促发其问题意识的产生。经传注疏合编也带来了一个副产品:防止了一些书籍的沦失。如果不加以合编,即使再有价值的解经著作都有可能亡佚,经与传注疏的汇合可以互相巩固彼此的地位。历史事实也证明了这一点:汉代经注以外,后世注释之作如《史记》三家注、《汉书》颜师古注、《三国志》裴松之注、《世说新语》刘孝标注、《列子》张湛注、《水经》郦道元注等,已与原书合二为一、不可分割。反过来看,合编在某种程度上也导致了原本的丧失,比如颜师古熔众家之注为一炉,所引二十三家原本竟无一存世,这从反面证明了经传注疏合编在接受方面所具有的极大的优势。

《周易》单注本

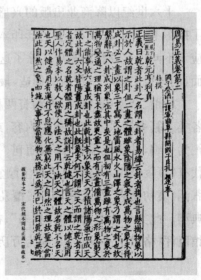

《周易》单疏本

---

① 张舜徽《广校雠略》,华中师范大学出版社,2004年,第43页。

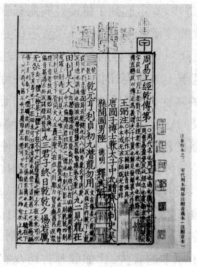

《周易》注附释文本

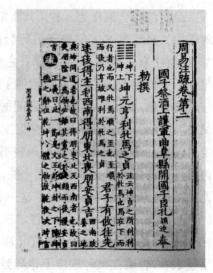

《周易》注疏本

图5 《周易》经传注疏合编诸形式

十六世纪以降商业出版的兴盛，使书籍形制进一步发生变革，出现了插图本、评点汇纂本、多色套印本、分栏排版本等多种多样的形式，适应于不同内容书籍的需要。除了这些外在形式，在出版物的内在形制方面，同样也出现了一些新的创造，最典型的就是"杂纂（志）体"。

所谓"杂纂（志）体"，大约有两种类型：第一种是从古今笔记小说及各类杂纂中摘录或节钞相关内容，或取时人短小精悍之杂志小品，然后汇为一编，并连续编集、随编随刊。① 前者最早有元代的《说郛》，此后明代有《百陵学山》《格致丛书》《宝颜堂秘笈》《欣赏编》；后者则以明清之际张潮《虞初新志》及张潮、王晫《檀几丛书》《昭代丛书》、吴震方《说铃》为典型。此类今称之为早期"丛书"，在当时则为图书一种新类型，清四库馆臣评《格致丛书》曰："是编为万历、天启间坊贾射利之本。杂采诸书，

_____

① 当然，这种连续编集、随编随刊有不同情形：一种是后人重辑、续编，如明陶珽重辑《说郛》，又《续说郛》，明司马泰辑《广说郛》；一种是先后出版，分为数辑，如《格致丛书》；一种是有意连续出版，随编随刻，如张潮所辑《昭代丛书》及其与王晫合辑《檀几丛书》。

更易名目。古书一经其点窜,并庸恶陋劣,使人厌观。且所列诸书,亦无
定数。随印数十种,即随刻一目录。意在变幻,以新耳目,冀其多售"
(《四库全书总目》"格致丛书"提要)①,颇能切中其由来及本质。明代
"隆、万以后,运趋末造,风气日偷。道学侈称卓老,务讲禅宗。山人竞述
眉公,矫言幽尚。或清谈诞放,学晋、宋而不成。或绮语浮华、沿齐、梁而
加甚。著书既易,人竞操觚。小品日增,卮言叠煽"(《四库全书总目》"续
说郛"提要)②,当代撰作小品既多,客观上也使杂纂之书愈趋繁盛,其风
一直延续到清初。第二种是明末至清初通俗书籍中的娱乐性、清赏性汇
纂读物如《国色天香》《绣谷春容》《万锦情林》《燕居笔记》等,其特点是由
金陵、建阳等地商业书坊主导,分类纂集小说故事、异闻琐谈或艳词绮
语,编排多样,分集印行,在很多方面可称为现代商业性杂志的雏形
(图6)。③

　　杂纂(志)体的出现,既是一种"泛览化""快速化"阅读倾向导致的结
果,同时也是书坊尽量降低成本和书价、提高书籍性价比的产物,与西方
的"蓝皮书"(bibliothèque bleue)有一定的可比性。明代中期以降江南
地区商品经济有较大发展,城市和商业集镇兴起,新兴阶层出现,社会流
动的程度增强以及科举制度的巨大影响作用,带来整体社会风气和精英
思想的变化,知识分子和有一定文化的中间阶层的阅读内容和阅读方式
都有所改变,前者表现为士子群体对古典学问掌握的弱化,娱乐性阅读
的增强;后者表现为专门研讨式的"精读"已不成为主流,而代之以提纲
式、汇要式和快捷化泛读。所谓"束书不观,游谈无根"的状况,在明代确
实成了一种比较普遍的现象。商业化出版的快速、低廉能够及时响应这
种需要,因而发展出多种多样生动活泼的书籍形式。

　　形制发明同时也是一种技术改进,表现为物质层面上的发现(新载

---

①　[清]永瑢等《四库全书总目》,中华书局,1965年,第1137页。

②　[清]永瑢等《四库全书总目》,第1124页。

③　此由缪咏禾提出(《中国出版通史·明代卷》,中国书籍出版社,2008年,第142页),刘
天振对此进行了详细的论证(《明清江南城市商业出版与文化传播》,中国社会科学出版社,
2011年,第98—141页)。

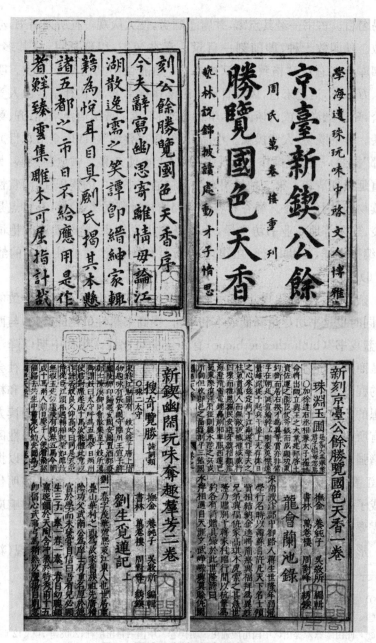

图6 周氏万卷楼重刊《国色天香》

体的使用)和条件的改善。技术改进并不是凭空产生的,无一不是来自社会的需要。书籍载体和制度的不断发展,也是由文献记载和书籍阅读的内在需求所决定的,而不是正相反。书籍的形制改进会进一步提高书籍的承载量,加强书籍的传播,并促成某种新的阅读方式,在不同的时代产生不同的意义。

关于后者,可以再举一个非常简明的例子。印刷书籍,使读者的批注成为常见之事。在西方也是一样,读者可以在一边读书的同时,一边在书的天头地脚等边缘空白处写下丰富的笔记。"这种具有反思性和批判性的研读过程,仅是更广泛的学习实践的一个阶段,包括了对文本的段落作系统的、大规模的抄录和复习。在印刷书籍的空白处填满种种摘要和说明之后,读者也许还会在摘要中加进他在笔记中所读到的东西,按照当时流行的主题编排格式之一,重新安排这些摘要。稍后,他也许会在自己的写作中利用这些摘要,将旧酒装在新瓶里"①。尽管写本时代理论上读书人也可以加入批注,但事实上却只有印刷书才达成了这一结果。中国古代文人刻书,常常有意制作天头地脚宽大空阔之书,方便学者的批注。"不动笔墨不读书",中国古代学术成果,也常常肇始于学者们在书上写下的心得体会。有意思的是,批注这一阅读行为又给了图书出版者以启发,创造出批注本这样一种新的体式,证明了阅读—出版的紧密互动。

二、物质与形式是否影响内容:书籍形制与文献文本

竹木帛纸是书籍的物质载体,简策、卷轴、册叶制度以及不同的文本呈现方式是书籍的物态形式,它们会不会对书籍所承载的内容造成影响?

从一般逻辑上说,书籍的内容是思想、知识的书写,属于人们的精神

---

① ［英］玛丽娜·弗拉斯卡-斯帕达(M. Frasca-Spada)、［英］尼克·贾丁(N. Jardine)主编《历史上的书籍与科学》,苏贤贵等译,上海科技教育出版社,2006 年,第 55 页。

产品范畴,与物质载体和物态形式并非一事。李白、杜甫的诗歌,不因其题于墙壁或写于帛纸而有文学价值上的差别。这当然是没有疑问的。但问题却并非如此简单,精神层面和物质层面往往彼此关联,不可轻易分割,前一节所讨论的书籍物质载体与技术形式对其传播、阅读有绝大影响作用,即为例证之一。从这一理由来看,物质与形式影响内容的问题绝不是空穴来风。

论述这一问题,不妨从书籍最重要的载体——纸——开始。前一节曾提到了纸的发明与使用的空前意义,西晋时人傅咸撰《纸赋》曰:

> 盖世有质文,则治有损益,故礼随时变,而器与事易。既作契以代绳兮,又造纸以当策,犹纯俭之从宜,亦惟变而是适。夫其为物,厥美可珍。廉方有则,体洁性贞,含章蕴藻,实好斯文。取彼之弊,以为此新,揽之则舒,舍之则卷,可屈可伸,能幽能显。①

咏物之赋虽不免夸赞过甚,然贵能比拟切当。傅咸所赋,实已从直觉上和经验上都意识到了道、器之间必然存在的关系。纸史研究者探寻造纸技术之历程,因能明晓纸张之大小厚薄、软硬滑涩均为技术之表现,所以能有一些非常精辟的归纳,如潘吉星曰:

> 大量用纸本作画是从宋元时出现的,供使用的主要是皮料纸、楮皮纸及桑皮纸。巨幅皮纸洁白平滑又受墨受彩,为美术家、书法家提供价廉物美的创作材料,某些方面比绢本更能发挥出艺术效果。在装裱过程中,用纸也比用绢更为便当。纸是否适于作画,其幅面是个重要因素,而幅面取决于抄纸帘的大小和历代流行的纸幅规格,而这又与各代造纸技术总的发展水平有关。

从我们所见实物而言,书画用纸幅面有颇大的时代性,可作为年代鉴定的指标之一。汉晋法书直高多为1尺(24厘米),唐、五代

---

① [清]严可均辑《全上古三代秦汉三国六朝文》,中华书局,1958年,第3503页。

比晋纸略高些,约为唐代 1 尺(25 厘米至 27 厘米)。宋代书画纸尺幅更大,法书纸一般直高 30 厘米至 35 厘米,如米芾《苕溪诗》30.5 厘米、李建中《同年帖》33 厘米、苏轼《人来得书帖》31.5 厘米。宋画一般直高 30 厘米至 55 厘米,横长明显增大。如杨无咎(1097—1169)《四梅图》直高 37 厘米、横长 60 厘米。宋代还有匹纸,长三丈有馀,中无接缝,如辽宁博物馆藏宋徽宗草书《千字文》用纸,这正是宋代画家们创作长江万里图和巨幅山水画的理想材料。元代画纸一般大于宋代,如黄公望(1269—1345)《溪山雨意图》(1344)、朱德润(1294—1365)《秀野轩图》、张逊(约 1285—1355)《双钩竹》(1349),用纸横长都在 100 厘米以上。根据我们对北京故宫博物院所藏历代纸本绘画的实测结果,一般说唐代绘画纸面 650 平方厘米,宋代平均为 2412 平方厘米、元代为 2937 平方厘米。把这些数据作成坐标曲线以示比较,是颇有趣的。虽然这些统计数据是不完全的,今后会因扩大纸样观察范围使曲线形式有所改变,但总的发展趋势是无疑的,即越是到后代,所能提供的一般画面越大。因而我们看到,书法和绘画这两门艺术的发展是与造纸技术的发展息息相关的。[①]

潘氏的结论尚比较慎重。从其所总结的例证上看,如果说完全是纸决定了中国书画的内容,绝对不是武断之论。实际上,书籍印刷与纸的关系虽不像书、画与纸那样"息息相关",但也非常密切,如潘吉星考察所曰:"刻本用纸虽然没有书法、绘画用纸要求那样高,但也非一般纸都可充用。总的来说,印书纸表面应尽可能平滑,不宜太厚,应坚薄而易受墨,不易蛀蚀,但价格又不能过高。……经国子监校勘的书多在杭州雕版,用浙江桑皮纸印,质量最高。闽本多坊刻本,用便宜的竹纸印制,不但雕法不精,用纸亦不佳,但因成本低,流传反而最广。蜀本则以皮纸及麻纸,介于浙本及闽本之间。一般说,宋元刻本中精品不但字体美,而用

---

① 潘吉星《中国造纸史》,上海人民出版社,2009 年,第 281—282 页。

纸亦必佳。"①书籍内容表现与物质因素密切相关的例子除了纸以外还有墨。中国墨的特色很鲜明，钱存训引西人之论曰："首先，（中国墨）其色深而纯黑；其次，墨色永久不变，几乎不可退除。中国的写本文件可浸于水中数星期之久而墨迹不被洗去……即使早在汉代写就的文件……其墨色光亮，保存完好，犹如写在昨日。其印刷品亦皆如此。凡元、明、清各朝皆有书籍流传至今，而纸张墨色皆完好如新，毫无湮漶。"②钱存训据卢前《书林别话》具体总结印书之墨曰：

> 印书所用之墨，是用在烧制松烟之时自烟蓬最起始一二节刮下的粗烟，混入胶料和酒，存贮于瓷缸中备用。印刷用墨汁必须存藏三四年，使其屡度伏暑，臭味消除之后，方能使用。印刷用墨储存愈久，印书效果愈好，新墨所印之书极易漫漶不清。这种墨汁在临用之前加水冲搅均匀，经筛过滤，筛用马尾鬃毛编成。自墨中除净杂质颗粒之后，即可供印书之用。（原注：卢前《书林别话》，《中国现代出版史料》，1919—1949，丁集，第二部分，632—633 页）

> 印书所用红墨，最好的是用朱砂及红铅加入水中与白芨根一起烧煮制成，白芨的根中含有胶质多黏性。其次可用煮苋菜茎的方法取得红色汁液，但这种汁液极易变为紫色，不如朱砂红铅所制墨汁鲜明。蓝色的墨汁，则用中国所产的蓝靛（或称木蓝），这种染料取自植物，用于染布，颜色经久不退。化学品普鲁士蓝不宜用于印刷，因为遇水后这种蓝色就会漫漶而不可辨识。（原注：同上书第633 页）③

假如纸质不能受墨，或墨色易淡而褪，则书籍的内容或无从承载，或不能传续，这都是书籍作为一种精神与物质并兼的产品的特质的表现。

---

①　潘吉星《中国造纸史》，第 283 页。
②　钱存训《中国纸和印刷文化史》，第 217 页。
③　钱存训《中国纸和印刷文化史》，第 225 页。

这一原理决定了物质与形式不仅在终极层面上制约着书籍内容,而且在很多具体情况下产生了两个重大影响:第一是影响到书籍内容,第二是影响到书籍流传历史过程中的内容的变化。

先论第一点。所谓"载体和形式影响到书籍内容",是指载体和形式决定了其所承载的内容的某些特质,亦即规定了是什么内容传载到"文献"之上,或因为有了什么样的载体或形式而使某些内容得以被"文献"传载。这个问题是此前书籍制度史研究所从未关心过的。

现代文献学家张舜徽曾指出:"印刷愈便,而文辞益冗"[①],反过来则是:书写载籍愈不便,文字愈简洁。无论中西,此一规律都能得到事实的证明,可以认为是长时段文献书籍发展史的公理之一。就文献而言,文字容量是其能否达成效能、能够达到多大效能的关键,因此载籍过程中始终存在着不断扩大容量的内在需要,并围绕着这一核心需要进行最优选择。前已论及,由"竹简—简策制度"到"帛纸—卷轴制度"再到"纸—册叶制度"的技术发展过程充分地佐证了这一点。

中国书籍制度的开端可以说就是简策制度,由于载体和技术的限制,其容量相对较小实无疑义。在这种情况下,文字务须简洁就是必然结果,因此中国书面语以高度浓缩的成语和指代性互文等特色,形成一种与日常语言完全分离的"第二语言"(详第五章所论)。至于古人极为推崇这种书面语的简洁,如胡应麟所谓"古文峻洁,迥异浮靡,圣笔渊玄,亡资藻饰,故卷之不盈箧笥而扩之函冒乾坤"[②]云云,乃是对圣贤经典的神化。另一方面,由于文献传统的早熟,载籍技术极早发达,在战国中期的简策制度时代,就出现了篇帙极大的文献,如近十九万字的《左传》(含《春秋》)仍然成功地书于竹帛形成载籍。章太炎曰:《汉志》云:'《春秋》所贬损大人、当世君臣,有威权势力,其事实皆形于传,是以隐其书而不宣,所以免时难也。'抑亦未尽之论。恐《左氏》之不显,正为简编繁重之

---

① 张舜徽《广校雠略》,华中师范大学出版社,2004 年,第 51 页。
② [明]胡应麟《少室山房笔丛》,第 2 页。

故。此铎椒所以作抄撮也。"①此论或未必尽是,但当时条件下篇幅如此巨大的书籍必然"观览不易、传播亦难",则显为事实。在这样一种矛盾局面下,中国古代文献发展就出现了两个方向的努力:一是不断追求载体与技术的改进,一是抄写排版力求紧凑、充分利用载体空间。前者已不必论,后者甚至成为一种基本原则,即使在载体和技术足以保证极大容量的情况下,也始终追求不懈。

这一原则使古代文献不仅坚持使用典雅书面语,而且增加了阅读的难度。早期文献都具有这一特点,比如希腊纸草书写文本的排列亦比较难读,"标点常常充其量只是最初级的。文本的书写也没有进行词的切分,直到中世纪,希腊或拉丁文本中的这种做法才有所改变(古典时期有些拉丁文本中每一个词的后面加一个点)。可让希腊文略为易读一些的重音标识系统,直到希腊化时期才发明出来,而且发明出来后很长一段时间还没有得到普遍使用;也是直到中世纪早期,重音的标识才成为规范"②,这都与载体条件与文字容量的矛盾有关。秦火以后至汉篇籍大兴,前代典籍得以恢复之际,即有章句之学,因为载籍造成了书面语分句分段的消失。至十六世纪通俗文学兴起,很多作品的书写语言已接近于白话情况,但绝大部分印本书中仍未出现句读标识。很多情况下由于商业因素的作用,版式之不便于阅读甚至变本加厉。从某种程度上说,中国古代文献"精英性"的形成,书籍载体和书籍制度也是重要的原因之一。

相似的例子还有纸与文学。文学史研究者已经注意到,纸在某种程度上的较广泛的使用,使深入的文学写作成为可能。文学史研究者田晓菲注意到:

> 到了四世纪,纸张逐渐变成了最重要的书写媒介。由于其轻盈

---

① 章太炎《国学讲演录》,华东师范大学出版社,1995年,第120页。

② [英]L. D. 雷诺兹、[英]N. G. 威尔逊《抄工与学者:希腊、拉丁文献传播史》,苏杰译,北京大学出版社,2015年,第4页。

便捷,纸张为写作的繁盛提供了条件。七世纪初期编纂的《隋书·经籍志》记录了大约一百四十位东晋男女作家的别集,这个数字是汉代作家别集的将近两倍。对主要生长在中国东南部的当地原材料比如藤的就地取材,使东晋造纸业得到长足发展。当著名书法家和作家王羲之(303—361)任会稽(今浙江绍兴)内史时,谢安曾向其讨纸,据说王羲之将全部的库存九万张悉数给了谢安。桓玄(369—404)在篡夺帝位后曾于公元402年下令:"古无纸,故用简,非主于敬也。今诸用简者,皆以黄纸代之。"这道旨令表明,虽然竹简木简没有完全消失,但是已经使用得越来越少了。用杀虫染料处理过的黄纸比素纸耐久,成了通用的重要公文用纸。

　　纸张虽然便宜,但也只是相对而言。渊博的学者和著名的道教人物葛洪回忆说,少年时代由于家境困难,他必须在纸的正反两面书写,以求最大化地利用纸张,结果极少有人能辨认出他写的是什么。博学却出身贫寒的历史学家王隐是另一个有说服力的例子。王隐与出身门阀士族的南方精英虞预都在进行晋史的写作。由于受到虞预的中伤,王隐被免职,多亏庾亮为他提供纸笔,王隐才得以成功地完成了晋史。葛洪和王隐的例子表明,在书写资源被东晋士族精英阶层所垄断的情况下,对于在社会上缺乏地位和特权的人们来说,连一般的文学创作都是难以想象的,更别提创作鸿篇巨制了。①

　　尽管任何事情都不免相对性,但这个分析完全可以说明,魏晋南北朝时期的文学的"自觉"及其发展,不仅是社会、政治、思想观念和文学本身内在理路的作用,而且还和物质——文学的载体密切相关。最明显的是作为载体进步结果的纸的使用,带来的根本性变化是容量增大,长篇成为可能,抄写复制、携带均较为方便,易于传流,所有这一切都明显促

---

① 田晓菲《剑桥中国文学史》第三章《从东晋到初唐(317—649)》,见［美］孙康宜、［美］宇文所安主编《剑桥中国文学史》上卷,生活·读书·新知三联书店,2013年,第234页。

进了著述的繁荣。集部的情况已见田晓菲的归纳，史部的出现及史书的繁盛同样是一个典型例证。历史叙事作品往往文字较繁、卷帙较大，《左传》是早期最典型的例子，竹帛时代的《史记》《汉书》分别已有一百三十卷和一百二十卷。纸使得钞纂便易，私人著史愈益增多，"自后汉已来，学者多钞撮旧史，自为一书，或起自人皇，或断之近代，亦各其志，而体制不经。又有委巷之说，迂怪妄诞，真虚莫测。"（《隋书·经籍志》"杂史"序）①史书既繁，不唯纪传（包括别传、家传等）多有，体制不经且"杂以虚诞怪妄之说"的"杂传"数量亦夥，《隋书·经籍志》著录此类著述多至一百七十馀部。

但著述的繁荣仍是表面现象，更重要的是由此激发的内容上的变化。就文学而言，诗文创作的兴盛使"众家之集，日以滋广"（《隋书·经籍志》"总集"序）②，并使删汰繁芜、分类编纂的"总集"出现，这也是中国文学批评中非常独特的辨析文体类别、体性的文学批评观念产生的重要原因之一。③ 辨析文体理论的发达，反过来又促进了文学实践中各种体式的不断完善，纸既然使日常创作、修改日趋方便，诸如拟古、效仿以及同题共作才变得极为昌盛。东晋永和九年王羲之等兰亭修禊，曲水流觞，诗至今仍存 26 人 37 首④；相同的情况还有《陈书·徐伯阳传》所载"游宴赋诗，勒成卷轴，伯阳为其集序，盛传于世"（《陈书》卷三十四）⑤，其时雅集作诗，数量甚多，均能及时记录成卷。当时若无纸此一新型载体，一觞一咏、同时唱和是很不方便的。

再论第二点。所谓"形制和体式影响书籍流传历史过程中的内容变化"，是指不同的书籍制度和体式对于一个长时期中流传的文本在载籍过程中的内容的变化，具有重大的影响作用。这个问题清以来的文献学

① ［唐］魏徵、［唐］令狐德棻《隋书》，中华书局，1973 年，第 962 页。
② ［唐］魏徵、［唐］令狐德棻《隋书》，第 1089 页。
③ 王瑶《文体辨析与总集的成立》，见《中古文学史论》，北京大学出版社，1998 年，第 87—106 页。
④ 此据［明］冯惟讷《古诗纪》卷四十三辑录统计。
⑤ ［唐］姚思廉《陈书》，中华书局，1972 年，第 468—469 页。

和校勘学有不少总结,但并没有上升到书籍物质与内容存在辩证关系这一理论高度来认识。

制度方面,以"竹—简策制度"和"帛、纸—卷轴制度"为例扼要而论:"简策制度"的载体和形式特质,决定了文献流传方面会产生一定的问题,诸如题名丢失、脱简、次第散乱等,它使得早期文献传到后世时内容往往发生比较重大的变化。"卷轴制度"的纸卷写本既避免了简策的一些不足之处如失名、脱简、散乱等,又加强了书籍的表现力,比如它可以同时绘制图像,而不像简策时代必须另画于木版之上,因长时间的图、书分离而导致图的散佚。但它同样也会产生问题:因为便携和容量的矛盾,书籍往往需要析分篇卷,各以卷轴,不仅易于凌杂,而且会导致流传之本多非完书。① 在这个方面,卷轴制度与简策制度同病,但卷帛单位承载文字数量远过于简策,同时篇名又不易脱失,故此问题不如简策制度下突出。

竹作为载体当然很笨重,但它也有好处:竹片上的字用毛笔沾漆书写,谓之"笔";写错可以用刀刮去,谓之"削";因此早期书写工具除了笔以外尚有书刀。② 载体能够方便删改③,这一点对于书写特别是创造性书写极其重要。以缣帛为载体的书写无法"削",只能标记符号或直接重抄,因此理论上写误的情况要比简策制度的书严重一些。缣帛仄而长,一旦截断则难拼接,因此"古者以缣帛,依书长短,随事截之"(《初学记》卷二十一)④,这实际上是一种缺陷。若用于最后誊清定稿较为合适,一如当年刘向、歆父子之整理书籍后之"上素";但用于草创文稿,则非仅奢侈浪费,且极不方便。这也可能是帛、简共存,帛、纸共存的原因之一(先

---

① 参阅余嘉锡《目录学发微》,中华书局,2007 年,第 36 页。

② 参阅王国维著,胡平生、马月华校注《简牍检署考校注》,上海古籍出版社,2004 年,第 47 页;马衡《中国书籍制度变迁之研究》,载《图书馆学季刊》第一卷第二期,第 205 页。

③ 当然,如果事后才发现有脱文的错误,则刀削也无计可施,只能采取一些补救办法,比如将脱字写在简背或篇末,见李零《简帛古书与学术源流》,生活·读书·新知三联书店,2004 年,第 130—131 页。

④ [唐]徐坚《初学记》,中华书局,2004 年,第 516 页。

草于简或纸，定稿后再上素）。纸的篇幅不如帛长，但可以数纸连为一幅，不过有接缝而已（接缝亦可以装潢至于无形），恰好弥补了这一弊端。①

前已有论，卷轴制度最大的弊端是不便翻检，这一客观形态就影响到书籍内容的编排。兴膳宏综论曰：

> 卷子本是由数枚或数十枚纸连接而成的，一卷越长，阅读就越不便。虞龢《论书表》即指出宋孝武帝时发行的二王书法的装裱不完备，说："以数十纸为卷，不便披视。"一般卷子本皆有此不便。为了改正太长不便披读的缺陷，虞龢即缩短尺寸，以"二丈（约五公尺）为度"。虽然缩短，仍旧接近五公尺长，不便的问题，并没有得到根本性的解决。唯展开长卷时，鉴赏者情绪势必有波澜的产生，虞龢即利用此心理状态而做作品的排列顺序。其以最优的上品置于卷首，其次为最劣的下品，最后则排列中品。其所抱持的理由是："人之互观书也，必锐于开卷，将半则懈怠，既而略进，次遇中品，赏悦留连，不觉终卷。"《历代名画记》卷三《论装背褾轴》推崇此排列次第"于理甚畅"。
>
> 叶德辉说："其卷长短，随其纸料，亦便于杂钞。"（《书林清话》卷一《书之称卷》）其例证为《吕氏春秋》。《吕氏春秋》由十二纪、八览、六论组成的。最初的十二纪是载记自孟春以迄季春之一年十二个月季节变化与伴随季节而举行的各项祭典仪式。《礼记·月令》即转录其文字。唯各卷并不是以季节与祭典为终；卷末另有与十二纪内容了无关涉的四篇文章。叶氏以为此乃《月令》卷末剩余的篇幅，别录其他文章，后刻本刊行时，全貌承袭刊刻。（《书林清话》卷一《书之称卷》）虽然如此，其实未必只是篇幅，恐怕也有书籍格式与吸引读者注意的用心存在。因为《吕氏春秋》于《月令》以外的文章甚长，仅以为篇幅有馀而附载其他文章，不免于理不合。如《论书表》

---

① 马衡《中国书籍制度变迁之研究》，第 206 页。

于排列的用心，或可说明此书于编次方法所设想的效果。①

所论极是。《世说新语·文学》载："庚子嵩读《庄子》，开卷一尺许便放去，曰：'了不异人意。'"②此可说明两点：一是《庄子》若非卷轴而是册页，可以随处翻检，庚敳绝不至于轻发此论；二是《庄子》本单篇别行，上素时以《逍遥游》冠其书，恐亦是有意为之：将最优美的篇章放在最前面。

册叶制度在典藏与流传方面也能产生基于其形制的问题，最典型的就是"脱叶"。这种册叶制度下的特殊讹误有时会比简册制度下的"脱简"和卷轴制度下的抄写脱文严重得多，如清武英殿刻二十四史本《宋史》，《田况传》脱一叶四百字，《张栻传》脱一叶四百零五字。③《文心雕龙·隐秀篇》的文字佚失，很大可能也是因为脱叶的缘故。与简策制度篇、卷不连贯相似，大部头的印刷书籍册数众多，也是造成缺损的重要原因。但册叶制度的书籍缺损，主要表现在个别版本中，而不像上古时期普遍发生。

体式方面，经传注疏合编这一形式进步同样也会产生一些弊端。正文和不同注文钞编一处，往往产生混淆，如《淮南子》高、许二注即因之混合，而后人均题高诱撰，导致二注不分。今人加以析分，已难一一落实。不同内容合刻为一本时，合并者常常据己意而加以整理。清人张金吾认为注疏合编本中注、疏如果有矛盾不合处，合并者会有所改易调整："夫合者所见之经注，未必郑、贾所见之经注也。其字其说，乃或龃龉不合，浅学者或且妄改疏文，以迁就经注，而郑、贾所守之经注遂致不可复识。"（《爱日精庐藏书志》卷四《仪礼疏》）④至于旁注之文极易杂入正文，这是

---

① ［日］兴膳宏《隋书经籍志解说（上）》，连清吉译，载《书目季刊》，第三十三卷第一期，1999年，第4—5页。

② ［南朝宋］刘义庆撰，［南朝梁］刘孝标注，余嘉锡笺疏《世说新语笺疏》，中华书局，2007年第2版，第241页。

③ 王欣夫《文献学讲义》，上海古籍出版社，2005年，第168页。

④ 此据张丽娟《宋代经书注疏刊刻研究》，第229页。

正文、注文合编最易发生的问题，对此王念孙、俞樾二氏已备言之，[①]此不赘论。

印刷书的出现在形制和体式上都是一次重大革命，它对内容变化的作用也是极为明显的。其中最主要的一点是：印刷书的出现减少了流传中的错误，使变动不居的文本得到了相对的固定。古人并不了解这一点，常常将"版本"的众多归结为异文丛生的源泉。实际上，古书每经一次翻刻固必增加错误，但抄写在这方面则是有过之而无不及。雕版印刷生产书籍的质量保证机制较优，人为环节、所费时间较少，复本数量则众多，可能发生错误的因素远远少于抄写，因此可以说极大地降低了仅凭抄写而造成的讹误数量。

雕版印刷本身极重视校勘，原因一是印刷术一次性投入的巨大；二是印刷术可能产生的复本众多。但印刷书校勘质量较高并不完全是源自主观态度，而是取决于其生产机制：抄写只有一个环节，而雕版则至少有写样、校对、上版、试印四道工序，每一道工序都增加了一次校勘。"在中国，无论是官修或私印，对书籍的校勘均极为重视，以确保版本的可靠无误。在印刷之前，在抄写、上版、刊刻或试印之后，至少校对四次，由于细心准备，一部精工校勘和印刷的印本，价值高过一部抄本；后者多不能避免一些无心的手误。"[②]另外，雕版印刷要求使用较简易的字形，同时对字形做了一定的规范，在一定程度上避免了手写异体、俗体的泛滥，使文献内容的接受以及再翻刻的质量得到了保证。

当然印刷书籍质量较高乃相对而言，且因人（刻书者）而异。明代校勘方面的情况比较突出，一个典型的例子是学者朱谋㙔刻《水经注》，戴震据《永乐大典》本校之，凡补其阙漏二千一百二十八字，删其妄增一千四百四十八字，正其臆改三千七百一十五字。[③] 不过，这种错误多半出于印刷所据原稿质量或刻书人妄增臆改，而非印刷本身所致。总体上

---

① 详见张舜徽《广校雠略》所论，第20页。
② 钱存训《中国纸和印刷文化史》，第353页。
③ 王欣夫《文献学讲义》，第168页。

说，一旦印刷业由官、私而变为商业化，其校勘质量就不免大幅下降。

三、文献的物质性与文献生产

文献既需有载体，且需要载籍、复制，那么文献就是一种客观物质现象，而必然与经济、社会因素紧密地联系在一起。其中最重要的，就是文献的制作、生产。

写本时代，理论上各个地区均可以有图书生产，只要满足基本的物质条件即可。事实也是如此：由于竹子生长遍及中国，简册时代的载体条件没有太大的地理差别；帛的情况特殊一些，它属于贵重之物，除了皇家及贵族以外，并不成为主要的文献的载体，因此其地域性可以不论。纸发明并得到普遍运用以后，出于其原材料和生产技术所具有的特点，生产制造同样分布较广，至唐代纸产地就已经遍及全国，而且分布更加合理。① 由于载体条件得以满足，写本时代的文献生产（载籍、复制）可以随时随地进行。各地的文献生产主要还是依据文化创造者个人的经济状况，而不是依赖于地方上是否具有原料和生产能力。写本时代的文献生产方式是抄写，抄写在物质条件满足的情况下就是一种个人生产，而不是社会化生产。

但印刷时代则发生了变化。印刷是一种社会需求促成的技术进步，相对于抄书而言印刷出版是一种大规模生产，需要较大的投入；除了适宜的木料、纸墨外，还必须要有娴熟的技工。假如在民间形成较大规模的商品化生产，尤必须在经济较为发达或原材料、人工具有优势的地区首先展开，同时在内容、原料供应、雕刻、刷印、装订、运输、零售等各个方面形成一定程度的分工，形成较为完善的产业链条。由此，印刷时代书籍的集中生产，呈现出明显的地域性。商业出版兴盛的时代，这一地域性达至高峰。

早期佛像、小历等印刷不能算真正意义上的文献生产，姑置不论。

---

① 潘吉星《中国造纸史》，上海人民出版社，2009 年，第 195—196 页。

书籍雕版肇兴之初是在唐末五代时期的吴、蜀两地，"后唐宰相冯道、李愚重经学，因言……常见吴蜀之人鬻印板文字，色类绝多，终不及经典。如经典校定，雕摹流行，深益于文教矣。乃奏闻。敕下儒官田敏等考校经注。敏于经注长于《诗传》，孜孜刊正，援引证据，联为篇卷，先经奏定，而后雕刻。乃分政事堂厨钱及诸司公用钱，又纳及第举人礼钱，以给工人。"（《册府元龟》卷六百八）①吴、蜀所以为书籍印刷之发轫地区，一般认为是偏安地区较少战乱，文化、经济繁荣的缘故。②唐末五代尽管各地也有零星的雕版印刷，但总体上的集中生产仍以江宁、杭州、成都为著。宋代是印刷的黄金时代，北宋以汴京，浙之杭州、绍兴，蜀之成都，闽之福州为出版中心。重要图书，往往特别诏下杭州、成都府转运司镂版。③南宋时期，虽然境内出版地点星罗棋布，但仍以江南之建康、两浙之平江、临安、越州、婺州、衢州、严州，福建之建宁以及成都为书籍出版的核心地区。除中央及内府刻书、书坊刻书集中于临安外，南宋时期的地方官营刻书多在江浙一带，当代学者根据现存和文献记载所得到的宋版公使库本原产地情况，90％都集中在两浙路、江南东路、江南西路、淮南西路、荆湖北路、荆湖南路等地。④

金代刻书，平阳府最为集中。元代刻书中心则有大都、平阳、杭州、建阳。明代除两京官版及各地藩王刻书外，出版中心一是在江南（包括徽州），一是在福建建阳。"吴会、金陵，擅名文献，刻本至多，巨帙类书咸

---

① ［宋］王钦若等编纂，周勋初等校订《册府元龟》，凤凰出版社，2006 年，第 7018 页。

② 参阅张秀民《中国印刷史》，第 29 页；潘美月《宋代四川印刷的特色》，见钱存训先生八十日祝寿论文集编辑委员会编《中国图书文史论集》，现代出版社，1992 年，第 3—4 页。

③ 如《续资治通鉴长编》卷二百六十六"神宗熙宁八年七月辛巳"条载"诏以新修《经义》付杭州、成都府路转运司镂板"（［宋］李焘撰，上海师范大学古籍整理研究所、华东师范大学古籍整理研究所点校《续资治通鉴长编》，中华书局，2004 年，第 6529 页）；又如《宋会要辑稿·崇儒五》载淳熙五年十月五日"诏临安府校正开雕《圣宋文海》，专委秘书郎吕祖谦。既而祖谦言：'《文海》元是书坊一时刊行，去取未精，名贤高文大册尚多遗落，今乞一就增损，仍断自中兴以前铨次，庶几可以行远。'从之。"（刘琳等校点《宋会要辑稿》，上海古籍出版社，2014 年，第 2845 页）

④ 李景文《宋代公使库及其刻书》，载《图书情报工作》，第 51 卷第 11 期，2007 年。

会萃焉。海内商贾所资,二方十七,闽中十三,燕、越弗与也。"(《少室山房笔丛》卷四)①十六世纪商业出版兴盛以后,出版中心由建阳和江南两处逐渐转变为仅江南一处,亦即杭州、湖州、南京、苏州和徽州。

入清以后,有学者认为印刷出版的地域性开始趋于减退。原因是出版印刷更加普及,更加渗透到各个地区的城乡深处。②但这样一个结论即使成立,也是相对于前代而言,并且有着程度上的限定。贵族及乡绅、文士私人刻书,确实地域性没有以往显著,但经济发达地区的数量总是要超过其他地区,商业出版则尤其如此。清代还有一大变化是皇室的印刷数量、规模大幅度增长,精英典籍在书籍印刷中趋于主流,也是造成印刷地域性相对消减的重要因素。不过,晚清时期由于近代化的开始,出版印刷又发生重大变化而使地域性重新显著,沿海开埠地区特别是上海成为真正意义上"印刷资本主义"的滥觞之地,占据了绝对的地位。

印刷书生产所体现出来的明显的区域性,说明了这样几个问题:

第一,文本载于书籍毕竟是一个物质生产活动,既与经济、社会因素紧密相关,就必然在历时性、共时性两方面呈现出显著的不同。这种不同在印刷时代要远远超过写本时代,文献书籍生产上的差异与古代社会经济、文化发展所必然导致的阶级差别、地区差别是同步的。

印刷时代的私人刻书最能说明这个问题。因为印刷实际并不需要太复杂的技术,同时私刻又无须像商业出版那样考虑成本及销售问题,理论上说也是可以随时随地进行的。可在实际上,私人刻书虽然不是绝对和地域联系在一起,但受到个人的文化层次、权力和财富的制约相当之大。尽管写本时代的纸、笔、墨也不是穷人能够负担,但其与权力和财富的联系程度仍比印刷时代要低得多。明毛晋自万历末年至清初顺治年间,四十馀年中所刊刻书达六百馀种,雕版达十万九千馀片,当时号称"毛氏之书走天下",财力是维持其刻书的根本保证,"子晋本有田数千

① [明]胡应麟《少室山房笔丛》,上海书店出版社,2009年,第42页。
② [美]包筠雅《17—19世纪中国南部乡村的书籍市场及文本的流传》,见许纪霖、朱政惠编《史华慈与中国》,吉林出版集团有限责任公司,2006年。

亩，质库若干所，一时尽售去，即以为买书、刻书之用。"（钱泳《履园丛话》"丛话"二十二）①由此可见，印刷时代私人刻书必然集中于文化较为发达、生活相对富庶的地区，是一种历史的必然。

第二，商业出版兴盛以后，地域性更加突出，体现出商品经济发展所必然伴随的区域经济特色、市场范围、产业和产业链分布等经济规律的作用。

其实官营的图书刊刻已经在很大程度上凸显出经济因素的重要性，如宋元时期的浙江刻书，王国维《两浙古刊本考序》尝总结曰："及宋有天下，南并吴越，嗣后国子监刊书，若七经《正义》，若《史》《汉》三史，若南北朝七史，若《唐书》，若《资治通鉴》，若诸医书，皆下杭州镂板。北宋监本刊于杭者，殆居泰半。南渡以后，临安为行都，胄监在焉，板书之所萃集。宋亡，废为西湖书院，而书库未毁。明初，移入南京国子监，吾浙之宝藏俄空焉。又元代官书若宋辽金三史，私书若《文献通考》《国朝文类》，亦皆于杭州刊刻。"其总结的原因是："盖良工之所萃，故镂板必于是也。"②"良工所萃"，实际所包含的就是原料供应、技术保障及运输发达等经济因素。

中国宋代以降的商业出版属于前工业化时代的商品生产，其区域经济特色、市场范围、产业和产业链分布等具有相应的特色，最为关键的是经济发达地区文化水平较高，图书需求较大，其中心城市的商业出版也相应发达，产业化水平也高，地区产业链处于高端。十六到十八世纪商业出版即主要集中于全国最为发达的江南地区的南京、苏州、杭州，此三地商业出版形成了完善的产业链，图书数量品种既多，质量亦佳。而植根于历史传统和独特地理条件形成的另一个商业出版地——福建建阳，则因为地处不发达地区，加之腹地有限，本身缺乏市场，与其他经济区域

---

① ［清］钱泳撰，张伟点校《履园丛话》，中华书局，1979年，第579页。

② 王国维《两浙古刊本考》，见《闽蜀浙粤刻书丛考》，北京图书馆出版社，2003年，第137页。

又路途较远,①不得不采取低成本的生产方式,甚至不惜生产"仿制品",从而沦为专门服务于低端市场的产业。

书籍生产的地域性加强以外,印刷时代的另一个突出特征是权力因素更加明显。

在写本时代,国家的物质条件最优,文献生产能力也远远远超过社会群体如寺庙等,如写本时代最高峰的唐代,开元间在长安、洛阳各建集贤书院,"太府月给蜀郡麻纸五千番,季给上谷墨三百三十六丸,岁给河间、景城、清河、博平四郡兔千五百皮为笔材"(《新唐书·艺文志》序)②以抄书,抄成四库之书"两京各二本,共二万五千九百六十卷"(《唐六典》卷九)③,都是书籍史研究者经常举到的例子。但在程度上,写本时代生产方式——抄书——所体现的权力因素尚不至于过分极端,因为毕竟个人还拥有能力通过抄写生产图书,只要他能够获得书籍原本。在印刷时代则完全不同,由于印本各方面的作用完全超过写本(文物意义方面除外),而个人往往不具备生产印本的能力,"书籍"这一文化现象中国家力量表现的程度达到一个空前的水平。

北宋真宗时国家有意识地印书已经达到了一个相当的程度,宰相向敏中所谓"国初惟张昭家有三史。太祖克定四方,太宗崇尚儒学,继以陛下稽古好文,今三史、《三国志》、《晋书》皆镂板,士大夫不劳力而家有旧典,此实千龄之盛也"(《续资治通鉴长编》卷七十四"大中祥符三年十一月壬辰"条)④,乃是回应真宗"今学者易得书籍"之语,而宋真宗的感慨,则由监察御史陈从易、大理寺丞秘阁校理刘筠等文字、诗作皆有可观而来。于此可见,不仅是向敏中举例而言的史书,其他官印书籍也相当丰

---

① 贾晋珠对建阳的对外交通路线有较详的综述,见其《谋利而印:11 至 17 世纪福建建阳的商业出版者》,邱葵等译,福建人民出版社,2019 年,第 23—31 页。总体来说,建阳是一个较为偏僻的地区,与其主要书籍市场和书稿来源地江南路途遥远且往来周折较多。

② [宋]欧阳修、[宋]宋祁《新唐书》,中华书局,1975 年,第 1422 页。

③ [唐]李林甫等撰,陈仲夫点校《唐六典》,中华书局,1992 年,第 280 页。

④ [宋]李焘撰,上海师范大学古籍整理研究所、华东师范大学古籍整理研究所点校《续资治通鉴长编》,中华书局,2004 年,第 1694 页。

富。国家包括地方政府主动印书的行为,终有宋一代而未尝稍歇。

明、清继之,以内府巨大的生产能力而彰显出国家在编纂刊印图书方面的巨大力量。明代较典型的一个例子是佛、道两藏的刊印。《酌中志》卷十八"内板经书纪略"载曰:

> 佛经一藏,计六百七十八函,十八万八十二叶。共用白连四纸四万五千二十三张,蓝绢二百五十三匹七尺四寸,黄绢廿六匹二丈四尺一寸(已上每匹长三丈二尺),黄毛边纸五百七十张,蓝毛边纸四千九百十二张,黄连四纸三百四十七张,白户油纸一万八千八百九十五张,黑墨二百八十六斤八两,白面一千二百二十五斤,白矾四十五斤。

> 道经一藏,计五百十二函(案:含《万历续道藏》三十二函),十二万二千五百八十九叶。共用白连四纸三万八百九十七张,黄连四纸一百七十六张,蓝毛边纸三千十八张,黄毛边纸五百二张,蓝绢一百八十二匹一丈八尺六寸,黄绢二十匹一丈六尺,白户油纸八千三百七张,黑墨一百六十斤八两,白面七百五十斤,明矾二十五斤。①

据《明英宗实录》卷七十三"正统五年十一月庚戌"所载《御制大藏经序》,《永乐北藏》于正统五年刊成。又据虞万里考证,《正统道藏》自永乐十七年起编纂,至二十年编成,大约在正统初年与《永乐北藏》一起刊刻。② 二藏合计卷数上已达《永乐大典》的一半,共有三十万二千六百七十一页,如此庞大卷帙于数年之内一起刻成,已经非常能够说明问题。

雕版印刷本不以单次印刷数量取胜,③但皇家或政府刻书则不尽然。以清内府印书为例,不仅所刻书卷帙浩大、装帧精美,而且单次刷印数量十分惊人。例如各方面需求较大、印制又较精美的《佩文诗韵》,乾

---

① [明]刘若愚撰,冯宝琳点校《酌中志》,北京古籍出版社,1994年,第161页。

② 虞万里《正统道藏编纂刊刻年代新考》,载《文史》,2006年第4辑(总第77辑)。

③ 详见本书第四章相关论述。

隆三十九年查存"原有一千九十六部,奏明存库二百部,应发售八百九十六部,已卖去四十四部,得价银五百四十八两二钱四分,尚馀八百五十二部,现在存库"[1],道光三十年刷印一次二千部,[2]同治元年又刷印四千本。[3] 每次刷印,均至上千部。再如佛经,清乾隆四年初印《龙藏》共一百零四部,[4]就 7168 卷分装 724 函 7240 册的规模而言,印量并不算小。据乾隆五十八年十一月内府统计,"自三十七年开馆起至五十八年正月,共颁发过《大般若》等经一千一百四十套";此年又"应行翻办刊刻刷裱装潢《全藏大般若》等经至《师律戒行经》共二千五百九十六套,计一百八套,每套十二份,统计一千二百九十六套"[5]。每次抽印的刷印数量,都在百套以上。

当然,权力的反面作用同样十分显著。宋代即有对民间出版的限制,如《续资治通鉴长编》卷四百四十五"元祐五年秋七月戊子"条所载:"礼部言:凡议时政得失、边事军机文字,不得写录传布;本朝《会要》、《国史》、《实录》,不得雕印。违者徒二年。许人告,赏钱一百贯。内《国史》、《实录》仍不得传写。即其他书籍欲雕印者,纳所属申转运使,开封府牒国子监选官详定,有益于学者方许镂板。候印讫,以所印书一本,具详定官姓名,申送秘书省。如详定不当,取勘施行。诸戏亵之文,不得雕印,违者杖一百。凡不当雕印者,委州县、监司、国子监觉察。从之。以翰林学士苏辙言,奉使北界,见本朝民间印行文字多已流传在彼,请立法故也。"[6]《建炎以来系年要录》卷一百八十二"绍兴二十九年闰六月辛未"

---

① 翁连溪《清内府刻书档案史料汇编》"乾隆三十九年六月二十六日",广陵书社,2007年,第194—195页。翁连溪认为此处所谓库存《佩文诗韵》为康熙时扬州诗局所刻(《清代内府刻书研究》,故宫出版社,2013年,第341页),恐非。

② 翁连溪《清内府刻书档案史料汇编》"武英殿修书处刷印图书匠役工价银两清册·道光三十年正月初一至十二月三十日",第622页。

③ 翁连溪《清内府刻书档案史料汇编》"武英殿修书处刷印图书匠役工价银两清册·同治元年正月初一至十二月三十日",第652页。

④ 翁连溪《清代内府刻书研究》,故宫出版社,2013年,第146页。

⑤ 翁连溪《清内府刻书档案史料汇编》"乾隆五十八年十一月 日",第408页。

⑥ [宋]李焘《续资治通鉴长编》,第10722页。

条亦载："诏州县书坊：非经国子监看详文字，毋得擅行刊印，以言者论私文异教，或伤国体，漏泄事机，鼓动愚俗，乞行禁止也。"①实际上欧阳修早有类似主张：

> 臣伏见朝廷累有指挥禁止雕印文字，非不严切，而近日雕板尤多，盖为不曾条约书铺贩卖之人。臣窃见京城近有雕印文集二十卷，名为《宋文》者，多是当今论议时政之言。其首篇是富弼往年让官表，其间陈北虏事宜甚多，详其语言，不可流布。而雕印之人不知体，窃恐流布渐广，传入虏中，大于朝廷不便。及更有其馀文字，非后学所须，或不足为人师法者，并在编集，有误学徒。臣今欲乞明降指挥下开封府，访求板本焚毁，及止绝书铺，今后如有不经官司详定，妄行雕印文集，并不得货卖。许书铺及诸色人陈告，支与赏钱贰佰贯文，以犯事人家财充。其雕板及货卖之人并行严断，所贵可以止绝者，取进止。(《论雕印文字札子》)②

有意思的是，禁止民间私印某类书籍的原因，不仅有政治、道德的考量，甚至还具备了国家安全方面的因素。欧阳修的奏疏中值得注意的还有"非后学所须，或不足为人师法者，并在编集，有误学徒"之语，作为一位较为开明的儒士仍以观念上的异同对编书刻书加以干涉，尤可证明话语权力从一开始就没有从图书出版中缺席。

明代私人印书的普遍和商业出版的发展，使国家垄断图书刊刻的程度大大减低，明代国家虽然在实际上并不具备严格的图书审查制度、组织机构，甚至也没有细致的法律条文，但这并不意味着对民间出版的放任，比如判断宗教异端的关键标准就是审查其是否"捏造妖书""妄布邪言"。同时，不满于思想异端和浇漓风俗的正统观念，总是要把国家的力

---

① [宋]李心传《建炎以来系年要录》，中华书局，1988年，第3037页。
② [宋]欧阳修撰，李逸安点校《欧阳修全集》，中华书局，2001年，第1637页。

量引入到对图书内容的监察、管理中来。[①] 至于清代,由于异族入主中原后必然产生的对合法性的焦虑,屡兴文字狱之外甚至"寓禁于征"而不惜摧残文献,实质上已不仅是权力对图书出版的一种干预,而直接就是一种政治控制了。

写本时代并不是没有发生过对书籍的禁绝,秦火以后至雕版以前,历代也都有各种类型的挟书禁令。但抄写难以达成庞大数量的复制,当然也就无须更多地进行国家干预。印刷则有不同,其所具备的复制、传播能力是如此的强大,迫使专制时代的政治权力不得不予以坚决地介入,最终使实际上的图书监管成为政治控制行为的一个组成部分。

---

① ［加］卜正民(Timothy Brook)《明代的社会与国家》,陈时龙译,黄山书社,2009 年,第179 页。

第三章
存亡与理势

　　中国古代文献较为发达,散佚也较为严重。最为著名的总结是元马端临做出的,《文献通考》自序有云:"汉、隋、唐、宋之史俱有艺文志,然《汉志》所载之书,以《隋志》考之,十已亡其六七,以《宋志》考之,隋、唐亦复如是。"①中古以后的情况虽有所变化,但宋、明公私簿录所载之书,至清亦有所亡佚,清人曹溶所云"自宋以来书目有十馀种,粲然可观。按实求之,其书十不存四五"(曹溶《流通古书约》)②之情形,基本属实。较典型的例证是明《永乐大典》收录之书约有七八千种,至清乾隆时不足四百年,已有较大程度的散佚,仅《四库全书》从中辑出并著录者即有三百八十八种,存目一百二十八种。③

　　古人即有感于此,并常常归结为天灾人祸,隋牛弘提出"书厄"之说,代有赓续,如唐封演(《封氏闻见记》卷二)、宋洪迈(《容斋续笔》第十五"书籍之厄")、周密(《齐东野语》卷十二"书籍之厄")、明胡应麟(《少室山房笔丛》卷一)等。清方东树曰:"窃尝衡论古今,以为学人之始,尝患没世无称,不能有所著述。有所述矣,又往往浅陋非佳,患不能传。幸而得传矣,又每亡于水火兵寇,长编大轴,卒归泯泯。考历代史志及诸名家书

---

　　① [元]马端临撰,上海师范大学古籍研究所、华东师范大学古籍研究所点校《文献通考》,中华书局,2011年,第15页。

　　② [清]曹溶《流通古书约》,古典文学出版社,1957年,第35页。

　　③ [清]孙冯翼《〈四库全书〉辑〈永乐大典〉本书目》,《辽海丛书》本。清人据《永乐大典》辑佚事,详见后文论述。

目所著录,观其聚散之迹,未尝不叹著之难而亡之易为可悲也。"(《书林扬觶》卷上"著书源流一")①近人陈登原撰《古今典籍聚散考》"以性质相近,比属而论,默推典籍聚散之故",总结为四劫:"一受厄于独夫之专断而成其聚散,二受厄于人事之不臧而成其聚散,三受厄于兵匪之扰乱而成其聚散,四受厄于藏弄者之鲜克有终而成其聚散"②,并不出古人所道原因之外。古代中国是个弈世革命之地,水火寇兵往往有作,遂致黎民涂炭之外,典籍图册亦不免扫地殆尽。"书厄"之论,确非无故。

但问题在于:首先,文明发展是一个加速度过程,文献生产积聚同样也是,目前所存近二十万种 1911 年以前的古籍,至少 85% 是清中期以后的著作(详见第一章所论)。反过来看,在这一加速度过程前端的文献难以保存下来,就是一个正常的结果。其次,文献发展的历史是由积聚与散佚的矛盾过程组成的:一方面是文献散佚相当严重,另一方面是在如此巨大程度的散佚面前,古代中国文献的延续程度和积聚规模仍然达到一个较高水平。最能说明这一点的是两个事实:一是公元前 800 年到前 300 年"轴心时代"的文献,仍有相当数量保存至今;二是印刷术尚未诞生的中古时代,历史记述、文学作品、宗教经典等类别中的最为重要的文献,也基本传续未失。第三也是最重要的,如果承认天灾人祸等客观原因是文献聚散的主因,那就必然产生一个结论:因为在水火兵寇面前,一切典籍都是平等的,所以某些文献书籍能够保存至今而某些不幸亡佚,完全是偶然之故。③ 显然,这个结论从理论上和直观经验上都不可能是正确的。

我们还可以从每一个散亡和积聚的事例中发现更深层次的问题。北宋已进入印刷时代,《崇文总目》著录有图书三万馀卷,《宋史·艺文志》统计北宋九朝共有藏书 73877 卷。靖康之变所导致的文献损失虽然

① [清]方东树撰,李花蕾点校《书林扬觶》,华东师范大学出版社,2015 年,第 7—8 页。
② 陈登原《古今典籍聚散考》,华东师范大学出版社,2010 年,第 14 页。
③ "独夫专断"如秦始皇、清高宗的焚毁当然有明确的针对性,但实际上秦火所欲焚去的诗书百家言并未受到绝对的损失,乾隆时期的"寓禁于征"也并未完全达成其目标。也就是政治的专门禁绝并不能成为反例(这一点后文有论)。

不可估量，但此后不久即有恢复。王明清《挥麈录》前录卷之一"皇朝列圣搜访书籍"条："靖康之变，诸书悉不存。太上警跸南渡，屡下搜访之诏，献书补官者凡数人。秦熺提举秘书省，奏请命天下专委守臣，又有旨录会稽陆氏所藏书上之。今中秘所藏之书，亦良备矣。"①案王明清《挥麈前录》约作于乾道时，上距靖康不过五十年左右。又李心传《建炎以来朝野杂记》甲集卷四"中兴馆阁书目"条记载："《中兴馆阁书目》者，孝宗淳熙中所修也。高宗始渡江，书籍散佚。绍兴初，有言贺方回子孙鬻其故书于道者，上命有司悉市之。时洪玉父为少蓬，建言芜湖县僧有蔡京所寄书籍，因取之以实三馆。刘季高为宰相掾，又请以重赏访求之。五年九月，大理评事诸葛行仁献书万卷于朝，诏官一子。十三年，初建秘阁，又命即绍兴府借故直秘阁陆宷家书缮藏之。宷，农师子也。十五年，遂以秦伯阳提举秘书省，掌求遗书、图画及先贤墨迹。时朝廷既右文，四方多来献者。至是数十年，秘府所藏益充牣，乃命馆职为《书目》，其纲例皆仿《崇文总目》焉。《书目》凡七十卷（秘书监陈骙领其事，五年六月上之）。"②《中兴馆阁书目》共著录图书 44486 卷，此后又编成《中兴馆阁续书目》三十卷，著录淳熙五年（1178）以后新收图书 14943 卷。恢复程度，绝不可谓不高。

然而同时期的洪迈考察《太平御览》所引用的一千六百九十种书，发现至其时"无传者十之七八"（《容斋五笔》卷七"国初书籍"）③。洪氏所言的散佚比例或许稍大，但可以肯定的是：无论恢复程度如何之高，散失仍然相当剧烈。由此也就产生一个问题：什么样的书可以得到恢复而且确实恢复了？什么样的书却沦入万劫不复之境地？很明显，古往今来的"书厄"论者没有回答这个问题，也不可能回答这个问题。

二十世纪杰出的文献学家张舜徽，对古代文献的散亡进行重新认识，提出了与前有总结完全不同的观点。张氏认为，文献散亡不能尽归

---

① ［宋］王明清《挥麈录》，上海书店出版社，2001年，第8页。

② ［宋］李心传撰，徐规点校《建炎以来朝野杂记》，中华书局，2000年，第114页。

③ ［宋］洪迈撰，孔凡礼点校《容斋随笔》，中华书局，2005年，第908页。

于兵燹等客观原因：

> 自隋牛弘发为书经五厄之论，明胡应麟复广其意，以续成十厄，原本史志，语皆可征，后世考论亡书者悉宗之。然两家所论，第就历朝变乱之际，毁于兵燹者言之耳。揆诸情理，实不尽然。自来史官记事，入主出奴，华夷之辨必严，正僭之分尤峻，苟居祸首，恶皆归之，则凡所称俱成灰烬、扫地无馀云者，未必皆真，一也。秦世焚书，专禁民间之藏，虽申以明诏峻刑，犹有持书勿失，藏之以待者。况夫律未禁学，变起仓皇，都邑虽偶成灰土，间阎岂尽绝简编？二也。且秦时禁学，但烧《诗》《书》、百家语，所不去者医药卜筮种树之书，其后经、子复出，而不去之书转无一卷传于后世。汉、隋史志所载之书，以唐、宋簿录校之，十已亡其六七。可知书之存佚，非人力举措所能为，三也。有此三故，则夫徒以书籍亡于干戈扰攘之际而致慨无穷者，斯亦隘矣。①

张氏强调，还有很多其他因素发挥作用，如：重德轻艺的思想造成了技术书籍的亡佚；删繁就简概括多方的书籍淘汰了百家著述；朴质之书不如华艳之册盛行而不免散失；新订重编之书则常常取代原书旧籍；古代社会往往因人废言，其人一旦为人不齿，其著述即由疏远而遭遗弃，以至散亡；还有就是古人重视典籍，秘藏不出，以致流传不多，易致断绝。所谓"古书散佚之原，盖不亡于公而亡于私，不亡于憎而亡于爱，不亡于黜而亡于修"②。此外，张氏还特别强调一种"无形的摧毁"："无形的摧毁"又可分为"无意识的"和"有意识的"，前者的代表是唐太宗敕修《五经正义》和唐初修《晋书》，导致众多义疏和诸家《晋书》均被废弃；后者的代表则是乾隆编纂《四库全书》的"寓禁于征"，《四库全书》告成之日，也正

---

① 张舜徽《广校雠略》，华中师范大学出版社，2004年，第51页。
② 张舜徽《广校雠略》，第52页。

是古代文献散亡最多之时"①。

张舜徽的观点归纳起来就是：古代文献的散亡，主观原因大于客观原因，内在的因素重于外在的因素。前后论析文献散亡者如程千帆、徐有富先生《校雠通义·典藏编》，虽亦不限于传统书厄之论，特别是开始强调政治、思想等人为因素的作用，但均不如张氏这样明确地否定客观因素。近来分析文献散佚之由而能不拘于旧说者，尽管大多不离张氏之论，但都没有注意到张舜徽观点所蕴含的突破性所在。

张舜徽其实并没有能够完全说明问题，特别是未能解决前文提出的根本疑难，但却给我们解决关于文献散亡的种种困惑，发现中国古代文献历史发展和存亡继绝之际的内在缘由，指出了方向。也就是从两个方面去寻找原因：一是从人的主观方面，二是从文献本身的方面。

主观方面包含两个部分，一个部分是统治者的取向，另一个部分则是文献接受者的选择。统治者的取向主要就是政治的禁绝。在人的主观方面，相较而言，政治禁绝并没有成为主宰散亡的绝对力量。如谶纬之书，宋大明中始禁以后，历代禁令峻切，隋炀帝甚至"发使四出，搜天下书籍与谶纬相涉者，皆焚之，为吏所纠者至死"（《隋书·经籍志》）②，可谓登峰造极。谶纬尽管遭受致命的打击，然至《隋书·经籍志》编纂之时，犹著录有谶纬十三部九十二卷，与"梁有"相比，仍存三分之一强。乾隆时修《四库全书》"寓禁于征"，全毁者，往往未必消亡；而撤毁、抽毁、删削者，大部也可据他版而复原。所以，在主观方面的两个部分中，文献接受者的选择毫无疑问是决定性的，"传"与"不传"无外乎系于后人甚至是百代之后人的主观好恶。中国古代文献主要是精英思想文献，其创造者和接受者都是精英阶层，在每一个特定的历史时期，精英阶层的选择都具有总体一致性。

文献本身的方面，则包含很多因素。顾力仁将"书籍本身之因素"列为散佚的三大原因之一，除了书籍传播的历史方式外，特别提出书籍本

① 张舜徽《中国文献学》，中州书画社，1982年，第24—29页。
② ［唐］魏徵、［唐］令狐德棻《隋书》，中华书局，1973年，第941页。

身内容之"删繁就简""后出转精"的进化演变往往导致新陈代谢,如"综合史料之书取代片面记载之编""经书解释定于一尊取代各种义疏""一书集注取代各家注释"等,[①]与张舜徽的见解可以相互补充。

从本质上说,主观方面的因素,无论是哪一个部分,它都由文献的内容而来,亦即统治者的取向和接受者的选择都取决于文献本身。文献本身方面的因素,则更不待言。由此,认知文献散佚的根本原因以解决疑难,其实就是一条路径:回到文献本身。

在第一章关于中国古代文献传统历史独特性的论述中,已经提出古代典籍的存亡发生于自身的内在机制,也就是文献本身决定了文献的存亡。以下则就此问题具体展开讨论,进行一些新的分析。

一、内容决定一切

回到文献本身,恐怕任何一个人都无法否认:文献的存亡实际就是内容的优胜劣汰。道理很明显,因为中国传统固然强调保护文献,却是从传承的意义出发的,一切文献若无需继承发扬,就丧失了存在的理由。古代并不存在(也无法保有)一个保存一切废弃之物的巨大的收藏库。当然,所谓优劣是相对的,其标准取决于古代某一历史时期整体读者的接受与否。由于文献的精英性(详见第一章的相关论述),每一时代的读者总体上都属于中上层知识分子,但是他们的喜好并不太显示出共时性的不同,而主要是受到时代政治、思想、文化风气的影响呈现出历时性的差异。

在这方面,我们可以立刻举出很多例子,比如郑玄注出而今古文亡、唐修《晋书》出而十八家《晋书》亡,《新唐书》《新五代史》出而《旧唐书》流传渐少、《旧五代史》则寖至亡佚等,不胜枚举。也有很多是我们从未注意到的,如史照《通鉴释文》三十卷,黄丕烈《百宋一廛赋注》:"自元胡三省之《通鉴释文辨误》盛行,而此书遂微。其实胡所长地理,若声音训故,

---

① 顾力仁《永乐大典及其辑佚书研究》,台北文史哲出版社,1985年,第239—241页。

乃不如史之有所受之也。"①这些例证说明了以下的事实:凡内容或文字优胜、后来居上者,融会贯通、包容涵括者,删繁就简、明白易晓、符合当时需求者皆存,反之则亡。很多时候综合在一起发生作用,如《诗》有四家之传,汉三家皆早立于学官,毛诗最晚得立于国学,然齐诗亡于魏,鲁诗亡于西晋(见《隋书·经籍志》),韩诗亡于南宋,独毛诗存,即不外乎毛诗所解所传并郑众、贾逵传、马融注、郑玄笺之辅翼(见《隋书·经籍志》),更为儒士所接受而已。② 加上《诗》之原文,四家文本基本无异,故其传文更无存在必要。三家诗中,独韩《外传》存,正是其具有特色而独树一帜之故。有的时候特别是十六世纪商业出版兴起之后,选择成为一种商品经济行为。邓志谟《咒枣记》第二回,萨守坚"又思医道者乃是个仁术,遂买了甚么神农的《本草》,王叔和的《脉诀》,又买了甚么孙真人的《肘后方》,尽皆看熟了"③,于此描述可知:一是医书需求较大,是出版之大宗;二是医书多托名,标榜名贤以求销路。《脉诀》是王叔和《脉经》的托名改换本,《脉经》古奥,因《脉诀》流行而渐沉沦。

中国古书钞纂之著为多。张舜徽引曾国藩与何廉昉书曰:

> 四部之书,浩如渊海,而其中自为之书,有原之水,不过数十部耳。经则《十三经》是已,史则《廿四史》暨《通鉴》是已,子则五子暨《管》《晏》《韩非》《淮南》《吕览》等十馀种是已,集则汉、魏、六朝百三家之外,唐、宋以来廿馀家而已。此外入子集部之书,皆赝品也,皆剿袭也;入经史部之书,皆类书也,非特《太平御览》《艺文类聚》等为类书,即《三通》亦类书也;《小学》《近思录》《衍义》《衍义补》亦类书也。

---

① [清]黄丕烈《百宋一廛赋注》,见[清]黄丕烈撰,余鸿鸣等点校《黄丕烈藏书题跋集》,上海古籍出版社,2015年,第945页。

② 详见张舜徽《汉书艺文志通释》,华中师范大学出版社,2004年,第207—208页。

③ [明]邓志谟《咒枣记》,台湾天一出版社《明清善本小说丛刊初编》第七辑《邓志谟专辑》影印余氏萃庆堂刊本。

论述极赅。张氏并曰：

> 试循时代以求之，则汉以上之书，著作为多（历秦火而犹存，必
> 有其卓然不可磨灭者）。由汉至隋，则编述胜（两汉传注，六朝义疏，
> 以及史部群书，皆编述也）。唐以下雕板术兴，朝成一书，莫登诸板，
> 于是类书说部，充栋汗牛，尽天下皆钞纂之编。①

钞纂之书，若能合理编排，将众多原始资料融会一炉，同时发挥资料
纂集、知识整理、导引入门的功能，则前有原始资料，往往为人所忘，并渐
至沉沦。这方面的例子甚多，典型者如《汉书》编纂《五行传》，而其他《洪
范五行传》渐亡。章学诚《文史通义·言公中》："刘向《洪范五行传》与
《七略》《别录》虽亡，而班固史学出刘歆（歆之《汉记》，《汉书》所本），今
《五行》《艺文》二志具存，而刘氏之学未亡也"②，即道此理。

钞纂并合之书若极有效，竟会导致原据之书寖失。如宋人取陆德明
《经典释文》附刊诸经注疏本，音义各附条下，原本则趋于散亡。顾炎武
《音学五书》后序："陆德明《经典释文》割裂删削，附注于九经之下，而其
元本遂亡。"③陆陇其《经典释文跋》："自刊诸经注疏者，将音义附各条
下，遂不复见此书之全。"钱大昕《竹汀先生日记钞》卷一："晤顾安道，见
宋椠《经典释文》一本（《左氏》末三卷）；又《春秋左氏释文》《礼记释文》两
种，亦宋刻（卷首不题《经典释文》，但题《春秋左氏释文》《礼记释文》，盖
与各经注疏相辅而行者。今监本《周易注疏》后别刻《释文》，亦宋时旧式
也）。"④非常详细地阐明了这个道理。

总而言之，文献归根结蒂是依读者之接受与否而决定其存佚的。内

---

① 张舜徽《广校雠略》，第15页、第13页。
② ［清］章学诚撰，叶瑛校注《文史通义校注》，第184页。
③ ［清］顾炎武撰，华忱之点校《顾亭林诗文集》，中华书局，1983年，第26页。
④ ［清］钱大昕《竹汀先生日记钞》，见陈文和主编《嘉定钱大昕全集》第八册，凤凰出版
社，2016年，第535页。以上参见王利器《经典释文考》，见其《晓传书斋集》，华东师范大学出版
社，1997年。

容所决定的接受与否在很多情况下具有较为复杂的内涵，下文将重点剖析前人较少谈到的两个方面，以进一步说明问题。

第一是文献的更新、淘汰与文献的存亡。

在此方面，以技术性知识文献最为典型。我们在这里所说的"技术性知识"，与今天的观念有所不同，乃是指包含应用知识、经验知识、抽象知识在内的、作为古代思想底层的基础知识，在中上古以"术数"为主要代表。《七略》六略中有"术数略"，与六艺、诸子、诗赋等并列而为六大类之一，是当时知识思想系统的重要组成部分。术数的性质，并不完全如有些学者认为的，是与方技略完全等同而属于古代的"实用知识"，[①]严格而论，应该是在知识发展史上的早期阶段（史前文明发生时期至中古以前，具体地讲是两个重点部分春秋战国、两汉至隋唐时期）中曾经作为知识体系中的重要内容的一个部分，是一种关于天道人事的技术性知识系统。

术数既属于"知识"而不是"思想"范畴，并且是技术性知识之一部分，因此它具有以下一些性质：一是更新较快，即随着认识的进步，技术性知识的具体内容发展很快；二是取代性较强。知识的积累性非常明显，新的知识既能涵括旧有的正确知识，又能淘汰前此的错误知识，遂使前有的知识"消亡"，而代之以新知。三是上古时期此类知识多出于群体的积累性创造，而较少个人的发明。四是专业性较强。尽管术数知识与其他技术性知识相比综合程度更高，但仍然还是具有技术知识所具备的专业性，亦即具有分科的特点。术数以上的内容特点，就决定了其文献的存佚规律。

秦火不燔种树卜筮之书，马端临曰："若医药卜筮种树之书，当时虽未尝废锢，而并无一卷流传至今。"（《文献通考·经籍考》序）[②]即《汉书·艺文志》"术数略"所著录书，至《隋书·经籍志》已不存十分之一；《隋志》所

---

① 李零《中国方术考》(修订本)，东方出版社，2000年，第2—31页。

② ［元］马端临撰，上海师范大学古籍研究所、华东师范大学古籍研究所点校《文献通考》，第15页。

著录,至宋亦不存十分之一。另外,《汉书·艺文志》"术数略"序称收书
一百九十家,二千五百二十八卷。① 若以家数论,近于全志书籍总数的
三分之一。② 即以今所统计实际著录 110 家论,大约亦有六分之一,仍
超过"六艺略"之 103 家。术数书至《隋志》中已经开始下降:一是《七略》
(《汉志》)以来一以贯之的数术、方技大类取消,归入子部;数术、方技降
为二级类目;二是天文、历数的独立。这种变化表示:在术数继续发展的
同时,其在精英学术体系中的地位开始下降。《隋志》五行实际著录 338
部,1389 卷,附"梁有隋亡"152 部,992 卷。合计 490 部,仅占全志十分
之一左右。总之,亡佚极为明显,而升降变化亦相当剧烈。实际上这正
是技术知识存在明显的更新淘汰机制这一特质所带来的必然结果。与
更新淘汰并行的是技术知识书籍的持续增加,兴膳宏统计《汉书·艺文
志》《隋书·经籍志》《宋史·艺文志》的技术性书籍数量如下表:

	《汉志》	《隋志》	《宋志》
兵家	53 家,790 篇	133 部,512 卷	347 部,1956 卷
天文	21 家,445 篇	97 部,675 卷	139 部,531 卷
历数	18 家,606 篇	100 部,263 卷	165 部,598 卷
五行	151 家,1470 篇	272 部,1022 卷	853 部,2420 卷
医方	36 家,868 篇	256 部,4510 卷	509 部,3327 卷

兴膳宏并且总结曰:

> 技术性书籍增加状况是长时期持续不断的。不过,此类书籍之

---

① 实际著录 110 种、2528 卷,分别占全志六分之一和五分之一。朱一新认为序所谓"凡
数术百九十家,二千五百二十八卷"中前句"十"字为衍文;据今统计,则或"九"字衍,后句"二"
为"五"之讹。但《汉志》既有可能对《七略》进行删节,其家数、卷(篇)数或有后世传抄之误,
故"百九十家"亦未必非真。其他五"略"收书按照姚振宗《汉书艺文志条理》统计,分别为"六
艺"131 家、3074 卷,"诸子"187 家、4359 卷,"诗赋"106 家、1321 卷、"兵书"56 家、808 卷、图 47
卷。"方技"36 家、868 卷。

② 李学勤《简帛佚籍与学术史》,江西教育出版社,2001 年,第 22 页。

汰旧换新的情形颇为激烈，《隋志》著录的书目，几乎不见载于《宋志》。以今日自然科学图书的汰旧率极高的情形观之，中国技术性书目之演变是可以理解的。[①]

所谓"更新"是指在知识意义上被超越，表现为文献的亡佚和新创，但并不意味着传统的断裂，有学者总结为："因为人们对技术的追求一向是'喜新厌旧'，讲技术的书虽不断遭淘汰，没法像'高谈阔论'那样传之长久，但它们的传统没有断，后世还有类似的书，晚期的'杯'中还有早期的'酒'。现在我们研究楚帛书和各种日书，还得看《协纪辨方书》（清代）；研究马王堆房中书，还得看《素女妙论》（明代）。"[②]知识的进步，实际就体现在前一时代的知识被后一代的知识吸收、融合的过程中，即所谓积薪愈高，后来居上，同时一层一层相接无间。

与术数书相类似的是兵书。兵书的淘汰率极高，《汉志》"兵书略"在《隋书·经籍志》中下降为子部一类，除"兵权谋""兵阴阳"保存数种外，其他多已不存。战争来不得任何虚假，在冷兵器的时代，决定战争胜负的根本因素是实力，所以像"兵阴阳""兵形势"之类将会被证明是无用的，因此必然走向衰亡；而"兵技巧"之类，又会随着武器、设备的改进发展而不断更新，所以古代兵书最后能够保存至今的就是类似于军事哲学的"兵权谋"。在保存至今的春秋战国兵书中，以齐国兵书最多。根据李零的研究，齐兵书内容最精，涉及最广，是先秦兵书的上乘。先秦兵学传到汉代，影响最大的仍是齐兵学。同时，其中的具体内容也经过选择。"现在我们所能见到的先秦古兵书，与汉代相比，最明显的不同是：（1）两种《孙子兵法》中的《吴孙子》逸篇和《齐孙子》失传；（2）《司马法》中讲制度的部分失传；（3）《六韬》篇数减少，篇次也有调整；（4）《吴子》也是一个删节本。后世的淘汰《吴孙子》逸篇和《齐孙子》，可能是为了突

① ［日］兴膳宏《隋书经籍志解说（下）》，连清吉译，载《书目季刊》，第三十三卷第二期，1999年，第13—14页。

② 李零《道家与"帛书"》，载《道家文化研究》第三辑，上海古籍出版社，1993年，第390页。

出《孙子》十三篇,而淘汰《司马法》中讲制度的部分,则说明'法度名数'远不如'议论文辞'更能传之长久。"[1]实际上,古代兵书中唯一还能为今人所推重的只有一部《孙子兵法》(《孙子》十三篇),原因在于它超越了单纯的战争技术知识的层面,而上升到军事思想和军事哲学的高度。

技术性知识文献的存佚还和技术之认识倾向密切相关。中国传统总体上具有鲜明的重道轻器的思想倾向,轻视具体技术之学。在不可或缺的技术之学方面,则极端强调实用性和有效性,排斥单纯追求客观真理的倾向。这一点在数学上表现得最为典型,因而数学文献的存佚便呈现出一条与之相应的路线。

中国古代的地理环境决定了以农业为本的生产方式,并随着农业区的扩大逐渐形成了一个较庞大的社会和中央集权国家。农业生产和庞大社会需要大量的计算,故而计数采用十进制,"由于十进位制在计算中明显的优越性,使后来中国古代数学完全偏重于计算,形成了一个与古希腊数学——即以推理为中心的几何学完全不同的体系"[2]。在这种情形之下,应乎实用、重在计算之问题集合逐渐汇辑成《九章算术》一书,三国魏刘徽为之作注定型后立即发挥了极大的影响,导致其他诸种算术书相继编成,唐代形成所谓"十部算经"并作为国子监算学馆教材(《新唐书·百官志》),标志着中国传统数学基础的奠定。

《九章算术》典型地体现出中国传统数学的特色。与希腊《几何原本》相比较,《九章算术》数学系统的中心问题是"求解"而不是公理化演绎式的"求证",它着重于应用与计算,是一个典型的机械化算法体系。[3]以《九章算术》为代表的中国传统数学旨在服务于丈量田亩、兴修水利、

---

[1] 李零《齐国兵学甲天下——兵法源流概说》,载《中华文史论丛》第 50 辑,上海古籍出版社,1992 年,第 209 页。

[2] 梅荣照《墨经数理》,辽宁教育出版社,2003 年,第 57 页。

[3] 邓宗琦《〈九章算术〉与〈几何原本〉的比较研究》,载《华中师范大学学报(自然科学版)》,第 28 卷第 2 期,1994 年 6 月。

分配劳力、计算税收、运输粮食等具体需要，具有深厚的实用色彩，[①]归根结蒂是应乎社会、政治的需要而发生、发展的，并且与中国传统文化的整体性深相一致。而公理化演绎体系追求客观理性，缺少实用性，对现实政治没有立竿见影的作用，因而在中国文化环境中得不到广泛的接受，含有相当公理化方法元素的《墨经》等书遂渐至沉沦。

然而《九章算术》等十部算经北宋元丰七年（1084）初次合刊时已有《缀术》一种亡佚，当时以《数术记遗》代之。《四库全书总目》提要称"北宋以来，其术罕传。自沈括《梦溪笔谈》以外，士大夫少留意者，书遂几于散佚。洎南宋庆元中，鲍澣之始得其本于杨忠辅家，因传写以入秘阁"[②]，说法不尽准确。南宋初期就有学习过算术的一位名叫荣启的人研习过《九章算术》，此后天文历算家杨荣辅保存有古本。嘉定六年鲍澣之所以能于汀州翻刻，也是因为他在几年间就找到了绝大部分元丰旧版。[③]南宋末年的杨辉，因为获得了鲍刻十部算经，对《九章算术》进行了充分的研究。[④]应该说，《九章算术》等算经在两宋及元时还是得到了有效传承的，这显然与宋元数学有较大发展并臻致中国古代数学高峰有关。元末以后至整个明代，数学明显衰落，[⑤]《九章算术》等书终至不显，南宋刻本已不多见（毛氏汲古阁尝有影抄）。至清代修《四库全书》，方从《永乐大典》中辑出七种，并据毛氏抄本及明刻本编入另外三种。乾隆三十八年孔继涵据此刻入《微波榭丛书》，题《算经十书》。[⑥]假如没有明末清初西学传入背景下历算学的发展和朴学的兴起，不仅宋元数学著作如秦九韶《数术大略》等不会受到重视（馆臣从《永乐大典》中辑出，题《数学

---

① 闫成海《浅论东西方数学文化形成的差异——基于〈九章算术〉与〈几何原本〉的比较》，载《西安文理学院学报（社会科学版）》，第 19 卷第 2 期，2016 年 4 月。

② [清]永瑢等《四库全书总目》，中华书局，1965 年，第 902 页。

③ 以上见李迪《中国数学通史（宋元卷）》，江苏教育出版社，1999 年，第 81—87 页。

④ 李迪《中国数学通史（宋元卷）》，第 137—149 页。

⑤ 参阅郭世荣《明代数学与天文学知识的失传问题》，见《法国汉学》第六辑，中华书局，2002 年。

⑥ 杜石然《数学·历史·社会》，辽宁教育出版社，2003 年，第 216—217 页。

九章》),《九章算术》等古代算经也不可能得到重建。[①] 可见,即使是符合中国社会需要的算学经典也会因为其"器—用"的本质而趋于散亡,更不用说游离于传统内核之外的其他"奇技淫巧"之书了。

第二是文献的功能与文献的存亡。

在此方面,"国家目录"之亡佚是一个非常突出的事例。秦火以后,汉武帝建藏书之策,置写书之官,于是天下文籍皆在天禄、石渠、延阁、广内、秘府之室。自此之后,中央王朝无不重视典籍藏书。藏书既富,则需校书,校书则必生目录,自向、歆《别录》《七略》,下逮晋李充、荀勖、隋牛弘、唐毋煛、宋王尧臣、陈骙等,皆因校书而叙目录,所成者古人称之为"官簿",今则称之为"官修书目""政府书目"或"国家藏书目录"。征诸史籍,可考者大致如下:

汉	《七略》	《汉书·艺文志》:"诏光禄大夫刘向校经传诸子诗赋,步兵校尉任宏校兵书,太史令尹咸校数术,侍医李柱国校方技。每一书已,向辄条其篇目,撮其指意,录而奏之。会向卒,哀帝复使向子侍中奉车都尉歆卒父业。歆于是总群书而奏其《七略》。"
魏	《中经》	《隋书·经籍志》:"魏秘书郎郑默,始制《中经》。秘书监荀勖,又因《中经》,更著《新簿》,分为四部,总括群书。"
晋	《晋中经簿》	
晋	《晋元帝书目》	阮孝绪《古今书最》(《广弘明集》卷三):"《晋元帝书目》,四部三百五秩,三千一十四卷。"
晋义熙四年	《秘阁四部目录》	阮孝绪《古今书最》(《广弘明集》卷三):"晋义熙四年《秘阁四部目录》。"
晋	《晋义熙已来新集目录》	《隋书·经籍志》著录"《晋义熙已来新集目录》三卷"。《旧唐书·经籍志》著录:"《义熙已来杂(新)集目录》三卷,丘深之撰。"

① 关于清初学者对古代算学及《算经十书》的复原,参阅[美]本杰明·艾尔曼《18世纪的西学与考证学》,见其著《经学·科举·文化史:艾尔曼自选集》,复旦大学文史研究院译,中华书局,2010年。

续　表

宋 元嘉八年	《秘阁四部目录》	阮孝绪《古今书最》(《广弘明集》卷三)："宋元嘉八年《秘阁四部目录》，一千五百六十有四帙，一万四千五百八十二卷(五十五帙，四百三十八卷，佛经)。"
宋 元徽元年	《秘阁四部书目录》	阮孝绪《古今书最》(《广弘明集》卷三)："宋元徽元年《秘阁四部书目录》，二千二十帙，一万五千七十四卷。" 《隋书·经籍志》："元徽元年，秘书丞王俭又造《目录》，大凡一万五千七百四卷。"
宋	《四部书目》	《宋书·殷淳传》："(殷淳)在秘书阁撰《四部书目》，凡四十卷，行于世。"
齐 永明元年	《秘阁四部目录》	阮孝绪《古今书最》(《广弘明集》卷三)："齐永明元年《秘阁四部目录》，五千新足，合二千三百三十二帙，一万八千一十卷。" 《隋书·经籍志》序："齐永明中，秘书丞王亮、监谢朏，又造《四部书目》，大凡一万八千一十卷。"
梁 天监四年	《文德正御四部及术数书目录》(《五部目录》)	阮孝绪《古今书最》(《广弘明集》卷三)："梁天监四年《文德正御四部及术数书目录》，合二千九百六十八帙，二万三千一百六卷(秘书丞殷钧撰《秘阁四部书》，少于《文德》故书，故不录其数也)。"
梁 天监六年	《四部目录》	《隋书·经籍志》序："梁有秘书监任昉、殷钧《四部目录》，又《文德殿目录》。其术数之书，更为一部，使奉朝请祖暅撰其名。故梁有《五部目录》。"
梁	《东宫四部目录》	《隋书·经籍志》著录"《梁东宫四部目录》四卷，刘遵撰"。
陈	《陈秘阁图书法书目录》	《隋书·经籍志》著录"《陈秘阁图书法书目录》一卷"。
陈 天嘉六年	《寿安殿四部目录》	《隋书·经籍志》著录"《陈天嘉六年寿安殿四部目录》四卷"。
陈 天嘉六年	《德教殿四部目录》	《隋书·经籍志》著录"《陈德教殿四部目录》四卷"。
陈	《承香殿五经史记目录》	《隋书·经籍志》著录"《陈承香殿五经史记目录》二卷"。
北魏	《阙书目录》	《隋书·经籍志》著录："《魏阙书目录》一卷。"

北魏	《甲乙新录》	《北史·孙惠蔚传》："惠蔚既入东观,见典籍未周……请依前丞卢昶所撰《甲乙新录》,欲裨残补阙,损并有无,校练句读,以为定本,次第均写,永为常式。"
隋 开皇四年	《四部目录》	《隋书·经籍志》著录"《开皇四年四部目录》四卷"。
隋 开皇八年	《四部书目录》	《隋书·经籍志》著录"《开皇八年四部书目录》四卷"。
隋	《隋大业正御书目录》	《隋书·经籍志》著录"《隋大业正御书目录》九卷"。
唐	《秘书阁书目》	《崇文总目》著录"唐《秘书阁书目》四卷"。
唐	《群书四部录》 (《群书四录》) 《古今书录》	《唐会要》卷三十六："开元九年十一月十三日,左散骑常侍元行冲上《群书四部录》二百卷,藏之内府。凡二千六百五十五部,四万八千一百六十九卷,分为经史子集四部。……其后毋照(煚)又略为四十卷为《古今书录》。" 《旧唐书·元行冲传》："先是,秘书监马怀素集学者续王俭《今书七志》,左散骑常侍褚无量于丽正殿校写四部,事未就而怀素、无量卒,诏行冲总代其职。于是行冲表请通撰古今书目,名为《群书四录》,命学士鄠县尉毋煚、栎阳尉韦述、曹州司法参军殷践猷、太学助教余钦等分部修检,岁馀书成,奏上之。"
唐 贞元间	《贞元御府群书新录》	柳宗元《陈京行状》："(陈京)在集贤,奏秘书官六员隶殿内,而刊校益理。纳资为胥而仕者,罢之。求遗书,凡增缮者,乃作艺文新志,制为之名曰《贞元御府群书新录》。"
北宋 咸平间	《馆阁图籍目录》	《玉海·艺文》："咸平元年十一月,以三馆、秘阁书籍岁久不治,诏朱昂、杜镐与刘承珪整比,著为目录。二年闰三月甲午,诏三馆写四部书来上,当置禁中,以便观览。三年二月丙午,昂以司封郎中加吏部,镐以校理为直秘阁,赐金紫。昂等受诏编《馆阁图籍目录》,至是奏御,故奖之。"

北宋 庆历元年	《崇文总目》	《玉海·艺文》："庆历元年十二月己丑，翰林学士王尧臣等上新修《崇文总目》六十卷（尧臣与聂冠卿、郭稹、吕公绰、王洙、欧阳修等撰，以四馆书并合著录）。"
北宋 元祐间	《秘书省书目》	《玉海·艺文》："《中兴书目》：《秘书省书目》二卷（凡一万四千九百馀卷）。《史馆新定书目》四卷。分四部，总一万四千四百九卷（不知作者）。"
南宋 淳熙四年	《中兴馆阁书目》	《玉海·艺文》："淳熙四年十月，少监陈骙等言乞编撰书目，五年六月九日上《中兴馆阁书目》七十卷，《序例》一卷。"
南宋 嘉定十三年	《中兴馆阁续书目》	《玉海·艺文》："《中兴馆阁续书目》：秘书丞张攀等乞编新目，以续前书。得书七百五十二家，八百四十五部，凡一万四千九百四十三卷。嘉定十三年四月上。"

耐人寻味的是，以上明以前的国家书目，除个别为史志目录所采录或节略（如《七略》为《汉书·艺文志》，《隋大业正御书目录》为《隋书·经籍志》，《古今书录》为《旧唐书·经籍志》），或以简本（如一卷本《崇文总目》）传世外，全部亡佚。朱彝尊尝曰："《唐志》十九家，《宋志》六十八部，今存者几希。赖有是书（指一卷本《崇文总目》），学者获睹典籍之旧观"（《曝书亭集》卷四十四《崇文书目跋》）[①]，可谓感慨深重。

国家书目的亡佚，当然也可归结为水火或兵燹之灾，一如兰台石室所藏，总不免于改朝换代时焚毁殆尽；或可归结为藏于秘阁而传写稀少，一旦有失则万劫不复。但同样的疑惑仍然存在：第一，除了史志目录外，中古以前的所有目录基本上都无一幸存至今，包括像不属于官修书目的《七志》《七录》，单纯解释为外力的摧残，无法说通；第二，如前所述，绝大部分中古时期的目录唐代仍存，唐末以后方告亡佚，历经兵火而寝亡的理由，不能成立。第三，国家书目是政府收书、藏书、校书的成果，本身就是政治支持的产物，故与统治者的政策取向不存在关联。由此，国家书

---

① ［清］朱彝尊《曝书亭集》，《四部丛刊》本。

目的亡佚,还是需要回到国家书目本身去寻找原因。

国家书目著录图书但据秘府所藏,不入秘府者不载,是一种较为全面反映政府现藏书籍的记录;[①]且其大部分为校书成果,直接反映了政府对现有书籍的校勘整理与收集收藏情况。国家书目的此一性质,决定了其必然具有一定的时效性。这是因为:任何机构的藏书都会随着时间的推移产生变化,比如新增、丢失、水火虫鼠之灾所造成的"书缺简脱",等等,国家藏书机构同样不免,所以在或长或短的一个时期后往往需要重新整理、编目。政治的变化(如改朝换代)和文化的发展,亦往往催生新一轮的征收、典藏和整理,从而编成新的书目,国家藏书首当其冲。新书目一旦编成,旧的书目遂失去功能,成为档案。

作为历史档案的国家书目,往往被正史所吸收编入,成为正史"艺文志"或"经籍志"的内容。班固《汉书》改编《七略》为《艺文志》是其滥觞,其后唐初史馆据魏徵贞观时所编弘文殿藏书目"考其现存",编为"五代史志"之"经籍志"(《隋书·经籍志》)[②];再后《旧唐书·经籍志》取自《古今书录》(《古今书录》据开元时政府藏书编成),《新唐书·艺文志》增添开元以后部分则多取自唐五代目录材料。《宋史·艺文志》主要依据四部"国史艺文志"(吕夷简等撰太祖、太宗、真宗《三朝国史艺文志》、王珪等撰仁宗、英宗《两朝国史艺文志》、李焘等撰神宗、哲宗、徽宗、钦宗《四朝国史艺文志》及南宋高宗、孝宗、光宗、宁宗四朝《中兴国史艺文志》。"国史艺文志"依据前朝国家藏书目录)编成。旧的国家书目记录反映藏书实际的功能既失,其记录历史状况的档案功能又被史志代替,在古代的保存条件下,这样一种失去全部功能的档案材料藏于深宫而得不到传播,必然面临亡佚。

南朝梁阮孝绪时,中古时期的各种目录尚在,王重民论曰:"齐梁时期是我国中古前期图书目录事业最发达的时代:阮孝绪的时期又是齐梁

---

① 张舜徽《广校雠略》,第53页。

② 此据张固也说,见其《〈隋书·经籍志〉所据"旧录"初探》,见其著《古典目录学研究》,华中师范大学出版社,2014年。

时期图书目录事业最兴盛的时代。阮孝绪十一岁的时候王俭死了，二十七岁的时候《文德殿五部目录》完成了。而且在这时候，《七略》《晋中经簿》和东晋宋齐以来的官修目录都完整地保存着，这就给了阮孝绪比王俭更优越的时代条件。阮孝绪潜心深思，讨论研核，撰成比《七志》内容著录更为丰富、分类更有条理的《七录》，使《七录》达到了这一时期中全国综合性系统目录的最高峰。"①《隋志》即依据《七录》以标明"梁有"典籍情况。《隋书·经籍志》编纂之时，虽已称"先代目录，亦多散亡"（《隋书·经籍志》序）②，但既"远览马《史》、班《书》，近观王、阮《志》《录》"③，又著录了魏晋南北朝绝大部分官簿。《隋志》所著录，《古今书录》（《旧唐书·经籍志》）基本仍有，唐以后则渐亡。最为著名的《七略》，自《新唐书·艺文志》之后（《新唐书·艺文志》亦为虚列其目，实未有其书），《崇文总目》《遂初堂书目》《郡斋读书志》《直斋书录解题》《文献通考》《宋史·艺文志》皆不著录，盖与《别录》同亡于唐末五代。国家书目，至元已经残亡殆尽。至明胡应麟，"若刘歆之《略》、荀勖之《簿》、王俭之《志》、孝绪之《录》，并轶不传。宋自庆历、淳熙、嘉定诸目外，荐绅文士，宋、尤、李、叶并富青缃，今惟《文》简目存，亦多阙漏。"（《少室山房笔丛》卷一《经籍会通》）④

王重民认为，《群书四部录》直接造成了前有目录特别是《七志》《七录》的亡佚，而其本身则被宋《崇文总目》取代：

> 自从《群书四部录》完成以后，不久就成了全国编目和参考的标准和依据，使当时普遍流行的《七志》和《七录》失去时效了，使《七略》《别录》的参考使用价值也逐渐减少了，而且不久就都散亡了。直到第十一世纪《崇文总目》编出以后，《群书四部录》才又被《崇文

---

① 参阅王重民《中国目录学史论丛》，中华书局，1984 年，第 61 页。

② ［唐］魏徵、［唐］令狐德棻《隋书》，第 992 页。

③ ［唐］魏徵、［唐］令狐德棻《隋书》，第 908 页。

④ ［明］胡应麟《少室山房笔丛》，第 3 页。案：胡氏没有见到《郡斋》《直斋》二目，乃因前者宋后至胡应麟时并无再刻，后者亦书阙有间。

总目》所代替,而且在北宋末年也散亡了。[1]

此论时效性以导致新陈代谢,见解极其深刻。《崇文总目》即以《开元四部录》为标准,程俱《麟台故事》卷二:"景祐中,以三馆秘阁所藏书,其间亦有谬滥及不完之书,命官定其存废,因仿《开元四部录》,著为《总目》而上之。"[2]至南宋时,《崇文总目》时效性已有不足。绍兴时因为搜访阙书的需要而产生了一个"仅录六十六卷之目"的一卷本,结果此一卷本反而较多流传,《郡斋读书志》《直斋书录解题》著录的都是这个一卷本。而原本则因为前述同样原因,渐渐沦失,并不是四库馆臣所谓的"是刊除序释之后,全本已不甚行"(《四库全书总目》"崇文总目"提要)[3]的结果。《崇文总目》一卷本至清时流传也少,朱彝尊求之四十年不获(《曝书亭集》卷四十四《崇文总目跋》),原因也是同样的。当然,清代考据大兴,学者重新认识到各种书目的重要性,前代国家藏书目录方才得到前所未有的重视,可惜已经为时太晚。

明以降国家书目均存,如明《永乐大典目录》六十卷、明《文渊阁书目》十四卷、清《四库全书总目》二百卷及清《天禄琳琅书目》正续编三十卷。这是因为时过境迁,外部条件已有变化并足以制约内部因素阻止其发生作用。这无疑也是内容决定存佚的复杂性表现之一。

二、形制影响存亡

在第二章中,我们已经讨论到形制与载体影响文献内容的问题。形制与载体以及与之相关的生产方式作为一种物质性和客观性因素既如此重要,当然从逻辑上讲也必然影响到文献的物质存在——存亡,事实

---

① 王重民《中国目录学史论丛》,中华书局,1984 年,第 99 页。

② [宋]程俱撰,张富祥校证《麟台故事校证》,中华书局,2000 年,第 75 页。

③ [清]永瑢等《四库全书总目》,第 728 页。参阅余嘉锡《四库提要辨证》,中华书局,1980 年,第 486—488 页。

也确实如此。从最简单的逻辑来说，印刷术的发明使文献"化身千亿"，比单凭手抄方式更能达成对文献的保护；质量再好、需求再大之书，如果因条件不便而无法制作较多复本，客观上总是难以流传从而延续下来的，历史上的《修文殿御览》《永乐大典》都是例证。不过，此类简单结论并没有太大的意义，我们需要从更具体的层面去探讨其中的机制。

纯粹的书籍体式影响内容较多，影响存亡则相对较少，但也并不是没有显著的事例。比如第二章中重点讨论的经传注疏合编，此一体式即对文献存佚发生作用：单注单疏本因不如经传注疏合编本易为读者接受，相对来说即容易散亡。北宋初年国子监所刻诸经正义及南宋翻刻本，皆为单疏本，当代学者研究得出："从南宋开始，便于阅读的注疏合刻本出现，逐渐占据统治地位，而与经注别行的诸经义疏文本，因使用不便，宋以后迄未刊刻，旧有版本亦渐次湮灭，不为人知。"①情形确实如此，阮元校刻十三经时仅得《周易》《仪礼》《穀梁》《尔雅》四种单疏本。②今统合世间所藏及域外覆刻本、抄本，南宋翻刻北宋国子监单疏本原本有《周易正义》十四卷、《春秋公羊疏》三十卷（存七卷）、《尔雅疏》十卷、《尚书正义》二十卷、《毛诗正义》四十卷（存三十三卷）、《礼记正义》七十卷（存八卷）；覆刻本有《仪礼疏》；日本抄本有《春秋正义》《周礼疏》（存三十一卷）、《春秋公羊疏》《春秋穀梁疏》（存七卷），仍不得其全。

前文论述的《经典释文》因后人将之与诸经并刻而导致原本寖失，还存在《释文》内容附刻方式不当，导致某一版刻本的《释文》未能流传。张丽娟《宋代经书注疏刊刻研究》曾举一例曰："从内容上看，抚州本经书沿袭了五代北宋以来国子监本的内容特点，它属于单经注本，《释文》未分散入经注之下，而是完整附刻于各经之末。由于《释文》附刻于各经之

---

① 张丽娟《宋代经书注疏刊刻研究》，第 228 页。

② 其中《仪礼》《尔雅》比较特殊，张丽娟《宋代经书注疏刊刻研究》第 246 页："有宋一代，《仪礼》不行，两浙东路刻八行注疏本及建刻十行注疏本似乎均未刻《仪礼》，单疏本《仪礼疏》亦不多见。……王国维说：'南雍十行注疏向无《仪礼》《尔雅》二种，故元明间尚补缀单疏本以弥十二经之阙，是以二疏后世尚有传本，馀疏自元以后盖已不复印行矣。'十行注疏本缺《仪礼》与《尔雅》，反令单疏本《仪礼》与《尔雅》流传较广。"

后,相对较独立,在流传过程中,就有《释文》与各经相离的情况。今存抚州本中,《春秋经传集解》与《周易》的《释文》没有流传下来;《礼记释文》虽然流传至今,但很长时间里是与《礼记》分别传藏的;只有《春秋公羊传解诂》与末附《释文》一卷,是两者相俪完整流传至今的。"①书籍内容整合越紧,越不容易散落,当然也就不容易因分散而亡佚。郑樵尝谓:"盖积书犹调兵也,聚则易固,散则易亡;积书犹赋粟也,聚则易赢,散则易乏"(《通志》卷七十二《图谱略》"索象")②,实即此理。

总体来说,载体和形制的因素在文献存亡中发挥的影响作用较体制因素相对更大。这些作用与载体从竹简到帛再到纸,以及载籍方式从抄写到雕版印刷、书籍制度从简牍到卷轴再到册叶这些阶段性的重大变化紧密相关。书籍亡佚之所以同样体现出很强的阶段性,正是载体和形制变化时所发生作用的直接后果。

载体、形制及其他物质形式合在一起的最大变革无疑是雕版印刷术的出现。印刷术的出现本是一大进步,但有一利必有一弊,它在客观上也给文献历程带来一定的问题,即印刷图书淹没了古代写本。

写本被"淹没",并不是指印刷术出现以后,印刷就完全取代了抄写。事实上,北宋时期读书人得到印刷的书籍的比例并不甚高,南宋时很多文献也还是写本形态;在明中后期以前,抄写尚较多存在。而即使是十六世纪以后印本占据了绝对地位,抄录之本也一直是藏书、读书的重要角色。③在世界范围内也同样如此,印刷术不可能快速、彻底地淘汰抄写。④

写本被"淹没"的真正含义是:印刷的出现使绝大多数最为重要的、印刷术以前的写本书籍被制作成印本书籍,原有的手写复制方式被印刷方式所取代,导致原有写本的物质之身逐渐消亡。当印刷术成熟之后,图书生产、复制的形式由抄写转向了印刷,越来越多的古代文献通过印

---

① 张丽娟《宋代经书注疏刊刻研究》,第66—67页。

② [宋]郑樵撰,王树民点校《通志·二十略》,中华书局,1995年,第1826页。

③ 详见[美]周绍明《书籍的社会史——中华帝国晚期的书籍与士人文化》,何朝晖译,北京大学出版社,2009年,第39—46页。

④ 参见[美]周绍明《书籍的社会史——中华帝国晚期的书籍与士人文化》,第64页。

刷化身千百；书籍一旦付诸雕版，由于形式（单位、大小、数量、格式、编排等）统一、字体规范、文本相对精确、复本众多、便于阅读、携带、收藏，很容易取得"定本"的地位，写本形态便失去了需要。宿白研究认为："据考证元大德间（1297—1307 年）荆溪岳浚刊刻《相台书塾刊正九经三传沿革例》所记廖氏取校的二十三种版本中，无一写本，可见南宋末期即十三世纪七十年代末（1279 年南宋亡）写本《九经》已退出历史舞台。《九经》写本的没落，即给刊本书籍开启了畅通的大门。此后，已是刊本书籍逐步流行的天下，写本只能局促于尚无锓梓的少量书籍的范围之内，而日渐衰微。"①这就是说，南宋以后，人们所读的重要书籍大多都是印本形态，社会上传布的为阅读服务的书籍已经很少写本。于是，写本被印本"淹没"，或者说是"化入"印本了。这当然是一个较长的过程，大约在十五到十七世纪的明人那里基本完成。当清人意识到"明人好刻书而书亡"而开始追逐宋本和早期抄本时，时间上已经来不及了。

欧洲则有较大的不同。因为印刷较晚出现，再加上"印刷肇始之初，并未带来骤然或彻底的转变，至少就一般性的特征而言，当时的文化开始时几乎未受影响"②，使得欧洲中世纪的手抄本直到十五世纪才面临选择，而那个时候的保存条件已远非中世纪可比。欧洲以商业出版为主，书商当然是把当时最多人感兴趣的著作优先列入考虑，从而不可能将成千上万的钞本全部印刷，③这一方面固然让一直都未印刷的手抄本容易散亡，另一方面也使教会、大学在一定程度上保存了手抄本的传统并使之又延长了一些时间。总体上说，欧洲的印刷并没有像中国那样立刻就全面取代了手抄这一生产形式，从而保存了较多的古写本。

在中国，印本淹没写本还伴随着册叶制度取代卷轴制度的过程，因为中国的册叶书是雕版印刷催生的，印本一开始就是册叶书形式。在西方由卷轴到册叶的变化过程中，"牵涉到古代文学作品从一种形式到另

---

① 宿白《南宋刻本书的激增和刊书地点的扩展——限于四部目录书的著录》，见其著《唐宋时期的雕版印刷》，文物出版社，1999，第 110 页。
② ［法］费夫贺、马尔坦《印刷书的诞生》，第 327 页。
③ ［法］费夫贺、马尔坦《印刷书的诞生》，第 327 页。

一种形式逐渐的、但却是全面的转移。这是古典文学所要经过的第一个大的关口。在这个过程中势必有所减损,但损失究竟几何却不大容易确指和估算。罕僻之书可能就有不会被转移到册页本形式的危险,而其卷轴又终将朽坏无存。"①中国的情形更加显著,如果一些文献得不到刊印而停留在卷轴形式,那么这些以落后的书籍制度为形式的书籍就不仅没有得到大量的复制,而且在阅读、携带等方面越来越体现出弊端,它们的消亡就是不可避免的了。

所以,印本淹没抄本必然意味着文献的亡佚——很多抄本因为未能及时刊印而逐渐消亡。除了晋末至南北朝以外,宋代、明代这两个印刷发达时期恰是前有积累文献亡佚较多的时期:隋以后幸存的早期典籍多亡于前一时期,而唐宋时尚存的典籍多散佚于后一时期。虽然无法就此做一个详尽周全的统计,但可以举出一些显著的例子加以证明,如重要的文献方面,《汉志》所著录《尚书大传》四十一篇,宋世已无全本,至明遂残。刘向《洪范五行传记》,《隋志》《唐志》著录为"《洪范五行传论》",亡于宋。三家诗中,韩诗约亡于南宋。《世本》十五篇,散佚于宋。《汉志》著录《楚汉春秋》九篇(陆贾所记),亡于南宋。其他方面,隋志"史部"之古史以下,绝大多数亡佚之书,皆发生于唐中期至北宋。集部书籍可能最为典型,凡是宋人未能刻出的别集,大多有较大散失。至于明代,又经过一次重新选择和再编辑、再刊刻,宋刻别集的原貌又有较大的改变。

当然,我们无法确定究竟有哪些文献因为没有及时刊刻而渐趋不存,因为没有充分的记载可以考定宋代已刻图书的详尽名目。但有一个事实是可以肯定的,最晚至南宋以后写本的被"淹没",加剧了一种较为特殊的文献类型——图像文献——的消亡。

图像作为一种重要符号,其发端远早于书写;而书写乃至载籍,必得图像之补充,亦自古而然。图与书的同等重要性,郑樵《通志》卷七十二《图谱略》"索象"最早对此进行了理论分析:

① [英]L. D. 雷诺兹、[英]N. G. 威尔逊《抄工与学者:希腊、拉丁文献传播史》,苏杰译,北京大学出版社,2015年,第36页。

　　河出图，天地有自然之象；洛出书，天地有自然之理。天地出此二物以示圣人，使百代宪章必本于此而不可偏废者也。图，经也，书，纬也。一经一纬，相错而成文；图，植物也，书，动物也，一动一植，相须而成变化。见书不见图，闻其声不见其形；见图不见书，见其人不闻其语。图至约也，书至博也，即图而求易，即书而求难。古之学者为学有要，置图于左，置书于右，索象于图，索理于书，故人亦易为学，学亦易为功，举而措之，如执左契。后之学者离图即书，尚辞务说，故人亦难为学，学亦难为功，虽平日胸中有千章万卷，及置之行事之间，则茫茫然不知所向。秦人虽弃儒学，亦未尝弃图书，诚以为国之具，不可一日无也。萧何知取天下易，守天下难，当众人争取之时，何则入咸阳先取秦图书以为守计。一旦干戈既定，文物悉张，故萧何定律令而刑罚清，韩信申军法而号令明，张苍定章程而典故有伦，叔孙通制礼仪而名分有别。且高祖以马上得之，一时间武夫役徒，知《诗》《书》为何物？而此数公又非老师宿儒博通古今者，若非图书有在指掌可明见，则一代之典未易举也。[①]

　　此虽以《图》《书》立论，不免神圣先验之嫌，但总体上仍落实到具体的图像、载籍，并能重视图之大用。简牍时代，简册不便绘图，乃另以木板作图，故只能图书分离，所谓"左图右史"。但图像实在重要，因此也出现了克服不便而在简册上绘制图表者。今出土清华藏战国竹书《筮法》有图有表，[②]即是其中之一。以帛载图，则效用最佳，《汉志》中图皆称"卷"，基本已是帛书。"兵书略"中图像最多（序称"图四十三卷"，实际著录五十卷），大约是兵书必须配以地图及其他图画之故。其他五略中，术数、方技虽未明称，但根据马王堆帛书来看，此类书籍都有可能在文字中

122

绘有图像。叶德辉云：

> 吾谓古人以图、书并称，凡有书必有图。《汉书·艺文志》"论语家"有《孔子徒人图法》二卷，盖孔子弟子画像。武梁祠石刻《七十二弟子像》，大抵皆其遗法。而"兵书略"所载各家兵法，均附有图。《隋书·经籍志》"礼类"有《周官礼图》十四卷，又注云："梁有《郊祀图》二卷，亡。"又载郑玄及后汉侍中阮谌等《三礼图》九卷。"论语类"有郭璞《尔雅图》十卷，又注云："梁有《尔雅图赞》二卷，郭璞撰，亡。"晋陶潜诗云"流观山海图"，是古书无不绘图者。（《书林清话》卷八"绘图书籍不始于宋人"）①

魏晋至唐，图之绘制益盛，王俭《七志》中有"图谱志"，阮孝绪《七录》"内篇有图七百七十卷，外篇有图百卷"。张舜徽据《隋书·经籍志》综举八大类如下：

一、礼制：经部礼类有《周官礼图》《丧服图》《五服图》《周室王城明堂宗庙图》。

二、名物：经部论语类有《尔雅图》，史部谱系类有《钱图》，子部小说类有《鲁史敧器图》《器准图》。

三、文字：经部小学类有《文字图》《古今字图杂录》。

四、仪注：史部仪注类有《晋卤簿图》《陈卤簿图》《诸卫左右厢旗图样》。

五、人物：史部杂传类有《陈留先贤像赞》《会稽先贤像赞》《东阳朝堂像赞》。

六、地理：史部地理类有《黄图》《洛阳图》《山海经图赞》《江图》《水饰图》《周地图记》《冀州图经》《齐州图经》《幽州图经》。

七、天文：子部天文类有《周髀图》《浑天图》《玄图》《天文横图》

---

① 叶德辉撰，漆永祥点校《书林清话（外二种）》，北京联合出版公司，2018年，第270页。

《天文集占图》《天文十二次图》《杂星图》《星图》《月行黄道图》《日月薄蚀图》《二十八宿分野图》。

八、医药：子部医方类有《明堂孔穴图》《本草图》《黄帝明堂偃人图》《针灸图经》《十二人图》《黄帝十二经脉明堂五藏人图》《治马经图》《马经孔穴图》《引气图》《道引图》。①

除此之外，尚有东汉至魏晋南北朝盛行的《河图》《洛书》、"瑞应图"一类文献。"瑞应图"类文献必有图像已不待论，《河图》《洛书》亦当多有图像。《吕氏春秋·观表》："人亦有征，事与国皆有征。圣人上知千岁，下知千岁，非意之也，盖有自云也。绿图幡薄，从此生矣。"②《绿图》即《河图》，陈槃考述曰："'绿图幡薄'，盖是一辞。'幡'从巾，布帛作物也（《汉书艺文志》：'六体者……皆所以通知古今文字，摹印章，书幡信也'，是幡为旗章符信之属）。'薄'同'簿'，簿书之类（《养新录》三，簿：'经典无簿字，唯《孟子》有"先簿正祭器"一语。孙奭《音义》云"本或作薄"，则北宋本犹不尽作簿也'）。汉人二字不分（汉简簿作薄，如居延简照片页一二，又二一等）。然则'幡薄'者，图书之所附丽。此图书有《绿图》之称，故曰'《绿图》幡薄'尔。《春秋运斗枢》曰：'舜与三公大司空禹等三十人集发图，玄色而绨状，可卷舒。长三十尺，广九尺（《稽瑞》页一引）'按此所谓'图'者，即《河图》，亦即《绿图》。图如绨，长某尺，广某尺，'可卷舒'，自可拟之'幡薄'。曰'《绿图》幡薄'，盖此类是矣。"③内容既与兆朕关涉，又载于卷舒玄绨之帛，则必有图像可以无疑。

然而此类唐前之图，基本亡佚。以《河图》《洛书》之重要，竟亦一无所存。"谶纬"之书直接出于《图》《书》，虽经严禁仍有残存，而后者原貌至于全失，必非无故。郑樵以为，"刘氏创意，总括群书，分为《七略》，只收书，不收图。艺文之目，递相因习，故天禄、兰台、三馆四库，内外之藏，

① 张舜徽《爱晚庐随笔》，华中师范大学出版社，2005年，第494页。
② [秦]吕不韦编，许维遹集释，梁运华整理《吕氏春秋集释》，中华书局，2009年，第580页。
③ 陈槃《古谶纬研讨及其书录解题》，上海古籍出版社，2010年，第112页。

但闻有书而已"(《通志》卷七十二《图谱略》"索象")[①]、"刘氏作《七略》，收书不收图，班固即其书为《艺文志》，自此以还，图谱日亡，书籍日冗"(郑樵《通志》总序)[②]，郑樵在这里表述不甚清楚，结合其上下文来看，其意当并不仅是指不著录，而是兼指《七略》未设图谱专类，故致后世之书无类可从，遂至散亡。张舜徽评曰："郑氏重视图之大用，是也。至以图之无存，归咎于河平校书之时，直斥'向歆之罪，上通于天'，斯亦过矣。盖制图本难于属文，故自古以来，书多而图少。班氏承《七略》而撰《艺文志》，其有图者，仍著录之，其无图者，古人本阙，非有意屏弃也。郑氏必苛责前人，失其平矣。况郑氏自著之书，亦未见有天文、地理、器物、制度之图，收入《通志》，而亦仅托空言以成书，是岂可以一概论乎？"[③]张舜徽只批评了郑樵的第一个意见，而未及其更为重要的另一种看法。

但郑樵"未设类目而散亡"的理由也是不成立的，他没有考虑到两点：第一是王俭明确设立"图谱"大类，然未挽回图像文献的亡佚大势；第二，在未设"图谱"专门类目的时代，图像文献既颇有制作，同时也著录有常，直至宋以后方散佚无存。可见，书目是否著录殆尽以及是否设立专类，均不能成为早期图像文献散亡的合理解释。

解决问题的关键还是需要回到文献本身，尤其是将目光关注到文献的物质性——书籍载体和书籍制度——上来，因为"图像"的载籍过程具有更加显著的物质性因素。我们首先可以发现一个基本史实：唐及唐前图像文献，基本上是在入宋以后不复著录，寖至亡佚；而整个宋代，恰恰是雕版印刷术发明并开始使用的时代。叶德辉谓"顾自有刻板以来，惟《绘图列女传》尚存孤本"，可谓一语道破其中消息。

从书籍载体和书籍制度两方面考虑，可以知道帛、纸既便于绘图，其对应的书籍制度——卷轴制度也基本没有图像大小的限制，可以实现较

---

① ［宋］郑樵撰，王树民点校《通志·二十略》，第 1826 页。

② ［宋］郑樵撰，王树民点校《通志·二十略》，第 9 页。

③ 张舜徽《爱晚庐随笔》，第 487—488 页。

大幅面图像的完整性。雕版印刷则不尽然，虽然也可以木刻版画的方式作图，但中国木刻版画是线条绘画，不能完全展现早期图像的内容。更重要的是册叶制度有版框的限制，无法实现连续的图像，在这一点上与卷轴制度刚好相反。

《七略》"数术略"有《耿昌月行帛图》二百三十二卷（见《汉书·艺文志》。姚振宗《七略佚文》按曰："当是《耿寿昌日月行度图》，别见《续汉书·历志》"），卷帙极巨。从马王堆出土帛画来看，此类图像当极精美。图像本不易复制，移帛就纸，尚称便利，但入于雕版，色彩、篇幅、描绘等皆难转移。则此类文献之亡佚，可称势之所然。

瑞应图一类文献渊源甚早，《汉志》"数术略"已有《祯祥变怪》二十一卷、《人鬼精物六畜变怪》二十一卷等，想必已有图画。瑞应图曾经一度极为盛行，至南宋则亡佚殆尽。陈槃综述此类文献名目甚为精要，此姑引述如下，以见其盛衰变化之剧烈：

> 符应迷信，盛于东西两京，东京以后，迄未衰歇，但亦不过复演前代之历史而已，殊无特殊新义。至于撰述篇卷，其附见正史者则有《宋书·符瑞志》《南齐书·祥瑞志》。其载籍可以考知其事若目者则有三国时魏温室"图以百瑞，绰以藻咏"，见《魏都赋》。吴孙亮作流离屏风镂为《瑞应图》，凡百二十种，见崔豹《古今注·杂注》。益州文翁学堂图画古圣贤及礼器瑞物，见北宋郭若虚《图画见闻志》卷一《叙自古规鉴》篇。（……）宋宗炳造画《瑞应图》，南齐王融复加增定，梁庚元威为盈缩其形制，见庚氏自撰《论书》（《御览》七四八引）。南齐苏侃撰《圣皇瑞应记》，永明中庚温（按，一作蕴）撰《瑞应图》，见《南齐书·祥瑞志序》。陆云公撰《嘉瑞记》，子琼撰《续记》，均见《南史·陆琼传》。《隋书·经籍志》"五行类"有《瑞应图》三卷（佚名）、《瑞图赞》二卷（元注：梁有孙柔之《瑞应图记》《孙氏瑞应图赞》各三卷，亡）、《祥瑞图》十一卷（佚名）、《祥瑞图》八卷（元注：侯亶撰）、《祥异图》十一卷（佚名）。《历代名画记》三有《大蒐（隗）神芝图》（元注：十二）、《符瑞图》（元注：十卷。行日月。杨廷光。并集孙

氏、熊氏图。槃按:"行日月",文有误)、《祥瑞图》(元注:十卷。起
"天有黄道",失撰者)。又古《瑞应图》二卷,无撰人名,不知何时书
也。旧、新《唐志》"杂家类"有熊理《瑞应图谱》三卷,顾野王《符瑞
图》十卷、《祥瑞图》十卷。《日本国见在书目》"五行家"有失撰人名
之《瑞应图》十五卷,《崇文总目》"天文占书类"有佚撰人名之《祥瑞
图》一卷(槃按:《瑞应图》大都兼言天瑞,此盖专言天瑞者也),"目录
类"有顾野王撰《符瑞目》一卷(金锡鬯《辑释》本)。《中兴书目》有
《瑞应图》十卷,称不知作者;又云,或题王昌龄撰;而李淑《书目》则
以为孙柔之(据《直斋书录解题》卷十)。《宋史·艺文志》"天文类"
有佚撰人名之《瑞图》,"杂家类"有魏徵《祥瑞录》十卷,胥馀庆《瑞应
杂录》十卷,佚撰人名之《瑞录》十卷,《瑞应图》十八卷,魏玄成《祥应
图》十卷。《通志·图谱略》"符瑞类"有佚撰人名之《玉芝瑞草图》
《灵芝图》。以上大略撮举南宋以前诸家所载符应图书要目。南宋
以后,此类图书,零残略尽。见存者唯有唐刘赓之《稽瑞》(《后知不足
斋》本)。其不全者有敦煌出现不知作者并书名之《瑞图》钞本残卷止
存四十事(伯希和编目二六八三号。有文有图。……)孙柔之《瑞应
图》亦只存辑本(《郎园全书》本)。而《上善堂书目》"旧钞类"载述古堂
藏本《瑞应图》二本,云有钱遵王绘图,极工,则不知谁氏所撰,今亦不
知尚在人间否。[①]

　　魏晋以后,纸的质量和尺幅均有提高,作图容易,"瑞应图"载籍亦极
方便,当时出现了许多的相应书籍,绝非偶然。而"瑞应图"文献亡于南
宋,显然也与印刷书兴起、写本被淹没有关。图像印刷一是究不如写绘
方便,二是即使印出亦为以线条为主之木刻版画之图,无法传达瑞应图
的特色。写本有一个优点是能用彩色,而进入雕版时代,这个优长只能

---

　　① 陈槃《古谶纬研讨及其书录解题》,第2—3页。

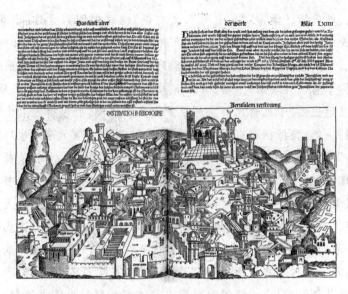

图7　《纽伦堡编年史》中的木刻版画（未经手工上色者）

消失。① 陶弘景编辑《真诰》时对收集的"真唉"统一进行缮写：三君真唉本文（杨羲、许谧、许翙手书仙真口授），用"墨书大字"；自己的注释用"朱书细字"；原有既非真唉本文，又非己注者，用"墨书细字"；三君所抄经中杂事，则用"朱书大字"；同时对三君手书不按正体书写者，照原形抄录，而"朱郭疑字"并加附注于其下。② 总之，通过字体颜色、大小等加以形式区分。但后世因传抄、雕印，除了正文以大字，注释以双行小字尚能基

　　① 西方活字印刷机发明初期，插图主要也是采用木刻版法印刷，有时将木刻版画和活字排版拼装在一个版面中（参阅 Adrian Wilson，"The Early Drawings for the Nuremberg Chronicle"，*Master Drawings*，Vol. 13，No. 2[Summer，1975]，pp. 115－130，181－185）。尽管西方印刷属于"重压"方式，可以印出大块面积的颜色，但表现多色的套印毕竟也是不方便的，像《纽伦堡编年史》（*Nuremberg Chronicle*，1493 年出版）中的插图，印出来原本都是黑白的，其中有一些经手工上色，才变成精美绝伦的彩图（见图7）。参阅[英]罗德里克·凯夫（Roderick Cave）、[英]萨拉·阿亚德（Sara Ayad）《极简图书史》，戚昕等译，何朝晖审校，电子工业出版社，2016 年，第 100—101 页。

　　② 详见拙撰点校本《真诰》前言，中华书局，2010 年。

本保持原貌外，其他概已不存。^①根据敦煌文献《白泽精怪图》等来看，"瑞应图"不仅色彩繁多，而且描绘细腻，更非木刻版画所能表现。

中国古代一直到明末才出现了以胡正言《十竹斋书画谱》《十竹斋笺谱》（图8）为代表的彩色渲染式"色面"套印，而且就此达到顶峰，使后人不能超越，原因在于中国古代雕版印刷为"木面木雕凸版"和"阳线"方式，方便于雕刻，但不利于印刷，套印费力巨大、难度极高。^②也就是说，中国雕版印刷的技术特色决定了套色印刷不可能大规模地应用于书籍出版。

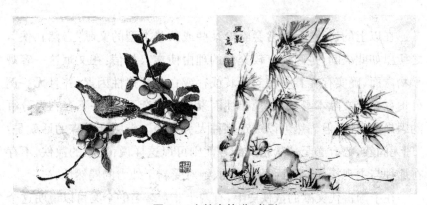

图8　《十竹斋笺谱》书影

当印刷成为热潮并逐渐"淹没"写本时，与欧洲一样，选择何者首先付印往往需要考虑成本。雕刻图像不仅费用高昂（更加消耗木材），还需要较为高超的技艺。在流传至今的整个宋代的印刷品中，我们很少能够看到精美的线条图像，充分地证明了这一点。这在西方也基本上是一样的，十六世纪从《圣经》到植物学图书里的粗劣木刻画并不能踏实地复制中世纪手绘的图像。^③

---

① 参阅拙撰点校本《真诰》前言。

② 李贵丰《从传统到现代：中国图像版印技术之演变（1600—1900）》，台北花木兰文化工作坊，2005年，第11—22页。

③ 参阅［美］伊丽莎白·爱森斯坦《作为变革动因的印刷机——早期近代欧洲的传播与文化变革》，何道宽译，北京大学出版社，2010年，第158页。

按照罗杰·夏蒂埃的理论,形制是书籍文本抵达读者的方式,"读者所面对的,从来就不是凭空存在的理想抽象文本,他们接触的和感知的是实物和形式,后者的结构和形态将支配阅读(或接受)活动,将左右他们对所读(或所闻)之文本的可能理解"①。形制影响存亡,实际就是物质和形式因素影响了"文本"从而影响了接受,并对接受者的选择发挥了作用。

三、偶然与必然

在以上的讨论中,经常会断论某些或某些类型的文献"必然亡佚",之所以如此决断,是因为有较充分的理由使本人相信:在文献这一客观事物方面,确实存在着一些支配其或存或亡的规律性因素,并且无一例外地存在于文献本身;这些规律性因素虽然复杂万端,并不存在百分百的因果决定性,但仍然可以决定某种大势所趋。借用金岳霖的话就是:"理无固然,势有必至。"从相反的方面则可以这样说:文献的散佚,不存在那种与主观接受毫无因果关系的、绝对受制于外力的偶然性。②

在中国古代文献的散佚史上,有两个非常著名的个案可以说明这个问题。

第一个是所谓的汲冢书。晋初出土汲冢竹书,乃是二十世纪以前中国古代唯一一次较大规模的已亡佚书籍经地下出土而重光人间的事件(此前孔壁古文经传实非出土,此后零星出土规模极小)。出土竹书的名目,《晋书·束皙传》载之甚详,因为下文讨论的需要,兹详引其文如下:

---

① [法]罗杰·夏蒂埃《书籍的秩序——14至18世纪的书写文化与社会》,吴泓缈等译,商务印书馆,2013年,第88页。
② 需要说明的是,这里所谓"必然""偶然",与"历史必然性""历史偶然性"完全不是一回事情。"文献散佚存在规律"可能是一种决定论,但并不就是"历史主义"或"历史决定论"(历史是由因果关系支配的);相反,这种认识主张文献散佚的因果关系是多种多样的,特别注重文献本身亦即内容、形式之于人的接受,恰恰是强调了人类自由意志的重要性。

太康二年，汲郡人不準盗发魏襄王墓，或言安釐王冢，得竹书数十车。其《纪年》十三篇，记夏以来至周幽王为犬戎所灭，以[晋]事接之，①三家分[晋]，②仍述魏事至安釐王之二十年。盖魏国之史书，大略与《春秋》皆多相应。其中经传大异，则云夏年多殷；益干启位，启杀之；太甲杀伊尹；文丁杀季历；自周受命，至穆王百年，非穆王寿百岁也；幽王既亡，有共伯和者摄行天子事，非二相共和也。其《易经》二篇，与《周易》上下经同。《易繇阴阳卦》二篇，与《周易》略同，繇辞则异。《卦下易经》一篇，似《说卦》而异。《公孙段》二篇，公孙段与邵陟论《易》。《国语》三篇，言楚晋事。《名》三篇，似《礼记》，又似《尔雅》《论语》。《师春》一篇，书《左传》诸卜筮，"师春"似是造书者姓名也。《琐语》十一篇，诸国卜梦妖怪相书也。《梁丘藏》一篇，先叙魏之世数，次言丘藏金玉事。《缴书》二篇，论弋射法。《生封》一篇，帝王所封。《大历》二篇，邹子谈天类也。《穆天子传》五篇，言周穆王游行四海，见帝台、西王母。《图诗》一篇，画赞之属也。又杂书十九篇：《周食田法》《周书》《论楚事》《周穆王美人盛姬死事》。大凡七十五篇，七篇简书折坏，不识名题。③

除去"简书折坏，不识名题"的七篇，馀凡十九种，六十八篇。《易经》二篇既与传世本《周易》上下经同，可以不论。其中《大历》和《易繇阴阳卦》可能分别是《汉书·艺文志》"数术略""历谱"所载《天历大历》十八卷"和"蓍龟"所载《周易》三十八卷"之一部分④，其他皆于秦汉以后亡佚。晋时此批竹书出土，立即得到了相当程度的整理，"以二尺黄纸写上，请事平，以本简书及所新写，并付秘书缮写，藏之中经，副在三阁"（荀

---

① 此处补"晋"字，据方诗铭说。见方诗铭《西晋初年〈竹书纪年〉整理考》，原载《上海图书馆建馆三十周年纪念论文集（1952—1982）》，上海图书馆，1983年。此据邵东方编《竹书纪年研究（1980—2000）》（广西师范大学出版社，2015年）所收本。
② 此处补"晋"字，据中华书局标点本《晋书》校勘记。
③ ［唐］房玄龄等《晋书》，中华书局，1974年，第1432—1433页。
④ 详见拙撰《古典术数文献述论稿》，中华书局，2005年，第11页、第27—28页。

勖《穆天子传序》）。然而，除《穆天子传》以外，绝大部分唐初已不见著录，唐以后再次全部散佚（即使《今本竹书纪年》内容可靠，《竹书纪年》也只能算是部分保存；"杂书"中之"《周书》"，应非今存《逸周书》）。此十数种书从亡佚四五百年后重现人间，再经过约六百馀年后复又亡佚，无疑是一个有关文献存亡的饶有意味的事件。

尽管我们无法知悉这批书籍的旨趣大要，但仅从《晋书·束皙传》的记载也可以很容易地发现，这批书在后来的亡佚几乎是可以肯定的，而且凡所亡佚之因无一不缘于其内容。《易繇阴阳卦》《卦下易经》二种，前者"与《周易》略同，繇辞则异"（《晋书·束皙传》）、"别有阴阳说而无《彖》《象》《文言》《系辞》"（杜预《春秋经传集解后序》），后者"似《说卦》而异"（《晋书·束皙传》）。古《易》及其繇辞本就存在竞争性，结果就是经过优胜劣汰而仅存今本《周易》。在《周易》已上升为儒家经典并且阐释之学已经臻至高峰的时代，此类古繇辞和古《易传》显然已不被人们所理解，锁于深宫的命运不可避免。《公孙段》二篇因属早期论《易》，[①]可以肯定同样为汉儒以下者所明白，在汉《易》已逐渐消亡殆尽的状况下，此类《周易》相关古书藏在秘府，也注定不会被人重视。"《国语》三篇"，如果不编入当时的定本《国语》，必难保存延续；但《国语》早已编定且流传有日，这三篇肯定不会再编入其中。"《名》三篇"，也是当时"单篇别行"的著述，而为墓主人所喜读，因"似《礼记》，又似《尔雅》《论语》"，虽然整理出来但无可归属，内容又与传世本有相同之处，在当时人看来重要性已经大打折扣。《大历》既为邹子谈天一类，必定迂怪非常，只能藏于中秘而已。《师春》《琐语》乃术数一类，命运与《汉志》"术数"、《隋志》"五行"所著录者大抵相同。[②]《缴书》属于技术书，内容显已陈旧过时。《图诗》

---

① ［明］胡应麟《少室山房笔丛》卷三三《三坟补逸》上："公孙段，郑大夫，子产同时，杀于伯有之厉者也，其论《易》当在孔子先。"（第 327 页）

② 陈振孙《直斋书录解题》所著录"《汲冢师春》一卷"，已见宋黄伯思《东观馀论》所论，乃后人杂抄《纪年》而成。详见方诗铭《〈竹书纪年〉古本散佚及今本源流考》，原载尹达主编《纪念顾颉刚先生学术论文集》，巴蜀书社，1990 年。此据邵东方编《竹书纪年研究（1980—2000）》（广西师范大学出版社，2015 年）所收本。

一篇为"画赞",不知是否附图(竹书不便绘制精美之图,详第二章所论),如果无画而空有赞,此书几乎可以宣告对古人无甚价值。《梁丘藏》《生封》当为魏国之事,杂书十九篇当与周史相关,内容显然专门细碎,以至于竹书整理者不能概括其大旨。总而言之,原简既藏在西晋秘阁,永嘉之乱必不得保存;而整理本又未能为人抄传,则同样寖至散亡。

《竹书纪年》当然与上述书籍有所不同。《隋志》史部"古史类"著录"纪年十二卷(汲冢书。并竹书同异一卷)",新旧《唐志》均著录"纪年十四卷",《史记索隐》《正义》及《北堂书钞》《艺文类聚》《初学记》皆有引用,至少唐代前期仍有流传。《竹书纪年》属于《隋志》所认为的"编年相次,文意大似春秋经"的"古史",自出土之时即受到很大程度的重视,但即便如此,仍不免随着时间流逝而逐渐散佚。清人崔述以其书亡于唐末五代战乱(崔述《考古续说》卷二《〈竹书纪年〉辨伪》),①今人方诗铭观点略同,认为北宋初年所征引者已非据自原书。②就目前所有的材料看,《竹书纪年》整理本原本,至晚在北宋初已有散亡。陈力以为南宋仍有流传的观点③似难成立。今存明范钦刻印二卷本(一般称为"今本《竹书纪年》"或"《今本竹书纪年》"),至多也是宋末的一个辑录改编本。而为古注及古类书等所征引者,清以来数有辑录(一般称之为"古本《竹书纪年》"或"《古本竹书纪年》"),不仅文本数量远逊,面貌亦大非原帙。

《竹书纪年》的散失,可能有当年整理不够周全的原因,"汲郡收书不谨,多毁落残缺"(荀勖《穆天子传序》),整理上存在较多困难,导致整理本或许不尽完善,或许有前、后版本的存在。④但更重要的原因还是在于其内容——《竹书纪年》与已经固化的夏商周三代历史定论有严重的冲突。此一冲突可分为总体思想旨趣方面和具体历史记述方面,前者邵

---

①　[清]崔述撰,顾颉刚编订《崔东壁遗书》,上海古籍出版社,1983年,第460页。

②　方诗铭《〈竹书纪年〉古本散佚及今本源流考》。

③　陈力《今本〈竹书纪年〉研究》,原载《四川大学学报丛刊》,第28辑,1985年10月。此据邵东方编《〈竹书纪年〉研究(1980—2000)》(广西师范大学出版社,2015年)所收本。

④　参阅方诗铭《西晋初年〈竹书纪年〉整理考》。

东方论述甚详；①后者主要有两个例证：一是《竹书纪年》记载"益干启位，启杀之"，与《尚书》《孟子》完全不同；二是云"共伯和"干帝位，与传统的周召共和之说大相径庭。这两个例子可以充分说明《竹书纪年》与自《尚书》《孟子》《春秋左传》《史记》以来所奠定的儒家历史存在相当的牴牾，是战国秦汉之际被新的理论战胜的旧说，以至于逐渐沦亡于孔孟学统稳固以后。数百年后出土，当然也毫无意外地被认为是"其言不典"（荀勖《穆天子传序》）。《今本竹书纪年》如果是一种改编本的话，在很大程度上正是出于对原本的异说进行改造的需要。② 但改编本仍然也未能得到大规模的流传，这是因为一个稳固的历史系统如果已经建立并成为一种深厚的传统，那就不是轻易能够改变的。传统不仅难以动摇，而且它常常会将一切异端之说吞噬殆尽且不留痕迹。明人范钦将《今本竹书纪年》刻出后，情形依旧，直到清代考据学兴起以后方发生改变。

与之形成鲜明对照的是汲冢竹书唯一的幸存者《穆天子传》。③ 可以很清楚地看到：首先是其事于传统之"史"有征，《左传·昭公十二年》："昔穆王欲肆其心，周行天下，将皆必有车辙马迹焉。祭公谋父作《祈招》之诗，以止王心"④，《楚辞·天问》："穆王巧梅，夫何为周流？环理天下，夫何索求？"⑤先秦文献载之甚确。其次是其旨与历来流传的周穆王故事没有重大差异，如"北征于犬戎"，《国语·周语上》有："穆王将征犬戎，祭公谋父谏曰：'不可。……'王不听，遂征之，得四白狼四白鹿以归。自

---

① 邵东方《从思想倾向和著述体例论"今本"〈竹书纪年〉的真伪问题》，原载《中国哲学史》，1998 年第 2 期，此据邵东方编《竹书纪年研究（1980—2000）》（广西师范大学出版社，2015 年）收入本。

② 参阅邵东方《从思想倾向和著述体例论"今本"〈竹书纪年〉的真伪问题》。

③ 当然，《穆天子传》也存在真伪之争，但当代学者多认为绝大部分内容为战国时写成。今本中可能有晋人整理时羼入的一些内容，或将"杂篇"中的一些篇章糅合了进去（见胡应麟《少室山房笔丛》卷三三《三坟补逸》下）。

④ ［清］阮元校刻《十三经注疏·春秋左传正义》，第 4483 页。

⑤ ［战国］屈原撰，金开诚、董洪利、高路明校注《屈原集校注》，中华书局，1996 年，第 391 页。

是荒服者不至。"①又如"用申八骏之乘""天子八骏:赤骥、盗骊、白义、踰
轮、山子、渠黄、华骝、绿耳""天子之御:造父、参百、耿翛、芍及"(《穆天子
传》卷一)②,《史记·秦本纪》"造父为缪王御,长驱归周,一日千里以救
乱。缪王以赵城封造父,造父族由此为赵氏"③,《赵世家》:"造父幸于周
缪王。造父取骥之乘匹,与桃林盗骊、骅骝、绿耳,献之缪王。缪王使造
父御,西巡狩,见西王母,乐之忘归。而徐偃王反,缪王日驰千里马,攻徐
偃王,大破之。乃赐造父以赵城,由此为赵氏。"④其所"夸言"种种,《楚
辞》《山海经》《淮南子》等多有异同者。荀勖《穆天子传序》总结曰:"其书
言周穆王游行之事,《春秋左氏传》曰:'穆王欲肆其心,周行于天下,将皆
使有车辙马迹焉。'此书所载,则其事也。王好巡守,得盗骊騄耳之乘,造
父为御,以观四荒。北绝流沙,西登昆仑,见西王母,与太史公记同。"⑤
再次是文人能够接受,胡应麟二语代表着文人对《穆天子传》一书的总体
态度:"《穆天子》虽非二书比(案:此指《纪年》《逸周书》。胡应麟认为汲
冢所出"周书"即传世之《逸周书》),而其叙简而法,其谣雅而风,其事侈
而核,视《山海经》之语怪霄壤也,录之以资闳洽,亡宁愈于《神异》《洞冥》
之陋哉"(《少室山房笔丛》卷三三《三坟补逸上》)、"周天子好文者,盖亡
过穆王。'东、夏'之吟仅二十馀字,而敦大鸿远,居然万乘气象。自虞氏
《卿云》之后,未见有若斯者也。县圃、弇山皆勒铭记,惜其文遂弗传。至
读书荪丘,暴书羽林,雅事翛然可想,三代前风流高韵似少其伦。徒以好
游,世列于秦皇、汉武,而卢敖、向平顾以此取,后世称富贵贫贱,其重诚
各有在哉。"(《三坟补逸下》)⑥出于以上三个原因,《穆天子传》成为汲冢
竹书中相对完整的硕果仅存者,并不奇怪。

---

① (旧题)[春秋]左丘明撰,[清]徐元诰集解,王树民、沈长云点校《国语集解》,中华书
局,2002年,第1—9页。

② 郑杰文《穆天子传通解》,山东文艺出版社,1992年,第22—23页。

③ [汉]司马迁《史记》,第175页。

④ [汉]司马迁《史记》,第1779页。

⑤ [清]严可均辑《全上古三代秦汉三国六朝文》,第3274—3275页。

⑥ [明]胡应麟《少室山房笔丛》,第325页、第346页。

　　第二个是《永乐大典》。《永乐大典》的最终散佚,作为中国人永远的伤痛,近代以来一直都是文献散亡于兵火、外寇论者最佳的例证。但实际情况显然并不完全如人们印象中的那样简单。

　　《永乐大典》因卷帙过大难以付印,虽抄有正、副本(副本为嘉靖录抄本)二本,但无法改变它必然藏于深宫的命运,因为它从一开始就不是普通的书籍编纂,而是一种服务于皇帝的行为。因为不能化身千亿,又不能付诸外人阅读,则随着时间的流逝必然产生散佚。明万历以后大约已经无人能见(《酌中志》疑其已亡)。明亡之际,正本全毁,副本也已不完整。乾隆三十七年开四库馆时,发现已缺一千多册、两千四百馀卷。道光以后,既遭虫鼠之啮,又屡被盗窃,1860年英法联军焚毁掠夺以后,至光绪元年尚存五千册不到(缪荃孙《永乐大典考》),光绪二十年(1894)时竟只存八百册,也就是今幸存数量(约400册)的一倍而已。所以,不待1900年八国联军最后一炬,《永乐大典》实已亡佚殆尽。也就是说,《永乐大典》的散失并不是一个兵火造成的偶然。

　　《永乐大典》有过很多次可以让所收文献化身千亿而避免沦亡的机会,最重要的一次就是清乾隆时开四库馆时利用《永乐大典》的辑佚。据清孙冯翼《四库全书辑永乐大典本书目》统计,四库馆臣所辑约有著录388种,存目128种。此后又陆续有人辑出不少,今人张忱石统计从清四库馆臣以来所有辑出者,有590种附录44种(其中120种没有传本)。[①] 辑出就意味着保存,可是成果虽然相当可观,但与整部《永乐大典》所收者相比,仍不成比例。当代学者往往不免有这样一个疑问:为什么自清乾隆四库馆臣以来的文士们,不能尽力搜辑、竭泽而渔,以至浪费掉这一次次足以使文献重光的机会呢?

　　这一疑问本身在某种意义上可能是厚诬古人了。实际上,因为入清以后《永乐大典》所收文献有进一步的丧失,四库馆臣及后来的钱大昕、徐松、赵怀玉、辛启泰、胡敬、孙尔準、缪荃孙、邵晋涵等人,不仅重视对《永乐大典》的辑佚,而且费力甚巨,极为重要的已佚(包括当时存本较少

---

　　① 张忱石《永乐大典史话》附录一,中华书局,1986年,第34—100页。

而误认为亡佚)古籍,大多先后辑出。有些书籍卷帙浩大,如《续资治通鉴长编》有五百二十卷,《宋会要》有五百卷,《建炎以来系年要录》有二百卷,《旧五代史》及《宋中兴礼书》《续中兴礼书》均有一百五十卷,其他在四十卷以上者有郝经《续后汉书》九十卷、《水经注》四十卷、《古今姓氏书辨证》四十卷等;三十卷者有宋洪咨夔《春秋说》和宋王益之《西汉年纪》;馆臣所辑宋人文集较多,其中在三十卷及以上者有夏竦《文庄集》三十六卷、宋庠《宋元宪集》四十卷、宋祁《宋景文集》六十二卷《补遗》二卷《附录》一卷、胡宿《文恭集》五十卷《补遗》一卷、强至《祠部集》三十六卷、刘敞《公是集》五十四卷、刘攽《彭城集》四十卷、郑獬《郧溪集》三十卷、吕陶《净德集》三十八卷、李新《跨鳌集》三十卷、汪藻《浮溪集》三十六卷、张嵲《紫微集》三十六卷、王之道《相山集》三十卷、綦崇礼《北海集》四十六卷附录三卷、吴泳《鹤林集》四十卷,均不厌其烦。可以认为,在乾嘉学者看来应予辑佚者,绝大部分都在其内了。陈登原认为四库馆臣辑佚之憾有二:一曰辑录殊嫌其不遍,二曰辑录殊恨其难遍。[1] 曹书杰总结四库馆臣辑佚之具体不足有四:一是所辑诸书多未完备,遗漏甚多;二是受封建正统观念支配,轻视通俗文献、实用文献;三是从维护清朝统治出发,凡存在违碍内容之书,或弃而不辑,或大加删削;四是急功近利,急于求成,尚有较多应辑之书未能辑出。[2] 所论均是。其"阙憾"及"不足"与其成就相比,可以明显得出一个结论:清代学者的辑佚是非常具有选择性的,其辑佚的先后缓急显然是根据其辈内心的标准而进行的。据《永乐大典》辑钞古书实昉于全祖望,全氏即曰"近世所无而不关大义者,亦不录"(《钞永乐大典记》,《鲒埼亭集外编》卷十七)[3],故"菁华已采,糟粕可捐"(《四库全书总目》卷一百三十七)[4]确是他们真实的心态。从结果上来说,那些符合儒家标准以及清代学者观念、本不应该亡佚的经典文献,如

① 陈登原《古今典籍聚散考》,华东师范大学出版社,2010年,第205页。
② 曹书杰《中国古籍辑佚学论稿》,东北师范大学出版社,1998年,第144—145页。
③ [清]全祖望撰,朱铸禹汇校集注《全祖望集汇校集注》,上海古籍出版社,2000年,第1073页。
④ [清]永瑢等《四库全书总目》,第1165页。

上文提到的文献以及另外一个典型《九章算术》在《永乐大典》消失之前就得到了拯救，并未因为《永乐大典》的散亡而散亡；相反，那些非正统的、因为某种异数而被收入的文献如戏曲小说、杂录、小家别集等，即使有机会逃出生天，最终也注定无法改变历史的宿命。

四、馀论

最后我们不妨重温一下本章开头所提到的马端临《文献通考·经籍考序》中的一段话：

> 昔秦燔经籍而独存医药、卜筮、种树之书，学者抱恨终古。然以今考之，《易》与《春秋》二经首末俱存，《诗》亡其六篇，或以为笙诗元无其辞，是《诗》亦未尝亡也。《礼》本无成书，《戴记》杂出汉儒所编；《仪礼》十七篇及《六典》最晚出，《六典》仅亡《冬官》，然其书纯驳相半，其存亡未足为经之疵也。独虞夏商周之《书》，亡其四十六篇耳。然则秦所燔，除《书》之外，俱未尝亡也。若医药、卜筮、种树之书，当时虽未尝废锢，而并无一卷流传至今者，以此见圣经贤传终古不朽，而小道异端，虽存必亡，初不以世主之好恶为之兴废也。汉、隋、唐、宋之史俱有《艺文志》，然《汉志》所载之书，以《隋志》考之，十已亡其六七；以《宋志》考之，隋、唐亦复如是，岂亦秦为之厄哉！昌黎公所谓为之也易，则其传之也不远，岂不信然！[①]

马端临"昌黎公所谓"云云，乃韩愈《重答张籍书》中一段，为张籍劝其排释老不若著书而发，谓著书不易，不敢轻为。马端临此处借用其语以论文献存亡之因，意思是文献意义深重难得，自必有传；内容浅薄易为，虽传不远。从宽泛的意义上来理解这段话，可以发现马端临所思所

---

① ［元］马端临撰，上海师范大学古籍研究所、华东师范大学古籍研究所点校《文献通考》，第15页。

得，和我们以上的分析在根本上是完全相合的。

文献是一个有机系统，其发生发展存在一种内在机制，既受到物质因素——物质载体和载籍形式的影响，更受到文化整体性的制约，但在根本上与外力无关，也不以个人的意志的转移而转移。在文化传统从未断绝的中国，凡是满足需要而且具备长时段文化功能、为整体社会接受的文献，必然应运而生，并且以经济、方便和日趋完善的形式流传广久；凡是应乎一时、趋于速效，或烦冗芜蔓、钉饾破碎者，大浪淘沙，终至沉沦。

当然，历史上那些苦心孤诣、超越时代却暂时不符当时需要的杰出创造，有一些也可能仍然藏诸名山，或储在楼阁，尚未达成沦落消亡的宿命。从这一点上来说，今人的任务应该就是击破"必然"的链条，不断发掘出此类幸存天壤之间但却尘埋已久的著述。因为一如韩愈所谓"为书者皆所为不行乎今而行乎后者也"[1]，前贤创作出这些超凡的作品，不是为了取悦当时，而是为了对话后人。我们不应该让前贤们失望。

---

① 韩愈原语为："自文王没，武王、周公、成、康相与守之，礼乐皆在，及至乎夫子，未久也；自夫子而至乎孟子，未久也；自孟子而至乎扬雄，亦未久也，然犹其勤若此，其困若此，而后能有所立。吾其可易而为之哉？其为也易，则其传也不远，故余所以不敢也。然观古人得其时而行其道，则无所为书。为书者，皆所为不行乎今而行乎后者也。"（《重答张籍书》，见郝润华整理《五百家注韩昌黎集》，中华书局，2019 年，第 833—834 页）

第四章
商业出版与社会变革

　　自弗朗西斯·培根(Francis Bacon)关于印刷术的论断以后,[1]法国启蒙运动最杰出的思想家之一孔多塞(Condorcet,Marie Jean Antoine Nicolas de Caritat,1743—1794)进而将印刷术的发明列为人类进步史表中的重要标志之一,他指出:印刷术使得针对每一阶级和针对每种教育程度的书籍成倍增加,把对人民的教育从一切政治和宗教的枷锁中解放出来,使专制者无法封闭起真理得以引进的所有门户,不仅已经带来巨大的进步,而且将继续推动人类社会的变革。[2] 在书籍史的奠基著作《印刷书的诞生》中,费夫贺(Lucien Febvre)、马尔坦(Henri-Jean Martin)以翔实的论述成功地证明了孔多塞的论断,印刷书自十五至十九世纪一直是西方社会变革的重要推手。[3] 伊丽莎白·爱森斯坦进一步强调了"印刷的固化作用",认为印刷术及其造成的传播革命是近代欧洲文

----

　　① 培根的论断是:"我们还该注意到发现的力量、效能和后果。这几点是再明显不过地表现在古人所不知、较近才发现,而起源却还暧昧不彰的三种发明上,那就是印刷、火药和磁石。这三种发明已经在世界范围内把事物的全部面貌和情况都改变了:第一种是在学术方面,第二种是在战事方面,第三种是在航行方面;并由此又引起难以数计的变化来;竟至任何帝国、任何教派、任何星辰对人类事务的力量和影响都仿佛无过于这些机械性的发现了。"([英]弗朗西斯·培根《新工具》第一卷第一二九条,许宝骙译,商务印书馆,1984年,第114页)
　　② [法]孔多塞《人类精神进步史表纲要》,何兆武、何冰译,江苏教育出版社,2006年,第85—88页。
　　③ [法]费夫贺、马尔坦《印刷书的诞生》,2005年。

化变革的重要动因之一。① 本尼迪克特·安德森详细论述了十九世纪以降印刷对文本的机械复制、民族语言作为"印刷语言"的形成与固定，提出"印刷资本主义"是创造民族意识和民族认同、进而催生"想象的共同体"（imagined communities）——民族国家——的关键。② 无论是怎样一种程度或者什么样的一种角度，欧洲的思想家和学者们都极其强调印刷术所带来的、促进社会"变革"的作用。

中国雕版印刷术发明于唐末五代，普遍使用于北宋，繁盛于南宋。宋代被二十世纪杰出的史学家陈寅恪认为是中国文化"造极"的时代，③这一观点逐渐得到当代学者普遍的认同。同时，宋代也一直被认为是古代中国社会发生重大变化的时期，一个典型的观点是近代日本学者内藤湖南提出的所谓"唐宋变革论"，认为由唐至宋就是从"中古"走向"近世"的变革。④ 雕版印刷对宋代文化的发展有着重大的推进作用，原无疑义，但是否同时又是造成"唐宋变革"的关键力量，则需要进一步的审视。

首先，由唐入宋特别是两宋时代中国社会发生显著变化固然是事实，但这种变化是否突破了主要建立在血缘关系而不是财产关系和地域差别基础上的"古代社会"而进入"近代社会"，则显然值得存疑。其次，宋代的雕版印刷主要服务于精英文献，出版主体仍以国家、地方政府和文人士子为主，商业出版虽然开始出现，但并未成为主流。自培根以来对印刷术力量的论述，建立在印刷机所带来的商业出版或早期"印刷资本主义"的基础之上，而不仅仅是针对宗教解疏或古典著作的印刷复制。可以说，欧洲十五世纪的活字印刷术正因为从一开始就是商业出版，才能和诸多近代化变革联系起来。显然，宋代的雕版印刷在这个意义上不

---

① ［美］伊丽莎白·爱森斯坦《作为变革动因的印刷机——早期近代欧洲的传播与文化变革》，何道宽译，北京大学出版社，2010 年。

② ［美］本尼迪克特·安德森《想象的共同体——民族主义的起源与散布》。

③ 陈寅恪《邓广铭〈宋史职官志考证〉序》曰："华夏民族之文化，历数千载之演进，造极于赵宋之世。"（《金明馆丛稿二编》，生活·读书·新知三联书店，2001 年，第 277 页）

④ 关于内藤湖南及其"唐宋变革论"的由来及实质，参阅李华瑞主编《"唐宋变革论"的由来与发展》，天津古籍出版社，2010 年。

能成为欧洲印刷术的对应现象。

中国自明嘉靖时期开始，商业出版逐渐勃兴，至明万历时期达到历史以来的高峰。而欧洲印刷机在莱茵河以外的地区扎根下来的时期是从十五世纪六十年代开始以后的近半个世纪，这个阶段中书籍的产量陡增；到十五世纪末十六世纪初，大规模的商业化出版开始勃兴。这比中国的明嘉靖时期（以嘉靖元年计，1522）大约早了三十年，比万历时期（以万历元年计，1573）则早约七八十年。但总体来说，中国和欧洲的商业出版仍然可以称得上是同时兴盛起来的。也就是说，晚明才是真正可以对应欧洲"谷登堡革命"的时期。那么，相比于欧洲商业出版的巨大作用，中国十六世纪以降的商业刻书是否同样带来了社会的某种变革？是否造成了近代社会的形成呢？或者可以更加具体一些，比如周启荣在其关于印刷对思想文化影响的研究中主张进一步探讨的："十六世纪的印刷扩张，是否造成了一个多元的文艺文化，足以腐蚀朝廷正统权威与士绅阶级在思想与美学感知方面的主导地位？这些新的思想与文化的潮流对儒家社会秩序造成什么程度的威胁？在这些受到城市文人阶级们支持的多元的、有时甚至是彼此矛盾的价值中，是否有证据能够证明，有一种独特、突出的文化在发展中的商业经济与开放的社会结构里生了根？"①

最近数十年西方汉学关于明清书籍史的研究已经对此问题尝试作出了回答，尽管同样程度有别，绝大部分论著倾向于肯定的答案。但真实情况如何，或者说能否得出这样一种意义阐释，恐怕还是需要进一步探讨的。

一、明代中后期商业出版的商品经济水平

传统文献史、出版史乃至区域经济史很早就关注十六世纪中期开始

---

① 周启荣《为功名写作：晚明的科举考试、出版印刷与思想变迁》，杨凯茜译，见张聪、姚平主编《当代西方汉学研究集萃·思想文化史卷》，上海古籍出版社，2012年，第244页。

勃兴的商业化出版。最近三十年的研究更加趋于深入,大致从两条路径
展开:一是书籍史路径,主要就商业出版的时代背景、社会经济状况、商
业出版状况、印本书籍的种类、内容与形式、阅读群体的状况等进行分析
考察,旨在从各个方面阐发印本书籍的社会文化内涵;[1]二是通俗书籍
类型考察路径,主要对各种类型通俗印本书籍如通俗小说、科举用书、商
书、日用书等的商业化编刊、传播路径进行探讨,在考察不同类型书籍的
独特意义的同时,揭示明代商业出版的具体表现。[2]

　　总体来说,已有研究关于具体现象的揭示、描述较为充分,但经济学
的分析不够。现象具有极大的迷惑性,而且会掩盖本质,因此立足于现
象往往导致立论不仅会流于宏观,而且可能发生错误。与前此时代相

---

　　[1] 主要代表成果有域外明清书籍史研究者贾晋珠《谋利而印:11 至 17 世纪福建建阳的
商业出版者》(邱葵等译,福建人民出版社,2019)、包筠雅与周启荣编 *Printing and Book
Culture in Late Imperial China*(University of California Press,2005)、周绍明《书籍的社会
史——中华帝国晚期的书籍与士人文化》(何朝晖译,北京大学出版社,2009)、周启荣
Publishing,Culture,and Power in Early Modern China(Stanford University Press,2007)、
何予明《家园与天下——明代书文化与寻常阅读》以及大木康《明末江南的出版文化》(上海古
籍出版社,2014 年)等,本土学者近期较有代表性的成果是张献忠《从精英文化到大众传播——
明代商业出版研究》(广西师范大学出版社,2015 年)、何朝晖《晚明士人与商业出版》(上海古籍
出版社,2019 年)等。

　　[2] 通俗小说方面的相关研究成果最多,较为集中的专门性探讨有程国赋《明代书坊与小
说研究》(中华书局,2008 年)、宋莉华《明清时期的小说传播》(中国社会科学出版社,2004 年)、
汪燕岗系列论文、纪德君《明清通俗小说编创方式研究》(社会科学文献出版社,2012 年)、韩春
平《明清时期南京通俗小说创作与刊刻研究》(暨南大学出版社,2012 年)等,以及从通俗小说印
本书籍内部观照的何谷理《明清插图本小说阅读》(刘诗秋译,生活·读书·新知三联书店,
2019 年)等;较为深入的断代小说史如陈大康《明代小说史》(人民文学出版社,2007 年)也有相
当程度的论述。日用类书有酒井忠夫《中國日用類書史の研究》(東京国書刊行会,2011 年)、吴
惠芳《万宝全书:明清时期的民间生活实录》(台北花木兰文化出版社,2005 年)。科举用书方面
专门的讨论有沈俊平《举业津梁:明中叶以后坊刻制举用书的生产与流通》(台湾学生书局,
2009 年)。商书有陈学文《明清时期商业书及商人书之研究》(台湾洪叶文化有限公司,1997
年)、张海英《走向大众的"计然之术"——明清时期的商书研究》(中华书局,2019 年)。蒙书及
识字教材则有张志公《传统语文教育教材论——暨蒙学书目和书影》(中华书局,2013 年)、戴元
枝《明清徽州杂字研究》(上海教育出版社,2017 年)等。

比，明代中后期商业出版发展迅速是没有疑问的，但其所达到的商品经济水平也就是书籍商品化的程度如何，还需要从经济角度进行专门的分析。

所谓"商业出版"，研究者的定义存在一定的分歧，[①]但可以肯定的是，无论出版主体的社会属性如何，也无论书籍的性质如何，假如这种出版的主要目的是生产用于销售的图书，也就是其生产主要是为了制造用于交换的商品，就可以称得上是商业出版。商业出版的核心在于商品，其性质属于商品生产，商品生产的核心就是追求利润。官刻、私刻图书即使用于销售，如果其出版行为不受成本、市场、价格的限制，就不能算作是商业出版。相反，若有士人出于治生而刻书，无论其出版规模和最终效果如何，均可归为商业出版。

我们知道，商品生产乃逐利行为，需要考虑成本、利润、风险等因素，绝不会主动去做亏本生意；商品生产者的每一种行为都必然追求利益最大化，不可能无偿为别人做嫁衣裳；商品经济只有在形成分工、完善产业链、不断降低成本、扩大市场的情况下，才能获得持续发展。尽管材料有限，如果我们从这些基本原理、规律出发，十六至十八世纪商业出版的商品经济水平仍然是可以得到正确判断的。

首先看市场。

市场亦即社会需求是商品经济成立的关键。就商业出版而言，市场的首要含义就是有多少人需要购买书籍，是什么人购买书籍以及这些人的数量在社会中所占的比重。可以很容易地发现：无论书价如何，[②]经典文献、科举用书和典雅文言作品（诗文）已无须详论，它们的购买者和

[①] 参阅何朝晖《晚明士人与商业出版》（上海古籍出版社，2019年）第19—25页的综述。

[②] 有很多学者尝试从书价的高低分析购买情况，最近较为综合的研究有周启荣《明清印刷书籍成本、价格及其商品价值的研究》（载《浙江大学学报（人文社会科学版）》，第40卷第1期，2010年1月）及 Richard G. Wang, *Ming Erotic Novellas: Genre, Consumption, and Religiosity in Cultural Practice* (Chinese University Press, 2011, pp. 64-87)。但这种研究一是合理性稍有不足，因为书价是供需状况决定的，和什么样的人需要购买书籍没有直接的关系；二是很难得出准确的结论。

抄写者主要是"士";"实用型书籍"如"万宝全书""尺牍大全"等类书,大部分卷帙浩大,而且内容复杂,很难想象一般的识字民众会去购买。星相卜筮、讼师秘本、医药卫生等书,尽管与一般庶民社会关系密切,但其专业性较强,也不可能针对一般大众。通俗文学作品和宗教作品的情况复杂一些,但分析其内容我们仍然可以推出:购买者必然仍是不仅识字,而且拥有相当阅读水平的、受过一定教育的人。因此,唯一可能由一般民众所购买的就是黄历、符图、年画、招贴等日常生活必不可少的印刷产品,尽管它们是出版的重要组成部分,并具有重要的意义,但至少不能算作是严格意义上的书。所以,明清书籍市场固然较为发达,但这个市场的受众仍然是精英阶层和"有文之士"之中间阶层,识字的下层民众绝少购买书籍的行为。

当然,少数购买者如果需求量巨大,也会形成庞大的市场。因此我们还要看书籍的印刷数量亦即种数和册数,就商业出版而言,特别需要考察单次刷印数量。

自雕版印刷至十九世纪中叶以前,中国书籍一般印制多少部? 是否经历了一个逐渐增加的过程,还是始终保持一个大概的常数? 明代中期兴起的商业刻书,在十六至十八世纪期间,每种书平均印制多少部? 或不同类书籍各平均印制多少部? 此类问题因无全面的记载已经不能得到确切的回答,印刷史、出版史及书籍史学者如钱存训、张秀民、沈津、贾晋珠、周绍明等分别从雕版印刷理论上的次数、历史记载数据以及实际印数范围等做了探讨,最近又有何朝晖予以总结归纳并进行了多角度的综合研究,结论是中国古籍的单次实际印数一般都十分有限,倾向于认为平均在百部左右,[①]所论甚是。这方面因为没有太多确凿的材料,前人时贤的研究基本上已经爬梳殆尽,在实证方面很难再有推进。由此,这里仅是从另外一个角度进行一个逻辑的推导。

西方的活字印刷,十五世纪结束之际一些大的出版商的书籍平均发

---

① 何朝晖《试论中国传统雕版书籍的印数及相关问题》,载《浙江大学学报(人文社会科学版)》,第 40 卷第 1 期,2010 年。

行量已达 1500 册；十六世纪的单次印刷量在 1000 至 1500 册左右，十七世纪没有太大改变，但宗教书与课本也经常突破 2000 册大关。十八世纪以少于 2000 册居多，受欢迎的书籍的印刷量则相对较多，如莫勒里的《词典》每次印刷量均在 2000 册，狄德罗的《百科全书》初版印刷量达到 4250 套。① 中国书籍印刷史上一个显而易见的事实是：活字印刷始终未能得到广泛的使用。中国印刷术研究的奠基者卡特（T. F. Carter）说："文字结构最不适合于活字印刷的国家，却也就是首先创造和发展活字印刷的国家，实在是一个很令人惊异的事实。"② 这一事实或者说某种悖论恰好可以为我们提供一个逻辑的推断。

关于为什么活字印刷未能取代雕版，目前学术界公认的主要原因就是方块文字汉字的先期制备量太大、技术复杂且人力成本较高，如果印刷量达不到一个较高的数量，则远不如雕版方便、经济；而雕版则非常适合较长时间多次印刷较少册数的出版模式。③ 易言之：活字印刷有利于大量印刷，而雕版印刷方便于较少数量的印刷。中国书籍出版的实际需求不适合于活字而只适合于雕版，逻辑的结论就只能是中国书籍每次印刷的数量非常有限。

雕版每次印刷大约多少部，官刻、私刻和坊刻的情形不同。官刻特别是宫廷刻书不计成本，且有力量及时修补书板，单次刷印数量可至数千或上万部，④ 但也并非常态。地方政府的印书数量即大大缩小，刘声木《苌楚斋随笔》卷十谈及清光绪时期府志印刷部数有曰："光绪二十年，吴县吴□□太守中彦监修《广平府志》六十三卷《卷首》一卷，卷末附刊《征信录》，列银款收付数目，中有云：'一，付印志书三百部纸张。一，付印志书三百部工价。'同治癸酉，修《南昌府志》，亦云印刷三百部。可见当时只印刷三百部，推之各行省志书，皆以印二三百部为止。二三百部志书，散之十八行省，每省只十馀部。后见光绪庚辰修《昆新两县合志》，

① ［法］费夫贺、马尔坦《印刷书的诞生》，第 276—279 页。

② ［英］卡特《中国印刷术的发明和它的西传》，吴泽炎译，商务印书馆，1991 年，第 198 页。

③ 参阅钱存训的详细论述，见其著《中国纸和印刷文化史》，第 203—204 页。

④ 参阅周绍明《书籍的社会史——中华帝国晚期的书籍与士人文化》，第 18—20 页。

亦云'印刷二百六十部,续刷一百部'。大约每次修刊,各省皆只有此数也。"①这里的"二三百部"不一定是每次刷印量,而可能是计划刷印数目或最终数目。光绪时代府县志至多印刷二三百部,其他时代的志书印数必然更少。各种私刻,并不旨在销售,数量绝不会大;南宋时唐仲友刻书,据朱熹弹劾状称"开雕荀、杨、韩、王四子印板,共印见成装了六百六部"(朱熹《按唐仲友第六状》,《晦庵先生朱文公文集》卷十九),②据第四状"仲友以官钱开《荀》《杨》《文中子》《韩文》四书"③云云,知四子书实为四种,④平均每种印数一百五十部左右。唐氏挪用公款刊书可以不计成本,印数也就在一百五十部,其他私刻可以想见。坊刻更需视成本、利润和板片承受能力而定,更不会不计利害而做一锤子买卖。

这里姑再根据两个例子来做一些推测,以进一步印证上述逻辑。第一个例子是清代书院学海堂编刻了著名的《清经解》,板成后专门辟地收藏,并制定相关章程。据其章程,书坊亦可交钱刷印,"每次刷印《经解》,多则一纲(六十部),少则半纲(三十部)"(《学海堂志》"学海堂刻书·经板")。⑤对于学海堂来说,过多刷印势必损伤书板,印数太少,板租费用不抵麻烦程度;对于书坊来说,"每刷一部,纳板租银一两",多印亦未必降低成本。且书坊刷印旨在销售,学海堂《经解》凡一千四百卷,卷帙浩大,一般读者恐无力购置。总体看来,每次 30—60 部的刷印数量范围,颇为合理。另一个例子就是为人熟知的小说《儒林外史》中的一个描写,匡超人吹嘘说:"弟选的文章,每一回出,书店定要卖掉一万部,山东、山西、河南、陕西、北直的客人,都争着买,只愁买不到手。还有个拙稿是前

---

①　[清]刘声木撰,刘笃龄点校《苌楚斋随笔》,中华书局,1988 年,第 219 页。

②　[宋]朱熹撰,刘永翔、朱幼文点校《晦庵先生朱文公文集》,朱杰人等主编《朱子全书》,第 20 册,上海古籍出版社、安徽教育出版社,2002 年,第 864 页。

③　[宋]朱熹撰,刘永翔、朱幼文点校《晦庵先生朱文公文集》,朱杰人等主编《朱子全书》,第 20 册,第 845 页。

④　详参李致忠《唐仲友刻〈荀子〉遭劾真相》,载《文献》,2007 年第 3 期,第 33—39 页。

⑤　[清]林伯桐编,[清]陈澧续补《学海堂志》,见赵所生、薛正兴主编《中国历代书院志》第三册,江苏教育出版社,1995 年,第 237 页。

年刻的，而今翻刻过三副板。"正如大木康、何朝晖已经指出的，[1]此言难免夸大，实出小说刻画角色之需要。但即便为写实，书店销售数量往往是累积的，并不等于单次印刷量，同时反而说明了雕版印刷重在多次刷印的特色。匡超人"而今翻刻过三副板"语才是真正的关键，它说明一部书的印量决定于翻板或修板次数，因为刷印过多必然损伤书板，而要想尽量多印，就必然需要修板乃至再度刻板。

钱存训总结了从元到清的活字印刷数量，多则四百部，少则六十六部，其他多在一百部，并由此认为雕版印刷平均也在一百部左右。[2]何朝晖研究的结果与此略同，[3]大木康的估计是一百部至二三百部，[4]中间数为一百五十部。实际上，雕版印刷数量应低于活字印刷数量，因为只有这样才符合雕版印刷的生产模式，而一种生产模式总是应乎某种需求模式的。因此可以认为，雕版印刷每次印制数十部或至百多部书籍（当然，日历、年画、佛像等单页出版品和某种类型的宗教书籍不在此列），乃是坊刻、私刻的一般常态。就商业出版来说，在编辑、刊刻、刷印、装订、销售形成一定分工的状态下，这种生产模式能够灵活自如地适应市场，实现商业利益最大化。就私家刻书而言，只要保护好书板，就可以根据需要随时进行刷印以敷需要。在重印、再版方面，就已知的资料看，精英文献的重印率极低，通俗文献中小说、日用类书、善书等重刊、翻刊的比率较高，但多由不同的出版者进行，这种积累性数量与每次刷印数量并非一事。

无论如何，即使是雕版印刷独擅胜场的多次印刷，其印刷次数也无法和十六世纪的欧洲相提并论。因为当时欧洲阅读古希腊罗马经典的人口持续增长，像弗吉尔的各种著作，"十五世纪里即付印一百六十一

---

① ［日］大木康《明末江南的出版文化》，第 111 页；何朝晖《试论中国传统雕版书籍的印数及相关问题》，载《浙江大学学报（人文社会科学版）》，第 40 卷第 1 期，2010 年，第 18—30 页。

② 钱存训《中国雕版印刷技术杂谈》，见其著《中国古代书籍纸墨及印刷术》，北京图书馆出版社，2002 年，第 166—167 页。

③ 何朝晖《试论中国传统雕版书籍的印数及相关问题》。

④ ［日］大木康《明末江南的出版文化》，第 24 页。

次,在十六世纪里更又付印了两百六十三次;这还不包括难以计数的各种译本(尔后的译本数目更多)"①。而同时期的明代,无论是作为经典的"五经""四书",还是通俗小说、科举用书,印次和版次加起来最高者也不会超过数十次。

市场分布也能说明问题。关于明代图书市场分布最重要的材料是胡应麟《经籍会通》中的记载。根据胡应麟的说法,当时图书集散、销售中心("聚之地")和主要市场有四:北京、南京、苏州、杭州;其中"燕中刻本自希,然海内舟车辐辏,筐篚走趋,巨贾所携,故家之蓄错出其间,故特盛于他处","越中刻本亦希,而其地适东南之会、文献之衷,三吴、七闽典籍萃焉。诸贾多武林龙丘,巧于垄断,每瞡故家有储蓄而子姓不才者,以术钩致,或就其家猎取之"(《少室山房笔丛》卷四《经籍会通四》)②。北京并非图书生产重地没有疑问,但谓"越中刻本亦希"(案此处"越中"当指整体杭州、绍兴地区),则与其下文所云"凡刻之地有三,吴也、越也、闽也"略有矛盾。不过,胡应麟此处的意思有可能是指越中图书生产量在三地中最少(即下文所曰"其多,闽为最,越皆次之")③,而贸易的比重则远远大于图书出版。

十六至十八世纪最主要的出版重地建阳、杭州、徽州和南京、苏州五个地区中,建阳和徽州不在胡应麟归纳的"聚之地"之内,这两个生产地区本身并不具备图书的买方市场。建阳在明代成为主要商业出版生产地之一的原因主要有二:一是历史因素,建阳南宋时为出版重地,具有较丰富的历史遗存如书板、刊刻技术传统等;二是地方物产,建阳当地盛产印板和纸张的原材料。建阳的经济文化水平、地理位置决定了它不可能形成图书市场,其地生产的图书必须通过贸易商长途贩运吴、越地区。徽州在很大程度上是以南京为中心的地区手工业生产链条中的一环,其刻书主要服务于吴、越市场。南京、苏州、杭州形成出版中心,不仅仅是

---

① [法]费夫贺、马尔坦《印刷书的诞生》,第334页。

② [明]胡应麟《少室山房笔丛》,第41—42页。

③ [明]胡应麟《少室山房笔丛》,第43页。

因为同样传统深厚,更重要的是当时江南地区既是经济文化中心,也是最大的图书市场。最典型的是南京,它在十六世纪一跃而为最大的出版中心和图书集散中心,就是其身兼区域政治中心、交通中心、经济中心、文化中心和江南地区最大市场的缘故。如果说晚明时期中国南方的图书贸易已经形成一个统一市场的话,①也是以南京为中心的。总之,十六至十八世纪中国图书市场主要就集中在两个地区——江南和北京,江南尤为显著,与其地城市、工商业发展程度、消费水平和总体文化程度深相一致。显然,中国市场的数量、分布、范围、规模就整体而言是极其有限的,远远不及同一时代的欧洲。

其次看产业分工。

分工是商品经济发展必不可少的条件。雕版印刷不需要事先进行大规模的基础性投资,技术上亦不复杂,具体生产上环节不多,产业分工主要体现在原料供应、生产、销售的产业链方面。

在此,我们不妨引入罗伯特·达恩顿提出的书籍史的观照视角——"交流循环"(communications circuit)——进行对比,以更好地切入这个问题。在达恩顿看来,研究书籍就是研究人们的沟通与交流,因为书籍是人们沟通和交流的媒介。书籍之所以成为媒介,大的方面,书籍把作者的想法和观念传播到各处,而阅读者由此改变了思想和行为;小的方面,书籍本身的撰作、生产、销售、发行、流通、运输、购买、借阅到阅读接受,无时无刻不处在一个从很多人到很多人的协作、交流和传递过程之中。书籍史研究者不仅需要探讨这一过程中的每个环节,也需要研究这一整个过程、这个过程在不同时间地点的表现形式以及它同周边其他经济、社会、政治以及文化系统之间的关系。这样,才能够做到把书籍当作一种人类的沟通的手段来看待。②

达恩顿给出的"交流循环"图示如下③:

---

① 参阅[美]贾晋珠《谋利而印:11至17世纪福建建阳的商业出版者》。
② [美]罗伯特·达恩顿《拉莫莱特之吻:有关文化史的思考》,第86—89页。
③ [美]罗伯特·达恩顿《拉莫莱特之吻:有关文化史的思考》,第90页。

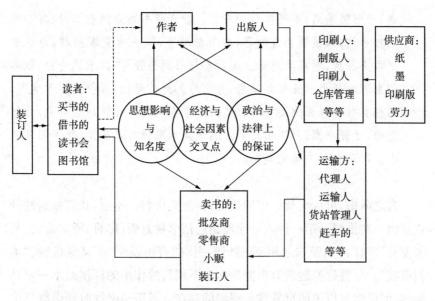

图9 达恩顿"交流循环"图示

比照中国十六至十八世纪的商业出版,除了因书籍制作技术不同而导致的差异外,有重要不同的是三个方面:一是读者,二是作者,三是销售。读者问题另当别论,这里主要讨论涉及产业分工、产业链的销售和作者问题。

明代中期以后商业出版产业链中肯定出现了批发商是毫无疑问的。井上进最早拈出吕留良(1629—1683)《答潘美严书》所述,[①]可以证明清代初期的情形:

　　某病苦侵寻,精销影瘦,投骨山庵,以待气尽。初非效冥鸿之飞,亦未敢坠野狐之窟,然老不自力,志业摧颓,以视先生沉酗法苑,游戏词场,拈祖纲于坊肆之间,调倡情于鼓笛之下,颠倒人间,不可方物,真不啻稷嗣圣人之笑腐伧矣。某年来乞食无策,卖文金陵,亦止僦寓布家,自鬻所刻,并非立坊,亦未尝贩行他书。所谓"天盖楼"

---

① 〔日〕井上进《中国出版文化史》,李俄宪译,华中师范大学出版社,2015年,第163页。

者，乃旧园屋名，不可以移饷者也。若金陵书坊则例有二种：其一为门市书坊，零星散卖近处者，在书铺廊下；其一为兑客书坊，与各省书客交易者，则在承恩寺。大约外地书到金陵，必以承恩为主，取各省书客之便也。凡书到承恩，自有坊人周旋可托，其价值亦无定例，第视其书之行否为高下耳。某书旧亦在承恩寺叶姓坊中发兑，后稍流通，迁置今寓，乃不用坊人。其地离承恩尚有二三里，殊不便兑客也。（《吕晚村先生文集》卷二）①

言之凿凿，可以无疑。但明代如何，缺乏史料。不过，我们根据两种内证做一些推测。第一种内证当然是通俗书籍封面（扉页）所加盖的"某某发兑"字样，②以及与之相反的产销一体的身份说明"某某藏板"或"本衙藏板"。尽管这些题署有可能是出于不同目的作出的标榜而不一定是事实，但仍然可以说明批发这一现象的存在。万历至崇祯时期南京三山街上大大小小、林林总总近百家书坊，有相当部分应该是兼有批发功能的。因为其时南京刻书甚多，不像入清后外地之书比重大增，外地书抵

---

① ［清］吕留良撰，俞国林编《吕晚村先生文集》，中华书局，2015 年，第 67 页。

② 在封面（扉页）加盖"某某发兑"的印戳，表明此类书坊或是零售商，所售书籍乃是批发而来；或是批发商，去各地收购书籍后再行批发。我们现在有很多明末清初的实例，如英国博物院藏《绣像东西汉演义》，封套签条上盖一图章"善成堂自在苏杭浙闽检选古今书籍发兑"（柳存仁编著《伦敦所见中国小说书目提要》，书目文献出版社，1982 年，第 82 页）；又如复旦大学藏《国色天香》十卷，扉页镌有红印"江南省状元境内光霁堂周氏书林发兑"，光霁堂为清初江南省金陵状元境内书坊，为周氏家族所经营（博玫、文革红《试析明清时期江西金溪部分儒生向刻书业的身份转型》，载《南昌航空大学学报［社会科学版］》，2009 年 9 月，第 11 卷第 3 期，第 39—42 页。又参文革红《清代前期通俗小说刊刻考论》，江西人民出版社，2008 年，第 639—641 页）。此类书坊本身也可能出版书籍（如上举善成堂即刻过其他书籍，参见柳存仁《论明清中国通俗小说之版本》，见其著《和风堂文集》，上海古籍出版社，第 1134 页），自产和销售的区别即在于是否盖上印戳。《歧路灯》第九十八回中描写："悬出新彩黑漆金字两面招牌，一面是'星辉堂'三个大字，一面是'经史子集，法帖古砚，收买发兑'十二个小字。盒酌满街，衣冠盈庭，才是开张日一个彩头"（此据巫仁恕《从观看到阅读：明清广告中图像与文字的演变》一文所揭，载中正大学中国文学系《中正汉学研究》，2012 年第一期［总第十九期］，2012 年 6 月，第 211—250 页），则是典型的零售商。

达后直接集中到承恩寺自很方便，本地书就比较麻烦，而且三山街书坊既如此集中，自可形成集市。第二种内证分为两种情况：一种情况是某些书籍同版而不同封面（扉页），另一种情况是某些书籍封面（扉页）相同而内容由不同版片组成。两种情况都说明了"装订"的存在，而"装订"则是存在批发环节的可能性标志。① 前一种情况是书商从生产者那里购得的只是书籍本体（书页），然后装订并加上印有自己坊名堂号的封面（扉页）进行销售。"装订"是书籍销售过程中的一个常见的环节，欧洲十五世纪时大部分书籍出售时即未经装订加上封面，这一工作由零售书店根据读者的不同喜好来完成。② 清初张潮私人

图10　合订本《绣像传奇十种》扉页

刻书主要是用于交流、馈赠，也兼有出售，其书的零售商往往先将印刷好的书页运回销售地，然后再自行装订，故常常有补寄散叶和封面（扉页）的要求（见《尺牍偶存》五集《寄王丹麓》、六集《寄复陈定九》；《友声》壬集"江之兰[含徵]"来函、新集三"张鼎望[令公]"来函等）。在明清商业出版中，刻板者有可能是隐名的，而署名的书坊皆是刷印、零售商而已。后一种情况实际上就是批发商或零售商赴生产者处就板刷印，有时可以挖改卷端、

①　此前中国出版史、书籍史研究者也讨论过"装订"和"装订工"，但他们或是从书籍制度、装订技术着眼（如张秀民《中国印刷史》），或是从书业工匠的社会地位审视（如周绍明《书籍的社会史——中华帝国晚期的书籍与士人文化》，第16—17页、第28—38页），和达恩顿"交流循环"的观照角度完全不同。

②　David Cushing Duniway, "A Study of the Nuremberg Chronicle", *The Papers of the Bibliographical Society of America*, Vol. 35, No. 1 (First Quarter, 1941), pp. 17-34.

书口处的堂号，再将印成的书页自行装订并另加封面。如果这种情况非常普遍，就会形成有专门的批发商来进行刷印并装订，从而造成封面（扉页）相同而板片所标堂号不同。[①] 这种情况常被学者误解，以为是在不同地区书坊间存在板片交易。错误理解的根源在于不明商品经济的基本原理，对书商来说，板片运输费时费钱，购回板片自行印刷不如就在板片所在地付费刷印。就板刷印实际上是雕版印刷的技术方式造成的常态，无论是官府、寺庙还是私人刻书，一般都允许个人或书坊缴纳"板头钱"以后刷印书籍。既然存在着刷印，就一定存在着批发商或分销商的"装订"。

西方书业的发展证明，随着书籍商品化的发展，批发和分销必然出现。"起初，书商尽可以越俎代庖，集生产商、出版商和零售商于一身。而只有在作品产量大增、图书买卖高涨的情况下，才会催生出产业分工，即出版商与零售商的分离，前者在古典时代已兼司图书制作，后者则将各家出版商的图书供应给读者。"[②]在十六世纪至十八世纪的江南商业出版中，产销分工特别是出现批发当然也是商业化的必然。建阳书坊必须依赖贩运，并不属于真正的产业链分工。江南则以徽州的原料（在原料供应商方面，徽商占据主要部分。除了拥有丰富的雕版印刷需要的原材料外，徽州的制墨和造纸水平极高，相关产业也较为发达）和刻工（徽州刻工作为一个相对独立的产业群体，基本垄断了十六至十八世纪江南

---

① 这种例子很多，最典型的是世德堂本《新刻出像官板大字西游记》二十卷一百回（图11）。世德堂本《西游记》今存四本：一为台湾故宫博物院藏本，二十卷；二为日本广岛市立中央图书馆浅野文库藏残本，存十卷（卷十一至卷二十，第五十一回至第一百回）；三为日本日光山轮王寺慈眼堂天海藏藏本，二十卷；四为日本天理图书馆藏本，二十卷。除去浅野文库藏残本外，其馀三本正文卷端皆题"新刻出像官板大字西游记月字卷之一"，下署"华阳洞天主人校/金陵世德堂梓行"；其中"金陵世德堂梓行"处，卷九、卷十、卷十九、卷二十皆题"金陵荣寿堂梓行"，卷一六又题"书林熊云滨重锲"（以上据[日]上原究一《世德堂刊本〈西游记〉传本考述》，载《文学遗产》2010 年第 4 期）。如果是孤本呈现出这样的情形，尚可理解为当时或后世某一书贾偶然拆并；三本皆同，证明在当时销售的某一批世德堂本《西游记》，均为如此。详见拙撰《"装订"作为书籍"交流循环"的环节及其意义——一个基于比较视野的书籍史考察》，载《中国出版史研究》，2021 年第 3 期。

② ［荷兰］H. L. 皮纳《古典时期的图书世界》，第 48 页。

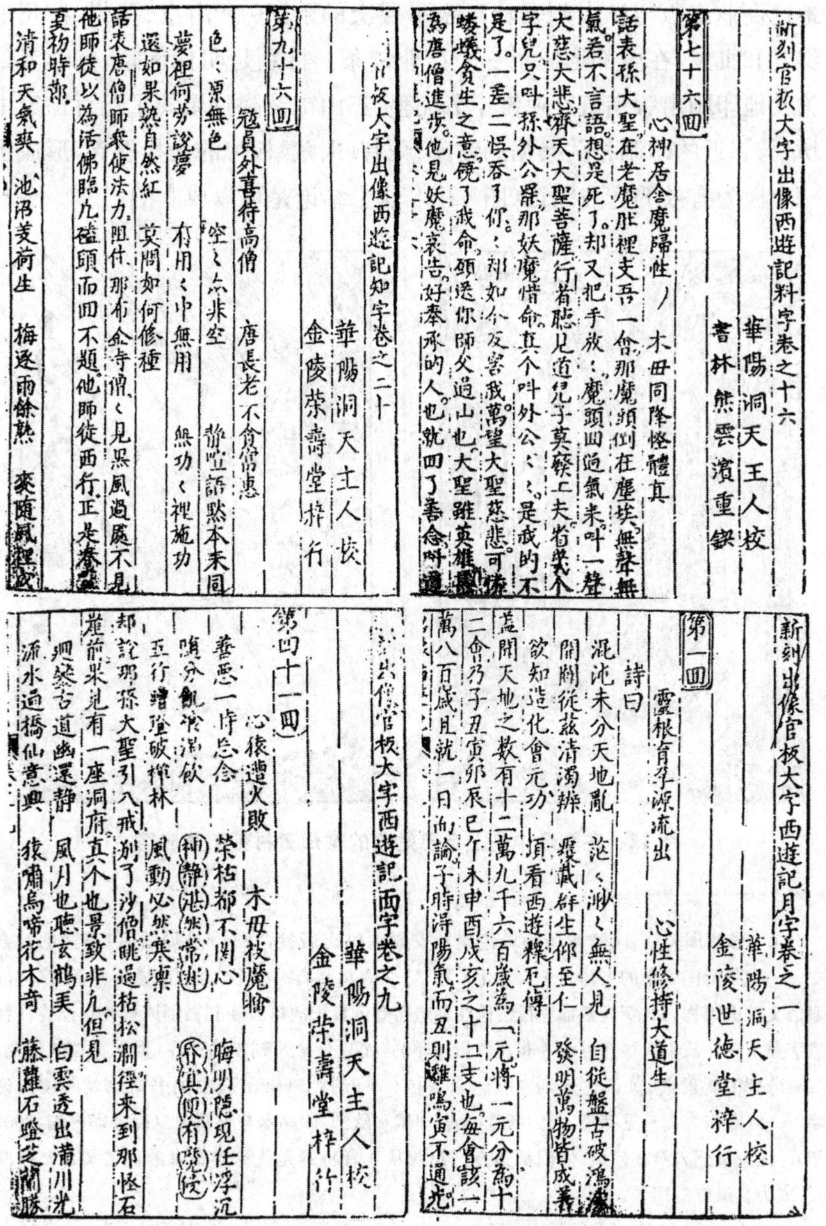

图 11　世德堂本《西游记》中的不同书坊题署

地区商业出版与私人刻书较高水平层次的雕版）、①南京、苏州、杭州的编刊和批发，在内部形成了一个产业链条。特别是明代南京，有学者认为其地印刷出版销售产业链十分完整：三山街及附近聚集了近百馀家书坊，与邻近的印制相关票据的钞库、藏有《南藏》板片的大报恩寺，形成了一个极为有效的产业园区（图 12），②这个结论是可以成立的。

图 12 在图像中刻上自己姓名的徽州黄村刻工黄应组

① 参阅周芜编著《徽派版画史论集》，安徽人民出版社，1984 年；周绍明《书籍的社会史——中华帝国晚期的书籍与士人文化》，第 32—33 页。有一些书名标有"徽郡原板"字样的通俗文学出版物，如《新刊徽郡原板绘像注释魁字登云日记故事》《新刊徽郡原板校正绘像注释魁字登天三注故事》，很有可能并非在徽州刊印的，而只是徽州刻工的产品（据米盖拉的研究，二书分别由黄正选、黄正达刊刻。[意]米盖拉（Michela Bussotti）《中国书籍史及阅读史论略——以徽州为例》，见韩琦、[意]米盖拉编《中国和欧洲：印刷术与书籍史》（商务印书馆，2008 年）。无论徽州人身在何地，他们都是专门出版从业者特别是优秀雕刻者的代名词，"徽州原板"成为其最好的广告。

② Lucille Chia, "Of Three Mountains Street: The Commercial Publishers of Ming Nanjing", in Cynthia J. Brokaw and Kai-wing Chow eds., *Printing and Book Culture in Late Imperial China*, University of California Press, 2005.

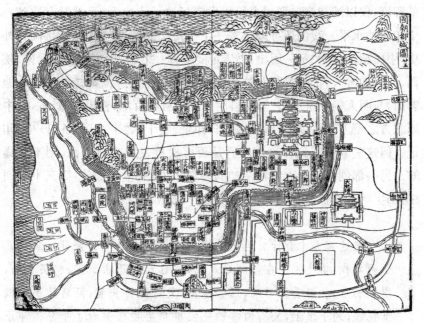

图 13　明代南京三山街、贡院、报恩寺的位置(《金陵古今图考》之《国朝都城图》)
(图片来源:《南京古旧地图集》)

　　明代三山街的图书编刊和贸易颇为发达没有疑问,但是否真正形成明确的产销分工,仍然缺乏更多的材料证明。建阳、金溪、徽州以江南为共同市场固然可以肯定,但建阳、金溪和南京、苏州、杭州的密切程度,颇乏进一步的资料。①"徽州——南京、苏州、杭州"的地区产业链条是否明显,也缺乏必要的证据。十六世纪初至十七世纪末商业出版产销分工

---

　　①　目前可以确定的是明清时南京的书坊主、批发零售商有不少是徽州籍和江西金溪籍,如汪姓和胡姓书坊来自徽州,唐姓书坊和周姓书坊均祖籍江西金溪(见张献忠《从精英文化到大众传播——明代商业出版研究》,广西师范大学出版社,2015 年;文革红《江西小说刊刻地——"云林"考》,载《明清小说研究》,2010 年第 1 期,第 212—219 页;毛静《藻丽琅嬛:浒湾书坊版刻图录》,江西高校出版社,2018 年;黄根妹《赣版古籍金溪刻书初考》,载《江西图书馆学刊》2002 年增刊,第 78、79 页);也有少数是建阳籍(贾晋珠指出建阳刻书世家之一的刘氏,其族人刘孔敦曾往来南京、福建两地,为南京的大业堂、万卷楼等著名书坊编纂、校订过至少五种书籍。见贾晋珠《谋利而印:11 至 17 世纪福建建阳的商业出版者》,第 203—211 页)。

的程度,仅以清初南京形成书籍批发市场这一点来看,显然没有达到一个较高的水平。我们还可以再看一下小说中的描写:前文已引《儒林外史》中匡超人自吹"每一回出,书店定要卖掉一万部,山东、山西、河南、陕西、北直的客人,都争着买",这种情况应该属于出版商直接批发给外地客商,与明人杨子常所曰"至一科房稿之刻有数百部,皆出于苏、杭,而中原北方之贾人市买以去"(顾炎武《日知录》卷十六"十八房"条引)①相印证。但这些客人回到各自地区后是否再次批发成为分销商,则不得详知。另一部创作时间大约在清初的写实小说《醒世姻缘传》第三十三回《劣书生厕上修桩,程学究裈中遗便》有一段作者议论曰:

> 但这穷秀才有什么治生的方法? 只有一个书铺好开。拿上几百两本钱,搭上一个在行的好人伙计,自己身子亲到苏、杭买了书,附在船上;一路看了书来,到了地头,又好赚得先看;沿路又不怕横征税钱;到了淮上,又不怕那钞关主事拿去拦腰截断了平分。却不是一股极好的生意? 但里边又有许多不好处在内:第一件,你先没有这几百两银子的本钱。第二件,同窗会友,亲戚相知,成几部的要赊去;这言赊即骗,禁不起骗去不还。第三件,官府虽不叫你纳税,他却问你要书。你有的应付得去,倒也不论甚么本钱罢了;只怕你没有的书,不怕你不问乡宦家使那重价回他,又不怕你不往远处马头上去买。买得回来,还不知中意不中意。这一件是秀才可以做的生意,做不得了。②

《醒世姻缘传》故事的发生地主要是山东的临清。这段议论可以表明,即使是在运河沿线,书铺经营者大多也是亲自去苏杭进货,而且也不一定是在某个集散性的批发市场中购得,很大可能是去苏、杭各地的书

---

① [清]顾炎武著,[清]黄汝成集释,栾保群等校点《日知录集释》,上海古籍出版社,2006年,第936页。
② [明]西周生撰,黄肃秋校注《醒世姻缘传》,上海古籍出版社,1981年,第478—479页。

坊挑选。由此可见，不论是明代中后期还是清代初期，也只有在"苏杭型城市"和新兴工商业市镇集中的江南地区，①才可能有分销商、批发商的存在。

编撰、刊刻分离是图书出版最高一级的分工。出版业毕竟是一种知识生产，知识的创造和知识的载籍、印刷、流布如果分离，会更加促使彼此的专门化，特别是造就出一类专门之人——知识创造者（"作者"），将会从根本上推动知识生产的进程。但是，中国古代商业出版的通俗书籍的"作者"只不过是一群冠以各种代号（笔名、托名）而无法考证真实姓名、生平经历的人，始终没有实现真正的"诞生"。②

明以前，坊刻图书虽然基本都是编（撰）、刻分离，但这种编、刻分离实为书坊主不亲自从事或主导撰作编写，即使是独立出版，仍以取材旧典、成稿为主。这种情况的出现，主要是因为当时印制的书籍绝大多数都是书坊主无法创作的精英文本作品。今存南宋临安荣六郎书籍铺刻《抱朴子内篇》卷二十后所刊广告"旧日东京大相国寺东荣六郎家，见寄居临安府中瓦南街东，开印经史书籍铺，今将京师旧本《抱朴子内篇》校正刊行，的无一字差讹，请四方收书好事君子，幸赐藻鉴"，③当时书坊均为此类刊刻精英文献的"经史书籍铺"。根据资料可以推断，其他如南宋建安余仁仲万卷堂及临安陈氏书籍铺、尹家书籍铺、建宁黄三八郎书铺等均为同样情况。因此这种编、刊分离并不是真正意义上的分工，而是当时商业出版尚未成熟的表现。

明中期以后，商业出版开始兴盛，但绝大多数坊刻是由书坊主主导编创、刊刻，或亲自上阵编纂图书，或雇佣写手进行创作，而这种写手并

---

① 关于江南"苏杭型城市"及新兴工商业市镇的情况，参阅李伯重《多视角看江南经济史（1250—1850）》，生活·读书·新知三联书店，2003年，第377—401页。

② 关于通俗书籍的"作者"问题，参阅拙撰《通俗文学的作者属性及其文学意义——以〈西游记〉与全真教、内丹道的关系为中心》，载南京大学文学院编《文学研究》，第2卷第2期，南京大学出版社，2016年。

③ 原书今藏辽宁图书馆。此据魏隐儒编著《中国古籍印刷史》，印刷工业出版社，1984年，第59页。

不出现在前台。这一方面与明代坊刻图书均为通俗文献直接相关,亦即书业商业化的直接后果;另一方面,也是商业出版早期编刊合一、分工不细的反映。欧洲印刷术兴起初期同样是这样一种状况,但到十七世纪就有所改观。中国则清初以后,通俗文献的编创、刊刻虽然有所分离,但大体仍旧,一直持续到十九世纪中叶。

二、明代的知识商品化及其性质

中国自古以来的书籍固然不少都是有价格的、可以出售的,可是很多时候书籍却并非真正意义上的商品。西方也是一样,尽管视知识为财富从而可以出售的观念一直存在,但与之对立的传统——"知识是上帝的馈赠,因而不可被出售"——同样很强大,这使得图书并不理所当然的就是纯粹的商品。①

印刷术特别是商业出版的兴盛使这一情况发生了重大改变。本来,写本时代书籍的复制也可能形成生意,所以当印刷使书籍出版本身能成为一种足以产生效益的产业的时候,立即就会使书籍成为商品。北宋就应该有坊刻,南宋的商业出版已经相当可观,很多书籍成为商品,西方十五世纪以来的情况则更甚。书籍成为商品,就意味着知识开始了商品化,印刷术不仅使书坊出版面向市场的书籍,而且也使书坊能够和精英分子相结合,在欧洲"它使企业家与知识传播之间的联系越来越紧密,这就是'启蒙运动的生意'。印刷工匠们经常被委托印制一些古典著作的新版本,还有部分翻译作品和参考书籍"②。在中国,宋以降文人作品集的印刷都存在一定的商品化。③ 至于明代,文人印书、文人自己从事图书销售或参与书坊商业出版的情况成为一种常态;而商人不仅出版通俗书籍,有的时候也资助或全资出版经典著作和学术著作。这已不是简单

---

① [英]彼得·伯克《知识社会史(上卷)——从古登堡到狄德罗》,第163—164页。

② [英]彼得·伯克《知识社会史(上卷)——从古登堡到狄德罗》,第177页。

③ 王水照《作品、产品与商品——古代文学作品商品化的一点考察》,载《文学遗产》,2007年第10期,第35—36页。

的"士商互动",艾尔曼将其解释为"文人与商人的社会策略与利益相结合的产物"①,似较近其实。总之,代表着知识的书籍成为商品,是印刷术所带来的显著进步之一。

然而就中国商业出版是否推动社会变革这一问题而论,明代中后期大量图书成为商品此一事实并无助于疑难的解决,因为印刷术特别是商业出版使知识商品化固然是一种进步,但这种进步本身并不一定能够促进深刻的社会变革,关键还要看这种进步的具体内容是什么,它是否完全有别于过去的内涵从而触发意义的改变。具体地说就是:什么样的图书成为商品? 什么样的知识正在被出售?

可以发现,传统四部图书仍是明代商业出版的重要部分,特别是在士人商业出版中占据较大比重。这个现象并不奇怪,在精英传统始终居于主导地位的社会环境中,再加上购书读书者至少必须是"有文之人",就注定了传统图书必然是主要的需求类型。尽管明人的编刊存在不少问题,使上古和中古的经典文本的流传受到了一定程度的损伤,但不仅没有造成断裂,相反还使得经典文献因为雕版印刷的发达得到了更多的刊行。如果说宋代就已出现"圣人之经仅出于鬻书之肆,刊印射利,乃与传记小说,巫医卜祝、下里淫邪之词并寿于廛闬。大抵捐数千钱,则巾箱五经可以立办"(张守《秦楚材易书序》②),那么明代出版的便捷使经典图书在商品化、便宜化、公众化方面达到了一个更高的水平。明代文人或儒商出版家真正发明了完善的丛书形式,使古典知识的商品化结果——图书得到了系统的印刷、销售和获取。只要翻一下《续、广百川学海》《汉魏丛书》《唐宋丛书》《津逮秘书》等丛书的目录就可以发现,过去从来也没有哪一个时代可以通过购买一部大型丛书就拥有经史以外的汉唐要籍和稀见图书的典藏。

明代经典图书的商业性出版意味着传统学问成为可以出售的商品,

---

① ［美］艾尔曼《中华帝国后期的科举制度》,见其著《经学·科举·文化史:艾尔曼自选集》,第148页。

② ［宋］张守撰,刘云军点校《毘陵集》卷十一,上海古籍出版社,2018年,第154页。

只是在更大程度上打破了少数精英分子对经典文献图书的垄断，并不表示古典学问突破了精英阶层的范围而成为庶民大众的思想资源，也不意味着经典开始成为启蒙的先导，更与欧洲文艺复兴时古典著作大量发现、出版的性质迥异。明代精英分子的思想取向当然发生了一定的变化，一方面怀疑、批判精神有所抬头，另一方面因标榜个性、独抒性灵而不免"束书不观，游谈无根"，古典学问的精深程度有所不足。但无论如何，晚明以降的思想风潮并没有形成彻底的革命。相反，晚明江南文人习气造成"娱乐""闲适""清赏""博物""养生"之书颇为繁盛，如《今献汇言》《百陵学山》《夷门广牍》《宝颜堂秘笈》《格致丛书》《快书》《广快书》等皆其渊薮，其中虽包括不少古典著作，但至少有一半是明人的撰述。清龚自珍尝论曰："有明中叶，嘉靖及万历之世，朝政不纲，而江左承平，斗米七钱。士大夫多暇日，以科名归养望者，风气渊雅。其故家巨族谱系多闻人，或剖一书，或刻一帖，其小小异同，小小源流，动成掌故，使倥偬拮据、朝野骚然之世，闻其逸事而慕之，揽其片楮而芳香恻悱。俗士耳食，徒见明中叶气运不振，以为衰世无足留意，其实尔时优伶之见闻，商贾之气习，有后世士大夫所必不能攀跻者。不贤识其小者，明史氏之旁支也夫，为此辨者，其江左之俊辨也夫。吁！"（《江左小辨叙》，《定庵全集》续集卷三）①龚氏并不像大多数清儒那样对此完全否定，所论颇有见地。但有一点仍然是无法否认的，此类书籍既不属于关于传统经史等古典学问的精深研究，也没有多少新知识的含量，不过在意趣上独具特色而已。

科举书则是商业出版中绝对的大宗。② 印刷术之始就有科举图书的出版，学者们常引的较早例证有宋人何薳《春渚纪闻》"李偕省试梦应"条："（李偕）试罢，梦访其同舍陈元仲，既相揖，而陈手执一黄背书，若书

---

① ［清］龚自珍撰，王佩诤校《龚自珍全集》，上海古籍出版社，1999年，第200页。

② 严格来说，书坊翻刻、出版的历书、通书因为每年一本，绝对数量可能最多。但历书印刷品类似于年画，接近于日常用品，并不属于具有内容的图书。民间具注通书（黄历）虽然包含居家日用常识等内容，可是这些内容十分固定，极少更新。参阅下一节"个案研究"中的相关论述。

肆所市时文者,顾视不辍,略不与客言。"①这应该是北宋的情况。北宋"时文"书籍就已成为商品,可证科举书籍应乎需要之切由来已久。至南宋时,各类举业图书的刊刻已极其兴盛。明代则寖至顶峰,明人所谓"比岁以来,书坊非举业不刊,市肆非举业不售,士子非举业不览"(李濂《纸说》,《嵩渚文集》卷四十三)②、"非程文类书,则士不读而市不鬻"(徐官《古今印史》"古今书刻"条)③,皆非夸张之语。其中时文(明代时文,顾炎武引杨彝归纳为"程墨""房稿""行卷""社稿"④)的选编为重中之重,前文所举《儒林外史》的描写已经非常形象地说明了这一点。晚明李贽尝自称"取时文尖新可爱玩者,日诵数篇,临场得五百"(《焚书》卷三《卓吾论略滇中作》),最后烂熟于胸者就有五百篇之多,其选择基础必然数倍于此,由此可见此类书籍的需求数量确实极为庞大。

坊刊科举图书实际上并不限于时文选编,经典学习指导等"素质教育"类书籍如诸经解释、经史纲要、古文选萃、常识读物等都应包括在内。这些书籍都是为士子学习服务的,而士子学习的唯一目的就是科举考试,所以归之于科举图书并称之为"学习类图书",更能够准确概括此类图书的实质。沈俊平认为明代坊刻科举用书可分"四书"、诸经解说、古文、时文选本、纲鉴、历朝捷录、类书,十分合理。又据沈氏统计,明代坊刻上述类别的科举用书今可考知约有 500 馀种,⑤其中"四书"类最多约 150 馀种,《诗》《易》《书》《礼记》《春秋》解说次之,古文选本和各种类书再次之。虽然当时所刊"程墨""房稿"等数量、种类已不可考,但学习指

---

① [宋]何薳撰,张明华点校《春渚纪闻》,中华书局,1983 年,第 6 页。

② [明]李濂《嵩渚文集》,明嘉靖刻本。

③ [明]徐官《古今印史》,《宝颜堂秘笈》本。

④ 顾炎武《日知录》卷十六"十八房"条:"杨子常曰:'十八房之刻,自万历壬辰《钩玄录》始。旁有批点,自王房仲选程墨始。至乙卯以后,而坊刻有四种:曰程墨,则三场主司及士子之文;曰房稿,则十八房进士之作;曰行卷,则举人之作;曰社稿,则诸生会课之作。"([清]顾炎武撰,[清]黄汝成集释,栾保群、吕宗力点校《日知录集释》,第 936 页)

⑤ 沈俊平《举业津梁:明中叶以后坊刻制举用书的生产与流通》附录一至附录十二,台湾学生书局,2009 年,第 359—451 页。

导类图书所占整体科举图书之比重绝不会低。

图 14　历史常识辅导书《历朝捷录史鉴提衡》自序及目录

在商业出版兴盛的明代中后期,商品化的素质教材之书类型繁多,涉及面颇广,但在清人看来,则基本没有优点。明代素质教材"四书讲章"最多,[①]《四库全书总目》"四书"类存目案语评曰:"古书存佚,大抵有数可稽。惟坊刻四书讲章,则旋生旋灭,有若浮沤;旋灭旋生,又几如扫叶,虽隶首不能算其数。盖讲章之作,沽名者十不及一,射利者十恒逾九。一变其面貌,则必一获其赢馀;一改其姓名,则必一趋其新异。故事同幻化,百出不穷。取其书而观之,实不过陈因旧本,增损数条,即别标一书目、别题一撰人而已。如斯之类,其存不足取,其亡不足惜,其剽窃重复不足考辨,其庸陋鄙俚亦不足纠弹。"[②]评论堪称一针见血。服务于一般士子常识、典故学习查阅的"类书"在明代也颇为发达,不过质量不高,而且因出发点在于便捷,反会造成不良后果。《四库全书总目》评曰:"此体一兴,而操觚者易于检寻,注书者利于剽窃,转辗裨贩,实学颇荒"(《四库全书总目》"类书类"小序)[③],这个意见应该说总体上也是成立的。很明显,这些服务于古典学问速成和科举应试基础的资料汇编,与

①　参阅沈俊平《举业津梁:明中叶以后坊刻制举用书的生产与流通》附录二《明人编撰制举用书·四书类》,第366—390页。

②　[清]永瑢等《四库全书总目》,中华书局,1965年,第320页。

③　[清]永瑢等《四库全书总目》,第1141页。

古今提供帝王御览的大型类书一样,并非西方的那种"可以引导读者穿过日益增长的知识森林"的百科全书,^①它们所发挥的作用当然也不可同日而语。这个问题比较重要,我们将在下文另立一节,通过对明代"日用类书"以及"知识工具书"的个案研究,再作详细的论证。

接下来我们考察一下科技书籍的情况。在中西比较的视野下,近代科学的成立成为一个绕不过去的焦点。爱森斯坦的一个鲜明的观点是,科学是公共知识而不是私密知识:科学家不仅要掌握技术文献,而且需要将自己的发现和前人已有的成就联系起来,用可以验证的方式加以表述并以文献将其承载下来,以便于别人通过阅读接受或拒绝。印刷术的发展使知识的公共化成为可能,因而没有印刷术就没有欧洲的近代科学。^② 无论这个观点是不是有些绝对,有一点可以肯定:科技知识如果成为商品,必然会加速科技知识的公共化水平,从而进一步促进科技发展。

明代也有一些重要的科技创造,其成果同时也出版成书,最为著名的有二:一是被当代人公认为中国古代科技史上的重要著作之一的《天工开物》,二是被公推为本草学集大成者的《本草纲目》。二书的出版情况有较大的差异:《天工开物》这一部杰出的科技著作问世以后并没有得到重视,最初的刻本是作者宋应星友人涂绍煃出资刊成的。目前所知的最早的坊刻本"书林杨素卿"本,应是入清以后的刻本。^③ 而且"书林杨素卿"本之后,1927 年陶湘据日本明和八年(1771)营生堂刊本石印之前,域内并无其他刊本问世。尽管书商杨素卿进行了尝试,但商业效果显然是非常失败的,自此,其近三百年湮没无闻的命运就已经注定。^④《本草纲目》定稿以后谋付剞劂的历程极为艰辛,但最终还是被当时的出版中心南京的书商胡承龙看中并出版(可以肯定,这位胡承龙是徽籍书坊胡氏家族中的一员)。此后《本草纲目》不仅在南京一地屡经刷印(刷

① [英]彼得·伯克《知识社会史(上卷)——从古登堡到狄德罗》,第 116 页。

② [美]伊丽莎白·爱森斯坦《作为变革动因的印刷机——早期近代欧洲的传播与文化变革》,第 298 页。

③ 潘吉星《〈天工开物〉版本考》,载《自然科学史研究》,第 1 卷第 1 期,1982 年,第 40—50 页。

④ 参阅肖克之《〈天工开物〉版本说》,载《古今农业》,2001 年第 2 期,第 82、83 页。

印者均另制封面扉页以标其坊号),明末又先后被官、私刻重版。清初翻版者已多,"业医者无不家有一编"(《四库全书总目》"本草纲目"提要)。① 明清合计版本有七十馀种。② 显然,医书较之专门的工艺学专著更能得到商业出版的青睐。

南宋时医书是政府出版的重要组成部分。③ 出版史研究者常引的这方面的材料主要是以下几条:一是《续资治通鉴长编》嘉祐二年八月庚戌、己酉条所载韩琦上言"朝廷近颁方书诸道以救民疾,而贫下之家力或不能及。请自今诸道节镇及并、益、庆、渭四州,岁赐钱二十万,徐州军监十万,委长吏选官合药,以时给散""医书如《灵枢》《太素》《甲乙经》《广济》《千金》《外台秘要》之类,本多讹舛;《神农本草》,虽开宝中尝命官校定,然其编载尚有所遗。请择知医书儒臣与太医参定颁行",及仁宗下诏在编修院设置校正医书局事;④二是陈振孙《直斋书录解题》卷十三"外台秘要方四十卷"提要中的一段总结:"大凡医书之行于世,皆仁庙朝所校定也。按《会要》:嘉祐二年,置校正医书局于编修院,以直集贤院掌禹锡、林亿校理,张洞校勘,苏颂等并为校正。后又命孙奇、高保衡、孙兆同校正。每一书毕,即奏上,亿等皆为之序,下国子监板行。并补注《本草》,修《图经》,《千金翼方》《金匮要略》《伤寒论》,悉从摹印。天下皆知学古方书。呜呼!圣朝仁民之意溥矣。"⑤另外则是两条宋刊本所附牒文所云:叶德辉《书林清话》卷二录宋本《脉经》附载国子监牒文"今有《千金翼方》《金匮要略方》《王氏脉经》《补注本草》《图经本草》等五件医书,日用而不可阙。本监虽见印卖,皆是大字,医人往往无钱请买,兼外州军

---

① [清]永瑢等《四库全书总目》,第 875 页。

② 何广益、张诗晗、李良松《〈本草纲目〉明清版本述要》,载《天津中医药》,第 34 卷第 7 期,2017 年 7 月,第 461—463 页。

③ 详可见张秀民《中国印刷史》,第 105—109 页;田建平《宋代出版史》,人民出版社,2017 年,第 240—245 页。

④ [宋]李焘撰,上海师范大学古籍整理研究所、华东师范大学古籍整理研究所点校《续资治通鉴长编》,第 4487 页。

⑤ [宋]陈振孙撰,徐小蛮、顾美华点校《直斋书录解题》,上海古籍出版社,1987 年,第 387 页。

尤不可得。欲乞开作小字,重行校对出卖,及降外州军施行。本部看详,欲依国子监申请事理施行,伏候指挥。六月二十三日奉圣旨,依奉敕如右,牒到奉行"①、《藏园群书经眼录》卷七"仲景全书四种"提要录国子监牒文"下项医书册数重大,纸墨价高,民间难以买置。八月一日奉圣旨:令国子监别作小字雕印。内有浙路小字本者,令所属官司校对,别无差错,即摹印雕版,并候了日广行印造,只收官纸工墨本价,许民间请买,仍送诸路出卖。奉敕如右,牒到奉行"②。统观以上记载,可以很清楚地看出,宋代刊印医书并不局限在文化或教育范围之内,实已成为某种政治和民生措施,其性质一如元代刊印《农桑辑要》等农书。

南宋坊刻医书应该也比较多,③元、明、清商业出版一以贯之,医籍一直是重要类型之一。但在商业出版所必然存在的局限性的限制下,它们都明显呈现出辗转承袭、知识陈旧、内容固定、编纂粗疏、不便流布等重大缺陷。李时珍之所以编纂《本草纲目》,很大程度上出于对前有商业书坊所编医书质量的不满。《本草纲目》在一开始并没有书商愿意出版,也是因为这样一部收入药物一千八百馀种,附方一万一千馀首,插图一千馀幅共五十二卷的著作,实际上并不符合商业书坊的出版策略。宋以后对医学经典和新撰医书的高质量出版,主要是私人完成的。特别是清代,对医学经典的校雠训诂成为朴学的重要内容。

艾尔曼认为,宋朝政府一直牢固控制着医学著作的出版,宋金元交替的不稳定时代毁掉了大多数文人的生涯,迫使他们不得不选择从医,于是在元朝医学传统也像文学、艺术一样处于政府的直接控制之外,获得了极大的自主性;正是这一原因造成了私人出版医书的兴盛,并在财

---

① 叶德辉撰,漆永祥点校《书林清话(外二种)》,第 56 页。

② 傅增湘《藏园群书经眼录》,中华书局,2009 年,第 503 页。此据田建平《宋代出版史》,第 244 页。

③ 现存元代建本医书有一定数量,而这些书籍多依旧本修订重版,可以推知南宋时建阳坊刻医书数量亦不会太少。参阅[美]贾晋珠《谋利而印:11 至 17 世纪福建建阳的商业出版者》,邱葵等译,福建人民出版社,2019 年,第 133—135 页。

力充足的江南和华南尤为明显。① 这个观点可能过于绝对。宋朝政府的"牢固控制"还是因为印刷初起的时代，政府拥有极大的权力，所以能大量印刷各种"有裨于世"的书籍。明、清时代中央和地方政府均有刻医方事，明李时珍《本草纲目》江西本及明末清初的几种翻刻本，都是地方官员组织刊印的，实亦属于官刻。这些都表明因为医书特别是医方对于民生的重要性，使得政府比较重视，往往投入较多的力量进行刊印。

在新思想、新知识商品化的意义上，明代入华耶稣会传教士译著的出版毫无疑问是最显著的一端，其意义要大大超过《本草纲目》《天工开物》的编刊。教义类书籍在传教地区几乎都有印行，而私人和商业书坊都有参与。②《宝颜堂秘笈》《广百川学海》收有利玛窦的《友论》，显然对这本书进一步发生影响起到了重要作用。在金尼阁、利玛窦携来的十七世纪最初十年欧洲出版的科学书籍方面，除了由徐光启等组织翻译献给朝廷外，很多士人也积极进行出版工作，李之藻编译出版包括《几何原本》译本在内的《天学初函》丛书，贡献尤巨；而冯应京将《坤舆万国全图》的简化仿本《山海舆地全图》和利玛窦的文字说明刻入《月令广义》，虽比不上李之藻刻本的精美，但在流布的意义上应倍过之。可惜的是，金尼阁、利玛窦带来的数千册图书在明清之际只是翻译、刊刻了很少一部分，且私刻、坊刻不久以后就基本停止了对耶稣会士译著的出版，此一推广新知识的民间出版事业终于不过是昙花一现。

明代中期以降商业刻书中最重要的新兴事件是通俗文学和宗教读物的出版。虽然无法得到精确的统计，这两类书仍可以确定为印刷数量第二多的图书类型（仅次于科举用书）。通俗文学的大规模印刷出版，无论在中西方都是一件划时代的大事。所谓"通俗文学"是指反映生活内容、具有广泛影响、主要应乎阅读需要而产生的叙事文学，它不仅具有内

---

① ［美］艾尔曼《科学在中国（1550—1900）》，原祖杰等译，中国人民大学出版社，2016年，第291—292页。

② 详见宋巧燕《明清之际耶稣会士译著文献的刊刻与流传》，载《世界宗教研究》，2011年第6期，第95—103页。

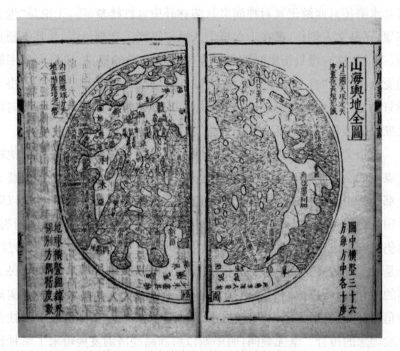

图15　《月令广义》中的《山海舆地全图》

容世俗、受众广泛的特征，而且所形成的"书本"更具有商品的特性。所以通俗文学只有在社会、经济、文化发展到一定水平，印刷术产生并且商业出版发达的时代，才能出现兴盛的局面。就中国而言，今已知可以明确刊印时间的小说实物书籍是明正德时期（1506—1521）建阳刊刻的公案小说《包待制》（残叶）①，中国通俗文学从十六世纪才真正开始它的黄金时代，正与商业出版完全同步。

通俗文学包括小说、说唱文本如宝卷、道情、弹词等民间戏剧演出脚本，甚至包括具有一定文学性的宗教通俗文本如故事型经文、仙佛传记、善书等。其中，通俗小说是主体。中国历史上最杰出的小说如《三国演

---

①　李开升《正德刻本公案小说〈包待制〉残叶考》，载《文献》，2018 年第 5 期，第 131—140 页。其他可能为嘉靖前刊本者如上海图书馆藏《三国演义》《水浒传》残叶，均不能完全确定其刊印年代。

义》《水浒传》《西游记》《封神演义》《儒林外史》《红楼梦》等，无论是"世代积累"还是文人创作，都在十六至十八世纪得到了刊刻出版，并且不断再版。不过，这一漫长历史时期的识字率并没有质的提高，通俗文学书籍的受众仍然是"有文之人"，绝大多数的民众无法阅读印刷文本。通俗文学只是因为被中间阶层改编、融入说唱和戏剧表演之中，才实现了向广大庶民的传化，达成其巨大的"普化"功能。①

通俗文学的创作主体主要是受商业书坊主导的雇佣文人和其他赖之谋生的文人，他们是居于精英与庶民之间的、在文化和社会两个意义上都处于中间地位的阶层，并非某种意义上的新兴阶级。十六世纪以降中国社会尽管有较大的发展，且并没有因为明清易代发生严重的断裂，但仍然不足以产生如城市市民这样的新兴阶级。"文化/社会中间阶层"既是社会一般文化的整理者和传播者，又是上层精英分子和一般庶民之间的中介人，所以他们的通俗文学创作既在大、小传统之间扮演了沟通的角色，同时又形成了一种建构，即通过沟通和交流融汇、达成了对社会一般理念的抟合。毫无疑问，明中期以后商品经济的发展带来了某种价值观念上的变化，出现了一个经过建构、整合的新的伦理道德体系，通俗文学和包括各种善书、宝卷、功过格、仙佛传记在内的宗教读物都参与了此一建构和整合。但此一伦理道德体系并没有在本质上发生改变，而实际上是因为大、小传统得到了更深广、更彻底的融合，从而在表面看上去与过去的经典教条有所不同而已。通俗文学书籍成为商品，实现了对整体中国社会的普化，并未促成思想革命，相反则是使古典共同体得到了某种意义上的进一步巩固。就中国而言，本尼迪克特·安德森所指出的催生"民族国家想象"的通俗小说，至少是十九世纪末"印刷资本主义"产生以后的事情。

彼得·伯克认为，十六至十八世纪的中国和欧洲一样都存在着知识

---

① 参阅拙撰《明清"乡村祭祀剧"与通俗文学的传化及宗教生活的展开》，载《中国文学研究》，2019 年第 3 期，第 25—31 页。

的"商品化"的趋势,但这一过程在中国表现得不太明显。① 这个结论虽然正确,可还不够全面。应该这样说:在古典知识的商品化方面,明代的程度较其前后时代都是较高的,以至于普遍热衷于刊刻,过度地追求数量、形式和出版速度,被后世贴上"明人好刻书,而最不知刻书""所谓刻一书而书亡者,明人固不得辞其咎"(叶德辉《书林清话》卷七"明人不知刻书"条、"明时书帕本之谬"条)②的标签。在科举应试知识的商品化方面,明代也较宋、元有较大的发展。明末西学的传入及推广,商业刻书也有一定的贡献。通俗文学书籍则高度商品化远迈以往,但它与社会的识字率并不配套,仍需要作为中介的中间阶层的传化。所以中国不仅知识商品化程度较弱,而且只有部分知识系统出现了商品化。显而易见,如果只是古典知识和科举应试知识的商品化达到了一定的程度,并由此达成了更高水平的公共化,是无法推动社会出现变革的。

三、个案研究:明代"日用类书"的性质、内涵与社会功能

自南宋开始历经元到明,特别是明代中后期出现了一批以坊刻为主,带有极强商业性目的,旨在服务于"天下四民"的类编型书籍。最早有日本学者仁井田升等称之为"日用百科全书",此后日本学者酒井忠夫对此展开深入研究,将其中一部分定性为"日用类书"③,并编入《中国日用类书集成》。此一概念现已被绝大多数学者所接受。"日用"之名,本产生于当时出版者的标榜,如其题名"居家必用""万用正宗""万宝全书""四民便观"等,以服务于出版目的。《四库全书总目》称《居家必用事类

---

① [英]彼得·伯克《知识社会史(上卷)——从古登堡到狄德罗》,第195—196页。

② 叶德辉《书林清话(外二种)》,第229页、第228页。

③ 酒井忠夫早在1958年即发表有《明代の日用類書と庶民教育》一文。2011年去世后,又有遗著《中國日用類書史の研究》出版。以上据吴惠芳《〈中国日用类书集成〉及其史料价值》(载《近代中国史研究通讯》,第30期,第109—118页)及《酒井忠夫〈中國日用類書史の研究〉书评》(载《"中央研究院"近代史研究所集刊》,第74期,2011年12月,第187—191页)。

全集》等所载为"居家日用事宜"①，当即由此而来。因此酒井忠夫"日用类书"概念的提出，从某种意义上讲大致是可以成立的。

但"日用类书"的概念及其界域在近年的中国学术界出现了某种"泛滥"的倾向。酒井忠夫原将明代商业性类编书籍分为总括型、举业型、启札翰墨型、故事型、幼学型和居家日用型、山人隐士编纂型、商业日用型数类，②严格意义上的"日用类书"只是其中之一，因此所编《中国日用类书集成》收书较为严格，仅以明代万历期间具有代表性的《新锲全补天下四民利用便观五车拔锦》《新刻天下四民便览三台万用正宗》《新刻全补士民备览便用文林汇锦万书渊海》《新刻搜罗五车合并万宝全书》《鼎锲崇文阁汇纂士民万用正宗不求人》《新板全补天下便用文林妙锦万宝全书》六种（每种精选一种版本）入选，基本符合其定义。而最近中国出版的《明代通俗日用类书集刊》收书则达 44 种，③在"力求完备"的出意下，将《事文类聚翰墨全书》《对类》《国色天香》《事类捷录》《故事黄眉白眉》《燕居笔记》等尽数囊括。尽管理解容有差异，但就"日用"这一概念而言，后者的做法显然有些过当。

明代出现的这些商业性类编书籍的情况较为复杂。如酒井忠夫所总结的，除了其标榜的综合服务于居家日用者外，尚有专门应对于科举、书牍文案、文学阅读、娱乐以及旅行、经商、诉讼的出版物。虽然总体上都有所谓"日用"的特色，而且相互之间多有交叉重叠，但毕竟存在重要的不同。如《事文类聚翰墨全书》，尽管内容庞杂，但主要仍是文翰写作的范文、活套汇编；而《国色天香》《万锦情林》《燕居笔记》等，"诸体小说之外，间以书翰、诗话、琐记、笑林，用意在雅俗共赏"④，则属于以通俗内容为主，是供一般文士闲览的"杂纂"。就后者而言，郑振铎指出："他们

① ［清］永瑢等《四库全书总目》，第 113 页。

② ［日］酒井忠夫《中國日用類書史の研究》，東京国書刊行会，2011 年。

③ 中国社会科学院历史研究所文化室编《明代通俗日用类书集刊》，西南师范大学出版社、东方出版社，2011 年。

④ 孙楷第《日本东京所见小说书目》，见《中国通俗小说书目（外二种）》，中华书局，2012年，第 306 页。

不是《居家必备》一类的家庭实用百科全书,也不是《诸书法海》(即后来的"传家宝"的祖先)、《事文类聚》《翰墨大全》一类的平民实用的'万事须知'、'日用百科全书'。他们是超出于应用的目的之外的。他们乃是纯文学的产物,一点也不具备实际上应用的需要的。他们的编纂,完全是为了要适应一般民众的文学上与心灵上的需求与慰安,决不带有任何实际应用的目的。"①这个结论十分精到。显然,"日用"的定义并不是可以随意安置的。

更重要的是,我们知道,当代社会文化史研究的兴盛,正建立在对民间流行的印刷书籍的重视之上,一大批社会文化史学家以此为对象或材料,探讨他们感兴趣的主题。在这些研究者看来,这些流行的书籍详实地反映了庶民社会的生活实际。然而,此一前提却不无疑问。当代文化史和书籍史学者罗伯特·达恩顿以法国文化史研究者所重视的十八世纪"黄历书"为例部分否定了这一逻辑。达恩顿认为:"(黄历书)体现的价值骨子里跟法国王后的化妆舞会是一脉相承的。黄历书所代表的是上流社会文化向民间的普及,而不是真正的大众文化。它们是别人针对大众而写的,却不是大众自己写的。它们甚至不是原创,而是从既成的精英文学作品中扒下来的,有时候就是印刷坊的工人从现成作品中顺手牵羊。"②这一结论既来自具体的考察,更来自他对一种先验观点的证误,即出版商和书贩子根据市场需要印刷、存货、销售的书籍,并不一定就是植根于当地大众文化的东西:

> 跟知识精英们不一样,村民们的文学消费是被动的,他们买什么书没个准儿,兴之所至,逮着什么就是什么,图的是大伙儿聚在一起时能有本书念。再不然就是为了自个儿看着玩。……对那些斗大的字识不了一箩筐的村民们来说,书籍有一种奇妙的力量,他们对文字充满神奇之感和敬畏之心。这种心理过程跟上流社会那种

---

① 郑振铎《西谛书话》,生活·读书·新知三联书店,1983年,第147页。

② [美]罗伯特·达恩顿《拉莫莱特之吻:有关文化史的思考》,第215页。

"奇文共欣赏，疑义相与析"式的阅读是大相径庭的。①

这个典型例证在中国古代社会存在直接的对应。在中国，"黄历"自古就流行于民间，较早是"择日"型的"日书"，后来则是各种"小历""黄历"之类的历注（某种意义上的小型百科全书）。从"日书"开始，就体现出程序化、类型化、承袭化的特色，②内容既往往承自于精英知识，同时又千篇一律甚至数代不变。其本身或许是民间社会的需求性产物，但是其内容并不是社会生活的镜像反映。

达恩顿的观点可能有失于周全之处，但他提出的问题十分重要。就"日用类书"而言，随着当代研究对这些书籍认识的逐渐深入，可以发现，即使就学者们共同承认的较完备的典型——如《三台万用正宗》③——而言，其"通俗""日用"的内涵确实存在着较大的不明确性。我们固然不能否定它们所具有的通俗性和日用性，但这种"通俗"和"日用"达到什么样的程度，与庶民生活的相关度究竟如何，具体内容的时效性怎样，最关键的是：是否像研究者所归纳的那样，④这些所谓的"日用类书"或"日用百科全书"是当时民间庶民社会生活的完全的镜像反映，是否能够反映社会生活，反映到何种程度，这种反映程度体现了什么样的意义等，必须予以深入的探讨，因为这是以"日用类书"为对象或材料探讨社会生活、研究其社会文化意义的逻辑前提。事实上，明代日用类书的研究从一开始就与这一定性息息相关，从而以其为当时诸如法律事务、商业活动、教育状况以及其他社会生活的材料渊薮和重要反映。显然，倘若我们不能

① [美]罗伯特·达恩顿《拉莫莱特之吻：有关文化史的思考》，第216页。
② 参阅李零《中国方术考》，东方出版社，2000年，第216页。
③ 《新刻天下四民便览三台万用正宗》四十三卷，题余象斗纂，明万历二十七年书林双峰堂刊本，东京大学东洋文化研究所藏本。
④ 酒井忠夫、艾尔曼对日用类书的普及知识、跨越社会阶层、读者和接受的广度、深度等有过高的估计。见[日]酒井忠夫《中國日用類書史の研究》、[美]本杰明·艾尔曼《收集与分类：明代汇编与类书》(载《学术月刊》，2009年第5期，第126—138页)。本土学者大都同意他们的看法。

证明这一前提，所有的结论便无法成立。

近来已有学者意识到，认定日用类书内容记载为晚明生活全盘映照的观点是有待商榷的，日用类书"涵盖当时日常生活所有的元素"并非不证自明的事实。[①] 但此一卓识尚非当下学术界的主流。就迄今为止的研究来看，一方面，"日用类书"本身的历史性描述和意义阐述已经相当详尽，而相关前提并未能得到认真的讨论，仍存在着相当程度的先验色彩和循环论证。另一方面，由于社会生活的复杂多样性，各种材料反映相关社会活动的程度、方式也是有相当差异的；从中探讨某一类社会生活的认识原则，并不一定适合于研究其他方面。而社会史文化史研究者，仍未对作为基本史料之一的各种"通俗书籍"的内涵属性予以足够的分析。

（一）对明代通俗日用类书接受状况和内容"日用性"的分析

关于明代通俗日用类书的编刊及特性，以往的研究已经确立了几个基本事实：第一是其编辑出版的商业化本质，即出版者多为商业性书坊，目的以追逐利润为主，编辑灵活，内容庞杂，印制粗糙但形式多样，并辅以多种营销手段。第二是此类书籍主要集中在福建建阳书坊，现存十种左右形成了某种意义上的出版物"丛体"，[②]彼此之间有密切的影响、取材、模仿或翻刻、改换关系。编者多为不知名的下层文人或书坊主本人，所题艾南英、陈继儒、张溥等皆为伪托。[③] 第三是以日用类书为主的"民间日常实用之书"，与科举应试书、医药书、通俗文学书形成明代坊刻图书的四个主要类型。[④] 这些事实可以证明，作为典型的商业化出版物之

---

① 王正华《生活、知识与文化商品——晚明福建版"日用类书"与其书画门》，见胡晓真、王鸿泰主编《日常生活的论述与实践》，台湾允晨文化实业股份有限公司，2011 年，第 286 页。

② 吴惠芳称之为"万宝全书"群体，详见《万宝全书：明清时期的民间生活实录》，台北花木兰文化出版社，2005 年。

③ 王正华《生活、知识与文化商品——晚明福建版"日用类书"与其书画门》，见胡晓真、王鸿泰主编《日常生活的论述与实践》，第 294 页。

④ 详见张秀民《中国印刷史》（浙江古籍出版社，2006 年）对金陵书坊和谢水顺、李珽《福建古代刻书》（福建人民出版社，1997 年）对建阳书坊的具体分析。

一，日用类书的出版不仅具备追逐利润的主观目的，而且确实有个别在一定程度上形成了某种意义上的接受。

不过，日用类书应乎需要而生并得到了某种接受，和"日用类书与庶民社会生活关系紧密"的结论并无直接的因果关系。因为"需要"和"接受"必须明确是何种需要以及何种群体的接受，如果不是整体民间社会的普遍需要和广泛接受，则相关事实必然存在着特定的内涵。更重要的是，日用类书与庶民社会生活的关系是由其具体内容决定的，而这种具体内容不能根据书坊主的主观意志而简单定性。总而言之，明代通俗日用类书相关历史事实的真实内涵，仍然需要进一步的分析。

首先看出版层面上的接受情况。通俗日用类书的出版者特别是建阳书坊，无不刻意标榜其服务于"天下四民"的出版宗旨，这当然是由其商业化出版的本质所决定的，因为商业化的根本目的是获取商业利润，商品销售的对象必然需要尽可能地达到最大化。有研究者认为，书名是否存在对"天下四民""士民通用"的强调，是区别其是否属于通俗日用类书的标准之一。① 但问题在于，主观目的是一回事，实际效果又是另一回事，日用类书等出版物是否能像书坊主所期望的那样实现对象的最大化并获得利润，是由市场决定而不是由其主观意志决定的。

真实情况是，"日用类书"显然不可能达成服务于"天下四民"的效果，因为它毕竟是一种书写文本，阅读和接受首先需要具备"识字"能力这样一个先决条件。关于明代以降的所谓"近世"或"晚期中华帝国"的识字率问题，海外书籍史研究者已经进行了一些探讨，有一些研究甚至力图证明通俗书籍的出版与识字率的提高存在互动关系。但总体而言，此类研究很难得到确切的答案。实际上，识字率与教育有关，而不是由印刷发达直接促进，明代社会、经济的发展并没有在根本上促成全民教育的革命性改变（详见下一节论述）。

在此方面，书信——这种随着社会发展而越来越重要的人际交往活动——的状况非常能够说明问题。缘于识字率的低下、方言歧异、古代

① 吴惠芳《万宝全书：明清时期的民间生活实录》，第15页。

书面语的艰难等诸多因素,直到二十世纪中期,中国相当一批城镇乡村的普通民众,仍然需要代笔写信。由此可以想见古代的情形。目前可见最早的民间书信范本是敦煌卷子中的"书仪",明代坊刻图书中则有很多专门的书信指导和书翰型类书,较为专门的日用类书中也有大量的相关内容。很显然,这些书信范本或写作指导并不是提供给通信者,而是针对代笔者,因为即使是简明的范本和"活套",也不能使粗通文墨者马上就能熟练掌握书信表达,更遑论目不识丁的一般庶民。

古代社会的代笔者大多都是类似于算卦相命、游方郎中的专门职业者,以为人代笔谋生。当然,地方乡绅、塾师、讼师、僧道乃至一些下第文人也经常为人写信,但他们并不以此为专门职业,同时本身文化水平较高,并不赖于机械的活套。① 相反,类似于《三台万用正宗》"文翰门"等,和术师所依赖的工具书一样,成为专业代笔者必不可少的"秘籍"。

在识字率没有根本提升的情况下,整体通俗书籍的直接受众是非常有限的。科举用书自不必论,它的读者只能是参加考试的举子;医药书大多专业性较强,其受众范围更为狭小。通俗文学作品也同样如此,即使不是文人化的案头作品,其书写的本质也使接受者首先必须识文断字。② 白话作品也无法达至普通民众的层面,因为它们仍然是文字书写,其受众至少必须是粗通文墨的人,而"粗通文墨"大多数情况下又是针对传统书面语而言的。所以,白话文本并不比文言书籍更加普及。③

从纯粹的商品销售角度看,日用类书想要达到普遍畅销的程度也是不可能的。日用类书的篇帙均不小,据吴惠芳统计,明代万历、崇祯年间各种"万宝全书"的版本,以三十卷及其以上者为多,最多者为《万书萃宝》及《三台万用正宗》,均高达四十三卷;最少者是《万锦全书》,只有十

---

① 文人书信则有另外的标准,并形成一种文体——尺牍,具有独特的文体内涵。因此也产生了一些写作指导,如清代较为流行的《秋水轩尺牍》等。

② 参阅 David Johnson, "Chinese Popular Literature and Its Contexts," *Chinese Literature*: *Essays*, *Articles*, *Reviews*(*CLEAR*), Vol. 3, No. 2 (Jul. 1981)。

③ 参阅 Cynthia J. Brokaw, "On the History of the Books in China," in Cynthia J. Brokaw and Kai-wing Chow eds. , *Printing and Book Culture in Late Imperial China*, pp. 11 - 14。

卷。"整体看来，此种综合性民间日用类书的卷数有由多而少的趋势，其发展可分三阶段，即明代后期以三十多卷，乃至四十多卷版本为主，至清代前期以三十卷版本为主，而清代后期则以二十卷版本为主。"①很难想象，如此卷帙的大书会被广泛购置。关于日用类书的价格，因为记载阙失，我们没有足够的材料展开论述。目前仅有三部书可知当时标价，从万历四十二年序刊本和崇祯九年刊本《万宝全书》的银一两到崇祯元年刊《万宝全书》的银一钱，相差十倍。酒井忠夫对其真实性表示怀疑。②吴惠芳则认为此属定价而非实际售价，因为当时坊刻图书大多不明码标价而是随行就市；同时，因为日用类书时效性不强，即使是将近当时一个工人一年或半年薪资的银一两售价，也是有可能的。③ 当然还有另一种可能，比如像《居家必用事类》等是分集刊刻累积而成，而建阳坊刻日用类书中又存在拼装凑合之事，④所以"银一两"可能是全套书籍，而"银一钱"则是其中一集或一部分的价格。无论哪一种情形，价格决定了日用类书的去向也只能是一个特定的层面，其范围当比科举用书、通俗文学的接受面要小很多，较启蒙读物乃至医药书也有较大不及。

　　各种分析的结论都指向一个事实，即商业化书籍的对象并不是社会大众，而是一个特定的阶层，即一种较为宽泛的"乡绅"群体。如果说"日用类书"确实"畅销"，也只是在这个群体中实现的。"乡绅"阶层构成较为复杂，如退休官员、大量的高等考试的落第士子、宦游归来的幕僚等皆可涵括在内，他们既与在任官员和具有功名的士人有一定的区别，同时彼此之间参与社会一般活动的程度也有不同。但他们仍然属于"士"的范畴，是

① 吴惠芳《万宝全书：明清时期的民间生活实录》，第41—42页。
② ［日］酒井忠夫《明代の日用類書と庶民教育》。此据吴惠芳《万宝全书：明清时期的民间生活实录》转引，第45页。
③ 吴惠芳《万宝全书：明清时期的民间生活实录》，第45页。
④ 陈正宏考察认为，明代建阳所刊诸日用类书中，版式不一且各卷版心所题书名不同者，可能是出于书坊主的拼装。详见《〈万宝全书〉杂考——兼与吴惠芳女士商榷》，见北京大学中国古文献研究中心、淡江大学中国文学系、复旦大学中国古代文学研究中心编《海峡两岸古典文献学学术研讨会论文集》，上海古籍出版社，2002年，第258—263页。

排除在以大多数农工负贩和富户殷商为主体的庶民阶层之外的。[1]

再看内容情况。内容是最为重要的因素，它不仅决定了实质上的接受情况，同时也是其"日用性"的实质表现所在，当然也就直接决定了其与庶民社会生活的关系状况。总体上，明代日用类书的内容呈现出以下特色：

第一是类目的概念化和模式化。根据吴惠芳对明清时期"万宝全书"一类通俗类书的类目的统计，[2]可以明显看出，其类目基本相同，包括天文、地舆（地理）、人纪、时令、诸夷（外夷）、官品（官爵、爵禄、品级）、律法（律例、法律）、状式（词状、状法）、文翰（书启、柬札）、四礼（婚娶、冠婚）、丧祭、师儒、童蒙、劝谕、音乐（琴学、歌曲）、书法（字法、字体、字学）、画谱、诗对（对联、诗联）、酒令（侑觞）、笑谈、谜令、杂览、八谱（五谱、四谱）、棋谱、玄教、风月、选择（通书）、堪舆（茔宅、阳宅）、卜筮（占课、解梦、星命、相法）、算法、医林（医学）、胎产、祈嗣、养生、修身、金丹等，只是在名称、编排及类目数量上稍有出入。从《事林广记》的早期刊本一直到清代的相关"万宝全书"刊本，类目设计基本不变。不仅是较为纯粹的"日用型类书"陈陈相因，即使是故事类、文辞类的类书，也基本相同。

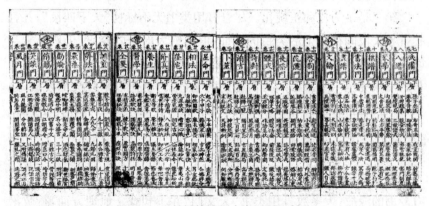

图 16 《文林妙锦万宝全书》目录（部分）

① 王尔敏《明清社会文化生态》，广西师范大学出版社，2009 年，第 59 页。
② 统计包括不同出版者、不同题名及不同刊刻时间的二十部日用类书，见吴惠芳《万宝全书：明清时期的民间生活实录》第二章第二节。

　　类目的相同一方面固然是书坊见利而动、一哄而上而不免模仿乃至剿袭的结果；但另一方面，它也反映出传统类书的巨大影响，即沿袭精英知识分类"天—地—人—时—文—日用"的基本格局，甚至直接采自传统类书，在其基础上进行模式化操作，提升实用知识的类目层次，增加数量，而不是另起炉灶，就现实状况和"日用"所需重新设计框架系统。在此情况下，一是必然造成一些类目及内容根本与百姓日用无关，比如天文历法、官制、地理沿革等，大抵依据传统类书的模式进行简易化的编录，尽管删除了大量的含有高深内容的数据，仍然并不是一般民众所需要的知识。再如书翰型类书，照理应以交际应酬之活套为主，但《新编事文类聚翰墨全书》竟然还刊载诏诰、表笺（庚集）及官府公文包括官员往来书疏（庚集卷十七以下），这就绝非出于日常书信的需要，而显然是承袭旧文的结果。二是一些提升类目的具体内容也往往照搬旧有的知识，充斥了大量的历史性、经典性内容而不是当代新知。[①] 在此方面比较容易发生误解的是某些技术性教学内容如数学计算等，论者往往将其题目与社会生活相联系。而实际上，如同历史上出现的数学教科书一样，其例题往往是相沿已久的典型题目，而不是当时的客观反映。

　　第二是士人化和正统化。尽管日用类书无不标榜"天下四民"，并且提升相关民间社会生活类目的层面，但其绝大部分内容，也仍然属于当时社会的"正统"范畴，根本上仍然是为"有文之人"服务的，与其实际销售的对象完全一致。必须再次指出的是，因为明代以来社会的发展，这里的"有文之人"主要是介乎高级知识精英与普通民众之间的中间阶层。

　　具体来说，天文、历法已可不论，虽然较传统类书而言相对简浅，但像"天文祥异""晦朔弦望""璇玑玉衡"等仍然是具备相当文化水平的人才能理解的知识。而"通书""日历"此类最为民众所需的内容，可能是另有专书的缘故，大多数日用类书"天文门"并不刊载。地理方面，行政沿革其实也属于较高层次的知识；交通图、一统图之类，有可能针对商贾，但主要还是服务于游宦之士。官品、律法、状式的受益者是讼师一流，书

――――――――――

　　① 参阅后文论述。

翰则帮助代笔者,而"万宝全书"所刊娱乐类内容,毫无疑问都不是普通百姓的娱乐实际,"传统士绅生活,吟咏酬唱,雅歌投壶,赌棋挑琴,撞诗射谜,均不免旷逸悠闲,文雅太甚,水准过高。一般粗鄙民众,焉能达此境界,自必望而却步,又岂肯与士绅一起厮混。"①至于"风月"一类,在当时则尤属外出商贾及宦游士人之生活内容。尽管如"徽州朝奉"之辈亦属庶民范围,但毕竟均变身为城市居民,而与广大乡村民众无涉。王正华通过对日用类书"书画门"的研究也证明,其服务对象"仍是识字与有能力消费文化商品的人口"②,他们虽非上流人士并有自己独特的社会活动空间,但毕竟不是一般庶民。

吴惠芳也承认,明代万历年间的生活日用类图书,主要内容仍是以文人雅士等上层社会参阅的人事、礼仪、圣贤、宫室、文艺、辞章、官制、刑法、荣达、仕进、姓氏源流,以及各式饮食等部分为原型。但她同时认为,编纂者通过删除或缩减,"以更符合一般民众的生活需求"③。这一观点显然存在矛盾:如果内容性质仍然是上层社会的,无论怎样删并,其结果是否能符合一般民众的生活需求,显然是要打上一个问号的。

第三是固定化。这主要是指多种明代日用类书及其翻刻、补编,大多为承继汇纂而来,陈陈相因,绝少新创。此一类出版物除了直接翻刻(含盗版)外,就是模仿、因袭、改换、增补甚至还有拼凑,即使视其为同一种内容的不同出版成果,大致也是可以成立的。

最早出现的较为典型的日用类书《事林广记》自南宋出版以来至于元、明,曾被屡刊屡增(《新编事文类聚翰墨全书》也有续刻的情况,但它严格来说不算是典型的日用类书)。但这只能说明书坊不断翻刻、增补甚至不惜盗版、改换,意在射利,并不能证实它就一定会增加新的或具有时效性的内容。胡道静曰:"民间类书编得较好、切于日用的,一定流传广泛、翻刻频繁。而翻刻之时,为了适应当前的需要,一定会增加一些新

---

① 王尔敏《明清社会文化生态》,第 60 页。

② 王正华《生活、知识与文化商品——晚明福建版"日用类书"与其书画门》,见胡晓真、王鸿泰主编《日常生活的论述与实践》,第 336 页。

③ 吴惠芳《万宝全书:明清时期的民间生活实录》,第 19 页。

鲜的、合乎要求的东西进去，删掉一些失去时效、不切实际的东西。现存元明各种刻本的《事林广记》，内容都有出入，无一完全相同，正证明了这一规律。"①此以"内容都有出入"来证明此类书籍均符合日用图书"适应当前需要"的规律而必有更新，并不能成立，关键还要看"出入"的事实如何。

以《事林广记》为例，元至顺本前集即明确标有"增附""新增"之目，②姑且以这些标目下的全部内容均为陈元靓之后的更新，其占全书的比重也是很有限的。如果放到全部《事林广记》版本中，这个比例还会下降。胡道静所举的两个典型的更新之例，元至顺本前集卷三、卷四郡邑类"……行省所辖"等标识和卷十二"'收九谷种'至'分台法'"③，在元泰定本中尚无出现，④可证早期翻刻时更新内容更少。同时，这种更新在内容上也是有限的，主要是适应改朝换代而不得不增加或更换的一些内容，如行政建制和其他一些典章制度等。在形式手段上，主要是通过加页和在版片上剜补。另外，时效性较强的地理知识方面也存在因袭不变的情况，如《事林广记》前集卷三地舆类"历代国都图"底图按宋代行政区划制作，入元以后的翻刻本丝毫不加改编；⑤《新编事文类聚翰墨全书》后乙集刻入完整的《圣朝混一方舆胜览》三卷，显然是元时所撰，编入时只在卷下末端将"圣朝"改为"大明"，其他均沿旧貌。

《事林广记》屡刊屡增，就目前材料来看大约有两种方式：一是以原本为"前集"，续编者为"后集""续集""别集"等；二是合原本、续编，统以

---

① 胡道静《元至顺刊本〈事林广记〉解题》，见其著《中国古代典籍十讲》，复旦大学出版社，2004年，第163页。

② 此据中华书局影印元至顺间建安椿庄书院刻本《新编纂图增类群书类要事林广记》，前集十三卷、后集十三卷、续集八卷、别集八卷。

③ 胡道静《元至顺刊本〈事林广记〉解题》，见其著《中国古代典籍十讲》，第153—164页。

④ 此据日本元禄十二年(1699)京都今井七郎兵卫、中野五郎左卫门刊本，此本底本为泰定二年(1325)刊本。详见金程宇编《和刻本中国古逸书丛刊》(凤凰出版社，2013年)第33册《新编群书类要事林广记》叙录。

⑤ 泰定本"华夷一统图"亦大抵如此(参阅王珂《〈事林广记〉源流考》，载《古典文献研究》第十五辑，凤凰出版社，2012年，第342—352页)，不过是在至顺本中改名为"大元一统图"而已。

天干或数字编号。《事林广记》元至顺本系统属于前者,泰定本系统属于后者。但无论哪一种方式,目录既不齐备,与内容也不对应,"初集"所拟总目往往不包括后续所编刊各集;体系、结构既无内在逻辑,亦前后不一;版式、字体、行款均有差异,显示出典型的商业性特色。

明代中期以后的日用类书,篇幅巨大,内容繁多,基本上都不是一时之作。部分直接采用元时旧版,如明隆庆间建阳熊氏刻本《居家必用事类》;①部分则依据前有材料编纂汇辑而成。姑且不论直接翻刻、盗版或拼装的情况,这个出版物"丛体"内部也存在密切的关系。

类目设置之概念化、模式化已见前述。具体内容上,像"天文""地理"一类的高深知识,诸家刊本除详略有异外,也基本相似。这已经可以说明这一出版物"丛体"的因袭化特色。其他一些类目,也同样可以证明这一点。以《新刻全补士民备览便用文林汇锦万书渊海》和《新板全补天下便用文林妙锦万宝全书》为例,二书一为"清白堂杨钦斋"刊本,一为"安正堂刘双松"刊本,②出版前后相差两年,③在书名、结构、类目、内容、编排等各个方面存在明显的雷同,但孰为原创或均为模仿,殊难考证。尽管如此,二者在一些具体内容上却有意显出不同,较为明显的例子是"农桑""棋谱"二门。"农桑"门,《新板全补天下便用文林妙锦万宝全书》较《新刻全补士民备览便用文林汇锦万书渊海》,"农桑本务"下加一段总

---

①　《四库全书总目》杂家类存目七:"《居家必用事类全集》十卷,内府藏本。不著撰人名氏。载历代名贤格训及居家日用事宜,以十干分集,体例颇为简洁。辛集中有大德五年吴郡徐元瑞《吏学指南序》,'圣朝'字俱跳行;又《永乐大典》屡引用之,其为元人书无疑。黄虞稷《千顷堂书目》云'或谓熊宗立撰',恐未必然也。"(第113页)案:《千顷堂书目》谓熊氏编,乃编刊之意,非云其撰著也。《总目》误解。观明隆庆本,"圣朝"仍跳行,此显为坊贾模版印行、不加修整之故。参阅顾歆艺《〈居家必备〉、〈居家必用〉及古文献的另一种价值》,见北京大学中国古文献研究中心、淡江大学中国文学系、复旦大学中国古代文学研究中心编《海峡两岸古典文献学学术研讨会论文集》,第238—257页。

②　中国社会科学院历史研究所文化室编《明代通俗日用类书集刊》,第十册。

③　二书的先后乃据其牌记而定(所据《万书渊海》有"万历庚戌岁孟春月",《万宝全书》有"大明万历岁次壬子孟冬"),但实际上,这种牌记所言的时间先后并不就意味着编辑甚至是刊刻的早晚。

论文字；其下，上层"耕获类""蚕桑类""树艺类"相同，多出一"耕织赋"，具体小类则多出近一倍；下层，题"农桑女红之图"，含"浸种之图"等共三十三幅图像并其文字，增加了十八幅。以上相同的小类及图文，内容亦均相同，文字各有删节，图像则后出转精。总体上，"农桑"方面后出者体现出较大规模的增补，或者说较前出者更为全面、完整。[①]"棋谱门"，《万宝渊海》上层总题"象棋局式"，下层总题"围棋局式"，但前面均包括理论方面的内容，上层含残局十二式（从"一计害三贤"之"一"至"十面埋伏"之"十"，加"行者让路""双蝶恋梅"）并着法，下层则全为围棋棋论《棋经十三篇》和《围棋三十二法指明》，而且仅有文字。《万宝全书》上层象棋部分亦有论有局，但变化不大，仅残局新增三式。下层围棋部分则有大的不同，除《棋经十三篇》和《围棋三十二法指明》相沿外，增加了十六幅局谱。很明显，十九路围棋棋谱的雕刊远较象棋谱费事，而且成本高出不少，因此必然是有意为之。大体上，"棋谱"这一类则以立异为主。可见，虽然具体内容上彼此不尽相同，但性质则基本类似，不过是取材详略有别或故意立异标新而已。同一书坊先后所刊者如余氏《鼎镌崇文阁汇纂士民万用正宗不求人全编》（万历己酉年序、万历丁未牌记）、《新刻群书摘要士民便用一事不求人》《新刻天下四民便览三台万用正宗》，亦大体不脱这一路数。

所以，无论是《事林广记》的续编、增刊和增补，还是建阳日用类书"丛体"的模仿、因袭、改换、增删，在性质上皆属"内容增加"或"同义反复"，并非知识更新。换句话说，日用类书的内容性质总体上相对固定，时效性相当不足。虽然部分类别经过多次改版或有一定的更新，但既不能保持合理的频率，也不能达到与时俱进的程度。其原因非常简单：出版商或书贩们不可能投入力量重新规划并编纂出内容一新的同类书籍，他们既没有这样的水平，也不可能存在动力，因为这样做无法产生效益，甚至可能亏本。为了最大限度地追求利润，他们只能简单地进行拼凑、

---

① 所有日用类书包括专门的《便民图纂》所载农务、女红之图，大抵皆从宋楼璹《耕织图》一脉相承而来。参郑振铎《西谛书话》，第 661 页。

改换式的翻刻甚至盗印。因此，翻刻只能证明这些标榜"日用"的图书出版本身存在一定的商业利益，但并不意味着知识的更新。

（二）明代通俗日用类书与民间社会生活关系内涵的再探讨

接受对象为中间阶层而非普通大众、实际内容的模式化、士人化、固定化特性，已经在很大程度上可以证明明代通俗日用类书的内容并不与庶民社会及其具体生活一一相应。但我们必须注意到两个问题：一、任何历史书写，无论是相对主观还是相对客观，固然不等同于现实世界，但往往曲折地、深刻地反映了这个现实世界所蕴含的意义。二、中间阶层固然与庶民有别并且不能代表处于绝对多数的广大民众，但却是古代社会特别是近世以来社会的重要阶层，发挥着沟通上下的作用。有些内容比如农业技术知识、算术知识、医疗卫生知识以及民间信仰活动等，即使是服务于一些专业人士如商贾、医者或术师，其所反映的生活内容也与庶民社会存在一定的交集。中间阶层生活与庶民生活是存在互动的，庶民文化的某些内容，被中间阶层提炼归纳。

这实际上给我们提示了考察明代通俗日用类书与社会生活关系的认识前提。在此前提下，我们就可以透过表面探其实质，发现明代通俗日用类书——商业化书坊编辑出版的服务于中间阶层的商业化出版物——与庶民社会生活关系的真正内涵。

首先，明代日用类书反映庶民社会生活是间接的，而不是直接的。所谓间接的反映，最重要的就是它体现在其出版物本身及围绕在其身边的一系列观念行为之上，而不是表现在内容之上。实际上，所谓"日用"知识的书本自古就有：农业技术自古以来就属于精英出版的范畴，历代皆有"农书"刊布；而医书和术数类图书则早已成为一个专门类型，只不过和通俗娱乐作品一样，被中古以后日益强大的精英出版排除在外而已。因此明代出现"日用型"类书，无论其具体内容如何，这一新兴出版物出现的本身才是最重要的。明代建阳书坊主围绕着其出版物产生了一系列观念和行为，包括追逐利润的意识以及相应的关于编辑、营销、竞争、印刷、制作、运输等的种种活动，和出版物本身一道所构成的建阳地区商业印刷的图景,成为明代中期以后书业商业化的典型,就已经说明了问题:民间商业出版越来越深入地参与到通俗书本的印刷中,以其独特的力量推动着中间阶层文化对庶民文化的提炼以及二者的互动。①

上一节已经论述,明代日用类书类目设置的模式化较为显著,基本格局受传统类书影响较大,相关内容又多取自于前有材料,但编纂者毕竟将大多数庶民文化类目予以提升,不仅使之与精英知识的类目并列,而且数量比重大大增加,这本身就反映了编刊者和需求者“知识结构”的变化和取向的不同。余象斗所编刻《三台万用正宗》是其中典型,其类目体系已与《事林广记》有相当大的不同,不仅大量提升并增加相关民俗类目,而且最早明确增列“商旅”“民用”(主要是民用文书)等门类,最重要的是反映出其主观意识的变化,也体现出一定的明代中期社会的特色。

举例而言,《三台万用正宗》“民用门”包括民用文书的契约内容,这在《事林广记》中尚无出现。尽管《三台万用正宗》的契约仍然是写作范本或活套,但正如书信范本始终都是坊刻的重要出版物一样,契约范本在日用类书中的出现,则说明了社会的需求,间接反映出明代社会的状况。② 日用类书的编刊者正是敏锐地发现了这种需求,从而制作相关教本,期以提供代笔者并实现自身的商业目的。

能够拿来对照并说明这种间接性的是徽州契约文书。徽州契约文书是明代徽州实际生活的成果而并非概念化的归纳,因此与日用类书并非一物。徽州文献中也有指导性甚至是相近的日用书籍,但大多数因为

---

① 这已被晚近明清书籍史研究者详尽论述。详见 Lucille Chia, *Printing for Profit*: *The Commercial Publishers of Jianyang*, *Fujian*(11th—17th Centuries), Harvard University Asia Center,2002(中译:《谋利而印:11 至 17 世纪福建建阳的商业出版者》,邱葵等译,福建人民出版社,2019 年);井上进《中国出版文化史——書物世界と知の風景》,名古屋大学出版会,2002 年(中译:《中国出版文化史》,李俄宪译,华中师范大学出版社,2015 年);井上进《書林の眺望——伝統中国の書物世界》,平凡社,2006 年;大木康《明末江南の出版文化》,东京研文出版社,2004 年(中译:《明末江南的出版文化》,周保雄译,上海古籍出版社,2014 年)。

② 有一种观点认为:直到明代,书面契约的使用才在中国大部分地区推广开来,而其原因则是明代贸易和手工业的蓬勃发展。见[英]科大卫(David Faure)《近代中国商业的发展》,周琳等译,浙江大学出版社,2010 年,第 15—16 页。

直接出自民间实例而体现出鲜活的现实内容,①所以在反映特定社会生活方面也远较《三台万用正宗》等直接而具体。但这一事实又恰好印证了《三台万用正宗》中出现契约内容并非无源之水,它也是变化的社会生活的一种反映,不过是间接的反映而已。

《三台万用正宗》"民用门"还有不少"分关"活套,其中"为人作分关"中有一篇为关于分家的遗嘱:

> 尝谓二家之亲,父子兄弟而已矣。父子者,天性之恩也;兄弟者,同气连枝之爱也。以古人同衾同被之义及灸艾分痛之情睹之,则友于之爱,虽百世之远,亦不可得而分也。但今人多不知其义,有一世之长成,必有一世之分异,是以今之不如古,从可知矣。虽然,树大则枝分,流长则派别,物无一致之理,气有阖辟之殊,兹势然也,吾何独不然乎!吾昔承先君遗命,勤俭治家,充拓基业,仅能立门户、娶室,生几子长曰某次曰某,矧各娶妇,咸亦以艺自树,虽曰衣食颇有馀饶,窃恐人口繁庶,则用度亦不能相忍。吾亦年迈几寿矣,安能善保始终而不求分异耶。今则拆之,俾其自便。于是将房屋基址、田园山地、家赀器皿,以新旧、阔狭、贵贱、肥瘠、轻重、大小相配,具各器搭几股均分,抛阄拈定。自分之后,须各以父命为尊,共守天伦为重,毋得兄弟阋墙、角弓起怨,惟以箕裘是绍,干蛊是期,则"子克家""考无咎",是言吾也。如以德色犁锄,谇言箕帚以致乙普明之争,则愿伏家长,呈官公论,以不遵父命、有丧天伦执律,治以不孝之罪。惟此遗嘱。(卷十七"民用门"下层)②

和商业性契约及其他纯粹的关书有别的是,此一活套中带有伦理教喻性的文字占据了主要地位,具体的析产内容则显得十分次要(或另具

---

① 详参王振忠《千山夕阳——王振忠论明清社会与文化》一书中的相关研究,广西师范大学出版社,2009年。

② 中国社会科学院历史研究所文化室编《明代通俗日用类书集刊》第六册,第379页。

文本）。这固然是由于此类文书的主旨本在于表明分家在伦理上的正当性，只有如此行文，方才能够使文书获得强大的力量。另一方面也是因为整个社会普遍认为，在此类重大问题上，代笔者本身就负有伦理教喻的职责，必须于相关文书中交代清楚。而实际生活中，一般人家的分家遗嘱未必需要如此详尽地阐发伦理大义，所以此一内容不免带有理想化的成分。明代很多类型的通俗书籍都是如此，比如各种"讼师秘本"，其内容并非都是现实世界本身，因为作为一种出版物，往往是经过极端理想化和概念化的产物。① 但无论如何，这种理想化仍然是基于生活的实际而提出的，从某种程度上反映了社会生活的变化。

其次，明代通俗日用类书反映社会生活不仅是间接的，也是片面的。因为它的编刊主体和受众对象都具有特定性，决定了追求销路的商业出版目的和相对士人化、正统化的服务立场，所以其具体内容必然是经过某种选择和简便化处理的事项，所反映的也必然是经过提炼归纳的模式化、概念化的观念和行为。

从日用类书对一般社会"宗教生活"的反映中，可以明显地看出这一点。

一般社会的"宗教生活"，是指真正在社会中实现宗教功能的、并且是真正属于一般社会生活的宗教活动。"宗教生活"是中国古代社会宗教实际的研究领域中可以取代"一般宗教""公共宗教"或"民间信仰""民间宗教""庶民宗教"等旧有提法的一个科学的概念。它的提出基于三点：第一，宗教有信仰、仪式两个层面，仪式的层面就是"活动中的宗教"，围绕着这种"活动的宗教"所建构的形式，就是"宗教生活"。宗教生活是一个具有丰富内涵的观念和仪式体系，是社会生活中举足轻重的部分。考察任何社会的一般性宗教状况，都必须以这种"宗教生活"为对象。第二，中古以后的体系化、制度化、义理化的宗教如佛、道教等，既与中国传统思想合流，迄于近世，又基本停止了教团组织的进化发展和义理建构，

① ［日］夫马进《讼师秘本〈珥笔肯綮〉所见的讼师实象》，见邱澎生、陈熙远编《明清法律运作中的权力与文化》，台湾"中央研究院"、联经出版事业股份有限公司，2009年，第9—33页。

其宗教功能的发挥绝大多数是通过前述"活动的宗教"实现的。第三,中古以后的中国古代社会特别是庶民社会中,"制度化、义理化的宗教"逐渐与"丛散性宗教"(diffused religion)合二为一,而融合的"丛散性宗教"(包括各种新兴的创生宗教因素和不为社会一般伦理所接纳的"秘密宗教")是"活动的宗教"的主流。

自《事林广记》以来,日用类书有关佛、道教的部分,分量既小,且大多都是一些陈旧的和概念化的内容,基本不是宗教生活的实况反映。而"术数"则一直成为日用类书"宗教生活"方面的主要内容。在《三台万用正宗》中,尤其达到了一个相当的比例,相关类目占总量近四分之一。[①]"术数"在先秦两汉属于精英知识,虽然汉以后其地位逐渐下降并最终被儒家传统视为"小道",但因为它既与一般社会伦理道德合流,又保持某些技术性因素,故而仍为精英思想所承认,并成为一般社会宗教生活之一部分,非常活跃。前已述及,"术数"类图书自古以来就是一种较为兴盛的文献门类,也是印刷术发明以来主要的印本类型和书业商业化的图书产品之一,所以汇纂型的日用类书刊载大量的术数内容,是很正常的现象。

然而,兴盛的"术数"观念和行为却并不是庶民社会宗教生活的全部内容。如果认为中国古代庶民社会的宗教生活只有算命、卜卦、相墓、择吉等,那就大错特错了。实际上,"丛散性宗教"活动如各种宗教节庆、世俗庆典(庙会等)及地方祠祀才是庶民社会宗教生活的主流,其中有很多甚至超越地域限制而成为某种普遍的信仰和仪式。而这一切,在日用类书的相关门类如"僧道门"等中很少有所反映。至于各种萨满行为等"迷信"、民间"新兴宗教"(创生宗教)、秘密宗教等"淫祀",则更不可能被日用类书所采择,因为这将会明显违背正统原则而有可能遭到查禁,同时也不可能为其接受主体——中间阶层——所接纳。由此可见,明代通俗

---

①　《三台万用正宗》共43门,其中涉及一般社会宗教生活内容者有"子弟门""真修门""金丹门""星命门""相法门""卜筮门""数课门""梦珍门""营宅门""地理门""克择门""僧道门""玄教门""祛病门"共14类。此外,尚有"民用门"的"神咒""闲中记"中相关劝世文字。纯粹的"术数"至少有10类。

日用类书所反映的宗教生活，是极其片面甚至是有所歪曲的。

正是基于日用类书内容不能准确反映社会生活这一事实，已经有学者指出："以该种类书的内容为史料，不探讨其文本性质，而企图对应出晚明庶民日用生活的实况，在学界已行之有年，成果亦显而易见。此种看法与用法虽非有误，并且贡献颇著，然而在经过多年的研究累积下，已难有所突破。"①批评中仍有所保留。在此，本人观点与之不同：如果罔顾其文本性质而径以其内容为史料进行研究，其结论能否成立都是存在疑问的，也就谈不上"贡献"和"突破"了。

在此节的最后，附带论述一下与日用类书较为相似的商业指导书。

在商品经济开始发展的时代，商业指导书理应是商业出版较多注意的书籍类型，此类书籍也能较多地反映出"印刷与知识的销售"中的具体内涵。在 1450 到 1599 年间的欧洲，市面上出现了超过 1600 种专为商人而作的经商指南，到了十七世纪这一数量又翻了一倍有馀，十八世纪则出现了多卷本的工商业百科全书。②中国十六至十八世纪也出现了商书印刷品，但数量不过《士商类要》《新刻京本华夷风物商程一览》等几种，与欧洲相比差距太大。而且这些书籍内容陈旧，存在明显的辗转承袭、杂纂拼凑的坊刊陋习，与欧洲经商指南的实用性更是无法相提并论。直到清代中后期出现的专门针对商人的经商便览型图书，指导功能才有一定的提高。当代学者对明代坊刊商书的市场需求、质量和实际功能的论述，颇有拔高之嫌。

彼得·伯克以其"知识社会史"的独特视角，非常注重"参考书"(reference book)对于知识发展的意义，不仅在他的著作中专门予以讨论，③还和中国史学者周绍明(Joseph McDermott)合作，对十五至十九

---

① 王正华《生活、知识与文化商品——晚明福建版"日用类书"与其书画门》，见胡晓真、王鸿泰主编《日常生活的论述与实践》，第 286 页。

② ［英］彼得·伯克《知识社会史（上卷）——从古登堡到狄德罗》，第 190 页。

③ 见［英］彼得·伯克《知识社会史（上卷）——从古登堡到狄德罗》第五章和第七章。

世纪的欧洲、东亚的"参考书"进行了比较研究。① 正如本章开宗明义强调的：从 1450 到 1850 年间东亚与欧洲的社会和书籍世界具有某种共同性，荦荦大端如商品经济和消费的发展、商业出版的兴盛、新型书籍的产生、阅读群体的扩大，等等，而具体现象中比较重要的一点就是参考书的激增。彼得·伯克和周绍明的研究表明，东西参考书存在并行之处，明代日用类书和西方历书及其他家庭百科全书在功能、内容组成上的相似和相同就是典型的代表。当代书籍史研究者对明代日用类书的知识功能之所以会有不恰当的夸大，多少与此一事实存在关联。尽管相似性不容否认，但彼得·伯克和周绍明更多的是指出了东西双方（特别是中国与西欧）在参考书上显著的差异性，其中最为重要的是以下数端：第一是中国自古以来的大型类书主要是服务于皇帝和国家权力以及精英传统的，宋以后类书类型的增多和阅读群体的扩大，并没有从根本上改变这一特征。像《永乐大典》《古今图书集成》这样的"百科全书"从来没有考虑过出售。② 第二是商业出版的指导书和参考书主要服务于科举，而科举考试的内容则是儒家传统的伦理道德哲学，从来就没有新知识的加入。第三是参考书中知识组织的方法陈旧落后。这一点尤其明显，像采用音序规则排列各类款目、广泛制作索引、图表等形式手段，直到最近二三十年方才在中国书籍中出现。③

彼得·伯克和周绍明的结论正确地揭示了中国十六至十八世纪商业出版"参考书"的真正本质，可是他们尚没有发现本小节所讨论得出的

① Peter Burke & Joseph McDermott, "The Proliferation of Reference Books, 1450 - 1850", in Joseph P. McDermott & Peter Burke eds. , *The Book Worlds of East Asia and Europe*, *1450－1850：Connections and Comparisons*, HongKong University Press,2015.

② ［英］彼得·伯克在《知识社会史（上卷）——从古登堡到狄德罗》中也明确指出：虽然中国 1726 年出现了当时世界上篇幅最长的书籍《钦定古今图书集成》，但这种官纂书籍的副本寥寥无几，不可能达成对知识的普及，更不要说知识的商品化了（第 195—196 页）。

③ *The Book Worlds of East Asia and Europe*, 1450-1850：*Connections and Comparisons*, pp. 278-281. 中国古代参考工具书的特点，又可参阅［美］安·布莱尔（Ann M. Blair)《工具书的诞生：近代以前的学术信息管理》，徐波译，商务印书馆，2014 年，第 52 页。

事实:即使最像欧洲家庭百科全书和指导、参考书的明代日用类书,其材料、内容无不出自对旧有出版物的承袭、拼凑,它们只是具备了"参考书"的某一部分形式,但是这一形式并没有能够去选择、整理新的知识。

四、商业出版与教育普及

在商业出版与教育普及关系的问题上,我们尤其需要避免陷入循环论证:书籍的商业出版提高了书籍普及的程度,进而促进了教育普及;教育普及程度的提高激发了人们对书籍的需求,又促进了书籍的商业出版。这样一种非形式谬误在很多研究中屡见不鲜,其致误之由是将本待证明的结论错当成了前提,进而互为前提形成循环。实际上,两者之间有没有关系?如果有关系,是商业出版促进了教育普及,还是教育普及促进了商业出版?都是首先需要加以证明的。

为了证明这些问题,有很多学者想去寻找某一可靠事实作为依据,比如商业出版兴盛时代的识字率以及前后变化。但必须注意的是,识字率是否提高同样不能以书籍商业化出版本身来予以证明,否则又必然陷入循环论证。识字率只能是与教育相关,目不识丁的人们并不能因为有了书籍就可以阅读,此与书籍可以作为阅读教材或者出版商专门出版识字课本是完全不同的事情。欧洲的例子是:十八世纪初的英格兰基础教育仍采用严格的拉丁语教育模式,已经全然不能适应中低产阶级的教育需求,因此许多教育家特别是清教徒们从二十年代中期到五十年代创立收取费用的公学,以英语读写教育取代拉丁语教育;在这种情况下,仅一本英语语法书就印刷并销售了 27500 册。[①] 中国的例子则有明代中期以后科举用书的大量出版。科举用书不能说明教育程度的提高,其之所以兴盛乃是科举考试愈加困难、而科举考试又是社会流动的唯一重要途径的缘故。这些例子都告诉我们:教材的畅销是教育政策的结果,它不能说明识字率的提高,而恰恰说明了加强某种教育的迫切性。

———————

① [新西兰]史蒂文·罗杰·费希尔《阅读的历史》,第 235—236 页。

　　另外，寻找某个历史时期识字率的过程会遇到一个极大的障碍：无论中西，十九世纪以前各个时期都缺乏足够的历史材料能够精确地证明识字率。正因如此，伊丽莎白·爱森斯坦对这个关键问题选择不论，她坦陈："鉴于支离破碎的证据和漫长的波动起伏，绕开与识字普及相关的令人烦恼的问题似乎是明智之举，等到其他问题有更多审慎的研究成果以后再议可能更好。"①这个态度从实践上看也是正确的，因为二十世纪以前不可能对社会的教育程度进行完备的统计。罗友枝（Evelyn Sakakida Rawski）采取了一种有相当局限的推算方法对清代的识字率进行考察，②得出的结论显然很难作为有效的证据。③

　　由此，在缺乏可靠的直接事实作为证明的情况下，商业出版与教育普及究竟是怎样一种关系只能从理论上给予分析，并以其他相关事实为旁证进行一些逻辑的推导。

　　我们必须承认这样一点：教育尤其是摆脱了政治和宗教奴役的平等教育是社会进步的根本因素。孔多塞正是在这个意义上认为，印刷术可以把对人民的教育从一切政治和宗教的枷锁之下解放出来，因为专政者已经无法封闭起真理得以引进的所有门户。④ 夏蒂埃对孔多塞观点的理解是："印刷术所预示的知识普及依然有局限：它是部分的，不完整的，有待于完善的"，因此印刷术圆满地达成目标还需要两个条件，其中一个是全民教育，只有全民教育才能打破教会对教育的控制并赋予每个人必要的能力——读懂适合各阶层、各种文化程度的书籍。⑤ 夏蒂埃的理解是正确的，无论印刷术（欧洲的印刷术一开始就是商业出版）具有怎样的

---

　　① ［美］伊丽莎白·爱森斯坦《作为变革动因的印刷机——早期近代欧洲的传播与文化变革》，第36页。

　　② Evelyn Sakakida Rawski, *Education and Popular Literacy in Ch'ing China*, University of Michigan Press, 1979.

　　③ 可参张朋园《劳著〈清代教育及大众识字能力〉》（书评），载《近代史研究所集刊》，第九期，1980年；Wilt L. Idema, "Review of Evelyn Sakakida Rawski, *Education and Popular Literacy in Ch'ing China*," in *T'oung Pao* LXVI(1980)：314 - 324.

　　④ ［法］孔多塞《人类精神进步史表纲要》，第87—88页。

　　⑤ ［法］罗杰·夏蒂埃《书籍的秩序——14至18世纪的书写文化与社会》，第14页。

革命性作用，它们的实现都必须依赖于一些必需的条件，而教育无疑是其中最主要的一端。没有识字能力，书籍再怎样普及也是无济于事的。如前文所述，民众的识字能力的提高并不取决于书籍复本的无限增多，而是取决于他是否能得到最起码的教育。

与西欧不同，中国十六世纪的教育仍然主要是精英教育，亦即旨在培养承担社会责任的精英骨干，通过考试实现向上的社会流动。因此整个明清的教育实质上都是为科举考试而不是为提高全民素质服务的，即仍然不是大众平民教育，并没有摆脱古代社会在教育方面的局限性。尽管明代由上及下的普及教育的各种措施有一定效果，官学、私学都有所发展，随着经济水平的提高某些较为发达地区接受教育的比率也在增长，教育使精英阶层和"有文之人"阶层得到扩大，但与总人口相较仍然过低，不能使社会的阅读率得到质的突破。

中国十六世纪发达地区有所扩大的"有文之人"群体的直接需要，间接地推动了商业出版的发展，最典型的表现就是坊刊图书确实在类型上有显著的变化，形成了科举用书、医药养生书、日常实用之书（日用之书）、宗教读物和通俗文学（含文人清赏）五个主要类型。欧洲十五世纪需求量最大的书籍是"各种时辰祷书、通俗宗教作品，与通用的入门教科书"①，十六世纪以后就逐渐扩大到多种类型。明清时代虽然具注历（明代为"大统历"，清代为"时宪书"）和宗教读物（如《太上感应篇》《功过格》）有很大需求，通俗文学出版量亦复不少，但如前文已经论述的，商业出版种类、数量最大的出版物还是科举用书。科举图书的种类、数量增多，只能表明生员、举子人数的累积、需求的增加、选择面的扩大和应试技巧重要性的提高，并不能证明新的阅读群体的出现。明代中晚期以降通俗小说这一书籍类型的出版数量也空前增多，其销售量当然也在上升，确实能够表明有更多的人开始阅读小说。但小说阅读群体的扩大，也并不能证明社会整体阅读群体的扩大。因为识字率如果没有得到提高，能够阅读的仍然还是识字之人，只不过这一批人的阅读面扩大而已。

---

① ［法］费夫贺、马尔坦《印刷书的诞生》，第312页。

医学、日用书这些实用之书同样如此，而且正如前文中已经讨论的"日用类书"个案研究所证明的，它们不免陈陈相因、剿窃重复，几无知识更新，不能达成为日用服务的效果。

　　表面看来，启蒙读物和识字教材似乎是能够说明商业出版促进教育的例证，但实际考察以后可以发现情况也并非如此。明代的启蒙读物主要有带有普通教育性质的读物如《千字文》《百家姓》《三字经》等，识字教材主要有所谓"杂字书"。《千字文》《百家姓》《三字经》即所谓"三、百、千"等在宋以后就一直是基本的童蒙教材，虽不一定在明代社学中得到广泛使用，但至少在明代乡村社会中常能见到，而且书肆颇有售卖确属无疑，并不是因为商业出版兴盛得到印刷才突然普及开来。我们现在没有充分的材料和实物证据证明明中期以后"三、百、千"得到了大量的印刷，相反却可以知道十七世纪以后才出现了较多印本。

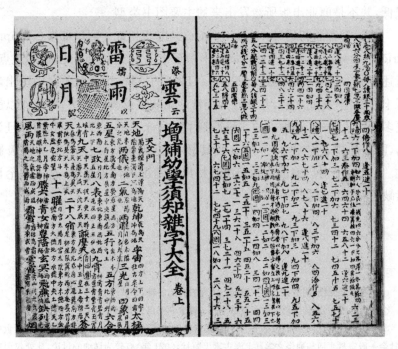

图 17　清康熙时刊《增补幼学须知杂字大全》

195

"杂字书"即最初级的识字教材，一般是将常用字编成韵语以便初学。"杂字书"在南北朝时即有出现，隋唐宋元相沿不绝，明代承前代之绪有更多编刊。"杂字书"是比《三字经》《百家姓》《千字文》低一级的童蒙教材，而且更多为商人及乡村一般庶民子弟所使用，东邻日本、朝鲜等非汉语母语地区也往往用为汉字读本。可能是因为真正适应了下层民众识字的需要，所以不仅建阳、徽州书坊较多刊印"杂字书"，徽州民间则有更多传抄与新编，内容上极具当地特色。① 从刊刻和流行情况来看，"杂字"书作为当时识字的主要教材，在某一层次的人群中确实发挥了一定的扫盲作用。② 不过，"杂字书"因属短时间掌握实用汉字的"土教材"，在识字率方面所起到的作用应该是非常有限的，更不能说起到扩大社会阅读群体数量的作用，或在全民平等教育的意义上造成显著的影响。更重要的是，"杂字书"在十六至十八世纪商业出版图书中所占比重极低，并不是商业出版所激发出来的主要图书类型。③

法国学者谢和耐(Jacques Gernet)根据菲利普·阿里耶斯(Philippe Ariès)"欧洲在印刷术开始传播的十六至十七世纪发现了儿童"的观点，引述了另一位学者(李弘祺，Thomas Lee)的见解：类似现象在中国出现于十一世纪，从此之后，儿童较为经常地出现在绘画作品中，游戏比以前更多地为人所知，医学中的儿科得到了前所未有的重视。谢和耐并且认为，雕版的广泛传播对于儿童及其教育受到新的关注产生了积极影响。④ 从以上对启蒙读物和识字教材出版情况的讨论来看，这一结论显然缺乏坚实的证据。

---

① 参阅戴元枝《明清徽州杂字研究》，上海教育出版社，2017年。
② 参阅张志公《传统语文教育教材论——暨蒙学书目和书影》。
③ 关于"三、百、千"和"杂字书"与社会阅读群体的问题，本人另著《普化凡庶——近世中国社会一般宗教生活与通俗文学》(上海古籍出版社，2021年)有较为详细的讨论，此处仅引其主要结论。
④ ［法］谢和耐《童蒙教育(11—17世纪)》，见《法国汉学》第八辑，中华书局，2003年。

五、总结

　　钱存训是世界范围内关于中国出版文化史研究的开拓者和最杰出的学者之一,他的教育背景和学术经历使他既富于洞察中国传统的能力,又能具备比较中西的视野。钱氏在很早就对本章所探讨的问题给出了一个回答,他在给另一位出版印刷史开拓者、本土最杰出的学者之一张秀民的著作《中国印刷史》所作的序言中说:

　　　　印刷术的发明和应用,对中国传统社会起了什么作用? 发生了怎样的影响? 有些学者根据印刷术对欧洲社会和思想上所引起的激烈变动,因而推测对中国社会也有相同的作用。实际上,东西文化和背景不同,因此印刷术所产生的作用也有一定的差异。在降低成本、增加生产和知识普及方面,可能作用相似,但有程度上的差别。至于对社会、思想上的变革和印刷术本身的发展方面,东西方所产生的影响和作用,可能背道而驰。

　　　　一般说来,从16世纪初开始,西方的印刷技术逐渐改良,产量急激增加,因此形成了一种庞大的出版工业,在思想和社会上发生了强烈而根本的变革。印刷术鼓励了各地方言和文学的兴起,成为促进许多新兴国家成立的一个主要动力。至于中国和受中国文化影响的东亚其他国家,印刷术的使用在社会和思想上都没有引起太大的变化,反而促进了文字的统一性和普遍性,成为维护传统文化的一种重要工具。[①]

　　这段论述不尽详细,然而基本观点极为鲜明,与本章论述的总体结论基本一致,完全可以作为本章最后的总结。钱氏的观点没有引起研究者充分的注意,导致最近十几年来对中国印刷术和商业出版在历史上的

————————

　　[①]　钱存训《〈中国印刷史〉序》,见张秀民撰,韩琦增订《中国印刷史》卷首。

作用的论述,存在不少值得商榷之处。实际上,印刷术及商业出版未能引起社会和思想上的变化,并不意味着不发生作用:与促进变革正好相反,它极大地维护和巩固了传统。这个事实不存在是非对错,不过是文化特殊性的某种展现而已。钱存训这段话最后提出的中国印刷术"反而促进了文字的统一性和普遍性,成为维护传统文化的一种重要工具",即已涉及文化特殊性这一重要问题。对此,本书将在下一章中进行讨论。

第五章
文字、书面语、文献语言与文化共同体

没有一种文献传统不是和某种"文献语言"联系在一起的。欧洲早期纸草书是希腊语，后来写本是拉丁文，十五世纪以后出现了各种民族语言的印本书籍。中国的文献传统，则以汉字书写的文言书面语一以贯之，从而形成一种"文献共同语"。共同的语言是群体认同的根本要素，文献共同语同样如此。尤其是在中华文明这样一个历史悠久、从未断绝的传统中，作为文献基础的文献共同语对文化社会共同体的形成发挥着举足轻重的作用。

* * * * * *

古代中国至晚在西周初期发展出了较为成熟的国家形态，[①]至春秋战国"轴心时代"期间则出现了很大程度上的"文化共同体"，奠定了古代中国统一实体的基本格局。此一共同体形成的基本表征有三：第一是精英意识层面上的文化教化观念的完备，"修文德以徕远人""来中国则中

---

① 这当然是最为保守的说法，并且是从"国家"形态、状况而不是从"国家"作文明起源要素的意义上而言的。具体地说，尽管学术界在早期国家的形成时间、形态等方面尚有分歧，但普遍认为：中国古代国家经历了从都邑国家到王权国家再到王朝帝国的发展过程。传说中的夏属于早期国家，商在都邑国家上进一步发展了国家形式，至周克商建国，形成一个具有广袤地域范围的、融合诸族的王权国家社会，秦统一则进入王朝帝国阶段。参阅王宇信等《中国古代文明与国家形成研究》（中国社会科学出版社，2007年）、王震中《中国古代文明的探索》（云南人民出版社，2005年）。

国之"的文化价值观具有超越种族、族群的特性；第二是一个具有超越区域文化和地方政治限度的、广泛的血缘伦理社会的形成；第三是阶级的分化特别是士人阶层的出现，阶级利益之争开始逐渐取代种族、族群、区域和政治利益之争。对于古代中国政治国家的起源、形态及发展，学术界已有详尽的研究，但对于此一"文化共同体"的形成过程特别是内在机制，则尚无专门系统的探讨，大多数相关研究都将此一问题归入到中国文明的连续性发展、从都邑国家到王权国家再到王朝帝国的过程、种族融合及多元一体格局的形成等较大范围中进行处理，从而忽略了"文化共同体"独特自性的分析。"共同体"形成的核心是主观认同，其与政治状况及经济生产方式虽然密切相关，但并不是完全同步的；种族、政治、社会、经济的一体化并不是"共同体认同"构成的决定因素。也就是说，中国春秋战国之际文化社会共同体既是多种因素综合影响的结果，同时也存在着一些独特的因素发挥着决定性的作用。

章太炎《訄书·哀焚书》："今夫血气心知之类，惟人能合群。群之大者，在建国家、辨种族。其条列所系，曰言语、风俗、历史。三者丧一，其萌不植。"①其中言语即语言，风俗大约是指生活方式，"历史"指集体记忆。当代学者本尼迪克特·安德森指出，在现代民族主义产生之前，有三个因素维持了古典式的"共同体"：一是承载本体论真理或信仰以形成"宗教共同体"的共同的神圣语言及其书写；二是王朝及维持王朝的观念；三是"同时性"（simultaneity）的时间概念。正是因为这些因素在资本主义兴起以后的逐渐衰亡，才造成了当代"想象的"意识产物"民族共同体"兴起并取而代之。② 这一结论和章氏所言可能均不周全，因为认同建构与维持的材料多源复杂，来自历史、地理环境、生物、生产与再生产制度、集体记忆及个人的幻想、权力机器及宗教启示等方面。③ 不过，

---

① 章炳麟撰，徐复注《訄书详注》，上海古籍出版社，2000年，第831—832页。

② ［美］本尼迪克特·安德森《想象的共同体——民族主义的起源与散布》，吴叡人译，上海人民出版社，2005年，第二章。

③ ［美］曼纽尔·卡斯特（Manuel Castells）《认同的力量》，夏铸九等译，社会科学文献出版社，2003年，第4页。

他们的总结仍然具有相当的价值,可以归纳为"语言""政治""宗教"三大要素,是共同体众多因素中最为重要的内容。

然而,作为现代民族主义母体的古典共同体是一个长期发展的结果,并不能完全地等同于最早形成的共同体雏形。有些方面如强大的王朝、宗教和观念的因素对早期共同体所起到的作用远没有对此后的大。如果将语言、政治、宗教三大共同体要素的时间坐标不断提前,就会发现"语言"必然是最为重要的因素,其作用远远超过政治和宗教。语言超过政治的理由较为明显:在文明早期,古代国家制度虽然颇具形式,但并不具有普遍强大的力量。语言与宗教孰轻孰重,则有不同看法。早先西方哲学家、历史学家曾经认为宗教比语言的力量更大,宗教学奠基者麦克斯·缪勒(Friedrich Max Muller)以希腊为例总结道:"他们的埃得方言,多里安方言和爱奥尼亚方言差别很大,我怀疑他们相互听不懂话,可是他们在任何时候,甚至被几个暴君分而治之,分裂为好几个共和国的时候,都共同认为属于伟大的希腊民族。那么,尽管方言不同,王朝不同,甚至部落相争,国家相妒,他们心中仍保持着深厚的民族整体感,是什么东西保持住构成民族的感情呢? 是他们的原始宗教,是他们对远古以来共同效忠的诸神和人的伟大之父的模糊回忆,是他们对多多纳的古代宙斯(全希腊的宙斯)的信仰。"所以,"宗教和民族的关系,与语言和民族的关系一样密切,甚至更为密切"[①]。显然,缪勒的说法其实是就族群意识已经形成时而言的,即:当一个种族或族群拥有共同的宗教时,当然会有助于加强他们的共同体意识。但问题在于:这种共同的宗教是如何形成的? 语言产生于一切原始宗教之前,如果没有语言,不可能有共同的原始宗教意识。社会发展出现阶级国家后也同样如此,因为一个共同的宗教记忆也需要通过语言传承,假如没有共同的语言,原始宗教必然会发生分化,希腊也并不例外。所以,宗教和其他集体记忆一样,都是依赖于共同的语言而实现分享的。显而易见,无论是在古典共同体的发生方面,还是在近现代文化、族群、民族国家认同甚至民族主义起源方面,

---

① [英]麦克斯·缪勒《宗教学导论》,陈观胜等译,上海人民出版社,2010年,第54—55页。

语言都是第一级的要素。

不过，语言作为古典共同体形成的最核心要素的事实，并不是关于中国早期"文化/社会共同体"形成机制问题的终结，而恰恰是问题的开始。

即使不论语系、语支的实际情况如何，文明以后中国世界存在复杂多样的"方言"也是毫无疑问的，"五方之民，言语不通，嗜欲不同。达其志，通其欲，东方曰寄，南方曰象，西方曰狄鞮，北方曰译。"(《礼记·王制》)①这种"方言"既来自同一语种的分化，也来自不同语种的交融，②总体上都是由语言在主体、时间、空间演变上形成差异所造成的。所谓"广谷大川异制""民生其间者异俗"，即使一种强势语言或"雅语"出现并对不同语言形成征服，但如果这个文化区领域广大且多样性丰富，那么这种征服就会在消弭旧有方言的同时，必然也催生新的方言。揆诸欧洲和东亚大陆的语言历史，此乃通例。中国在此方面的情况，尤其显著。自文明初起至周、春秋战国，再从秦汉一统至于明清及当代，中国世界的"方言"随历史进程而演变，从未停歇，而且差别(相异度)巨大。言语是属于社会生活和人民大众的，非强力所能牵挽。方言尤是其中一端，所谓"百里不同音，千里不同韵"。所以明人陆容就感慨说："书之同文，有天下者力能同之。文之同音，虽圣人在天子之位，势亦有所不能也。"③中国方言的性质，在总体上，个人同意这样一种观点：它是一种区域性的不同"邦言"或语言。④ 无论是早期的还是近世的，中国世界的"方言"既是历史和文化的，也是语言本身的，不能忽视任何一个方面。

中国世界的方言状况，就必然使"语言是古典共同体形成的核心要素"这一通则与中国的实际情况发生了矛盾。那么，它是否还能够成立？在哪一种情况下成立？它在中国具体的历史实际中又是怎样具体地实现其作用机制的？

面对这一困惑，中国早熟而且独特的文字(书写)不难成为中外文化

---

① [清]阮元校刻《十三经注疏·礼记正义》，第 1338 页。

② 李葆嘉《中国语言文化史》，江苏教育出版社，2003 年，第 211 页。

③ [明]陆容《菽园杂记》，中华书局，1985 年，第 41 页。

④ 李葆嘉《中国语言文化史》，第 211 页。

史研究者的答案选项。这种观点认为：中国文字形成的书面语，广泛而深刻地影响了早期中国的社会与文化。在陆威仪（Mark Edward Lewis)的宏观性著作 *Writing and Authority in Early China* 中，[①]"书写"作为一个动词，几乎达成了从国家、经典、教育传承、政治到文学的早期中国的一切建构。这当然是没有问题的，因为文字本身就是一种"超级发明"，西方的书写同样是其文明成就的充要条件。但问题在于：中国的书写有何不同？中国文字为什么会具有特殊性？这一特殊性作用于社会文化认同的机制是什么？综合起来可谓：中国为什么会产生一种超越"方言小世界"而适用于"文化大世界"的书面语，它又是怎样成功地建构出文化共同体的？

以陆威仪著作为代表的一大批相关研究存在一个重要的缺陷，即：他们研究的是书写的"内容"及其意义，而不是书写本身及其意义。故而第一是没有解决问题，第二是未能彻底究明中国文字的特殊性并以此探讨其成功建构文化共同体的内在缘由。本章不仅重点关注书写和书面语的发生，而且主要着眼于从语言和文学形式的层面去进行探讨，因为这是书写特殊性的根本要素，也是书写赖以发挥其社会、政治、文化意义的基础所在。

一、汉字书写的文化作用及其悖论

关注中国独特的书写方式，是从西方学者对"汉字"特殊性的认识发现以及随之而来的赞誉开始的。尽管其观点特别是早期的看法因多流于玄学式的阐论而不免谬误，[②]但作为一种文化"他者"，他们的思考仍具有相当的启发意义。汉字的特殊性确实非常明显，从我们现在所能知道的成熟阶段一直到今天，汉字始终是一种"音节＋词素"文字，既没有

---

①　Mark Edward Lewis, *Writing and Authority in Early China*, State University Of New York Press, 1999.

②　详参张隆溪《自然、文字与中国诗研究》，见《中西文化研究十论》，复旦大学出版社，2005年。

像古埃及、苏美尔文字一样消亡，也并没有成为拼音文字，可以说在世界文字发展史上独树一帜。正因如此，近代以来中国学者同样对此现象进行了思考，并从比较的视野出发提出了自己的看法。这里姑且举出两个较为典型的论断，梁启超谓：

> 欧洲文字衍声，故古今之差变剧；中国文字衍形，故古今之差变微。①

饶宗颐曰：

> 欧洲的文艺复兴，不同国族的人们以方音的缘故，各自发展自己的文字，造成一种双语混杂的杂种语言，终于使拉丁语架空而死亡。……汉字不走言语化道路，所以至今屹立于世界，成为一大奇迹。②

这样一种观点认为：就中国而言，语言虽然颇有歧异，但其文字——汉字——具有显著的特性：它不是拼音文字，从其定型以后的历史来看，缺乏直接表音的功能。汉字因此使不同的方言获得了某种方式的统一，从而达成了文化的交流和融合，并使其所发展出的"文化基因"或"文化人格"得到传载和持续加强。在此基础之上，进而有学者上升到文化相对主义的高度，提出了一些极端性的主张，如李泽厚认为：

> 就文字而言，中国文字不是语言的书写，跟西方不同。……中国文字和西方不一样，中国是文字统治着语言，西方则是文字跟着

---

① 梁启超《清代学术概论》，见《中国历史研究法（外二种）》，河北教育出版社，2000 年，第475 页。

② 饶宗颐《符号·初文与字母——汉字树》，上海书店出版社，2000 年，引言第 2 页。

语言变,是语言中心主义的,所以西方人都不懂 11 世纪英语。①

　　本尼迪克特·安德森根据汉字的显著特性把它定性为基于"非任意性符号"的书写,认为正是它创造了一个符号而非声音的"神圣而沉默的语言",并是使中国形成一种广泛无限性"宗教共同体"的第一要素。②

　　此类言论所述事实或不尽误,但所代表的中外研究对此一事实的解释依据和立论前提——其中最关键的是:汉字既非随语音变化的拼音文字,就是一种可以脱离语音而存在的文字——则明显违背了语言文字学的一般原理。违背基本原理就意味着错误的逻辑,它只会导向谬误而不可能得到真理的发现,因此不得不先予辨析以获得正确的解释原则。

　　首先需要明确的是文字的性质。人是符号的动物,人类文明的历史中创造出各种各样的符号,每一种符号都表达、传载某种意义,具有不同的具体功能。符号的种类和功用虽有多种,但只有一种是用来表示语言的。当且仅当某种符号用来表示语言而不是其他意义时,我们才可定性其为"文字"③。符号与语言、文字的关系略如下图所示:

---

　　①　《大国文化与正大气象——王岳川与李泽厚在美国的学术对话》,载《中华读书报》,2010 年 8 月 4 日。又见李泽厚著《历史本体论·己卯五说》,生活·读书·新知三联书店,2008 年,第 360—372 页。

　　②　[美]本尼迪克特·安德森《想象的共同体——民族主义的起源与散布》,第 11—17 页。

　　③　西方语言学一般用 writing(书写)统称中国人所理解的"文字"。但 writing 有广义的一面,即统括所有的书写符号,既包括标准的文字(即表音以指代语言的符号)和非标准的文字(如 Pictogram,实际上是指能按画谜原则表示词义的象形符号),也包括不属文字的指示性符号如密码、图画、指示符号、速写等。索绪尔(Ferdinand de Saussure)所谓"表音体系"和"表意体系",后者"与赖以构成的声音无关……因此也就间接地和它所表达的观念发生关系"(费尔南迪·德·索绪尔《普通语言学教程》,高名凯等译,商务印书馆,1980 年,第 50—51 页),乃是就广义的 writing 而言的。有的学者如鲍则岳(William G. Boltz)主张区分广义的和狭义的 writing,以"发声"是否分之为 glottographic writing 和 non-glottographic writing,前者方为文字,而后者则是符号(William G. Boltz, "Literacy and the Emergence of Writing in China," in Li Feng and David Prager Branner eds., *Writing & Literacy in Early China*, University of Washington Press, 2011, pp. 56‐65)。这种区分可以在一定程度上避免认识混乱。本文沿循本土固有习惯,一般情况下使用"文字";只有在强调记录语言的意义时,或在总体上指称时,使用"书写"。

　　这一事实作为逻辑前提规定了两个结果：（一）文字既然是记录语言的，语言以语音为物质外壳，因此文字必然是记录语音的，它是语音的物质外壳。似乎是中国古人中最早接触了异域语言的佛教徒率先明确了这个道理："夫神理无声，因言辞以写意；言词无迹，缘文字以图音。"（《法苑珠林》卷九）①（二）文字必须借助于图画或符号以形成它的外在形体，但两者的直接目的则迥然有别，即文字旨在记录语言，图画或符号则是直接传述意义。就人与人的交流而言，语言是最重要的工具，语言在交流方面的重要性远远超过各种图像、符号、动作。因为声音一是来自于人体器官，二是可以实现无穷多的组合和变化，从而能够表达复杂的意义。总之，不能记音的符号，至少不是完备的文字；文字传述意义的功能是通过其所记录的语音而不是文字符号本身实现的。索绪尔（Ferdinand de Saussure）所谓"语言和文字是两种不同的符号系统，后者唯一的存在理由是在于表现前者"②，已经被当代语言学公认为语言文字方面最基本的原理之一。这一原理不仅是逻辑必然的，也是合乎历史事实的：所有已知历史上出现过的和现存的文字，均是"发出了声音"的符号。中国仰韶文化的彩陶符号和商以前的陶文以及青铜彝器上的族徽，都不是文字，而只是可能被后来的文字如甲骨文借用了形体。可以证明上述结论的最好例证是：世界范围内的各种文明无不具有自己的各类符号，但并不一定都能发明文字。

　　以上关于符号与语言、文字关系的分析可以解决关于"记意文字"（semantic writing system）是否存在的争论。因为表意符号已经成为另

---

　　① 〔唐〕释道世撰，周叔迦、苏晋仁校注《法苑珠林校注》，中华书局，2003年，第334页。

　　② 〔瑞士〕费尔南迪·德·索绪尔《普通语言学教程》，高名凯等译，商务印书馆，1980年，第47页。

一种不借助语言而实现交流的系统，那它当然就和语言的交流完全是两回事，符号表意，文字表言，语言的唯一物质外壳就是语音。用表意符号来记录语言的纯粹记意文字系统在逻辑上和事实上只能是一种假设。①

很显然，将西方语言学广义的 writing 均理解为"文字"，②坚持认为汉字是"象形文字""表意文字"乃至"意音文字"（音节＋意符）的观点与上述文字性质原理都是矛盾的。目前国际上通常将汉字和已经消亡的古埃及及苏美尔文字都归结为"语标文字"（logographic writing system），③或者称语素文字（morphemic writing），其特质是一个符号对应于一个词。姑不论这种归类是否完全合理，④必须注意到的是任何语标文字都不得不通过发明表音方法以规避创制无限多个符号表示无限多个词的困境，古埃及人和苏美尔人如此，中国古人同样如此。自二十世纪四十年代起，陆续有西方语言学和语文学家对包括西方学者在内的中国古文字研究者所持有的对汉字象形的"信仰"进行了批判⑤，当代对中国文字卓有深研的两位汉学家中，吉德炜（David N. Keightley）明确

---

①　［加］亨利·罗杰斯（Henry Rogers）《文字系统：语言学的方法》，孙亚楠译，商务印书馆，2016 年，第 397—401 页。

②　中国现当代关于文字起源的研究绝大多数都有这样的倾向，导致其研究一方面关注于纯粹形体上的发端和演化，比如陶器图符或其他图徽与早期汉字的关系等；另一方面就是坚持汉字的"象形性""表意性"，从"义符"的角度进行文化特性的探讨。像高明先生那样明确文字是语言符号而不是象征、指事符号的本质，坚持以"表达语言"为文字的标准，从而将发声的文字和不发声的其他书写区分开来的研究（高明《论陶符兼谈文字的起源》，载《北京大学学报》，1984 年第 6 期），仍不多见。

③　参阅 William G. Boltz, "Literacy and the Emergence of Writing in China," in Li Feng and David Prager Branner eds. , *Writing & Literacy in Early China*, University of Washington Press，2011，pp. 56 - 65.

④　甲骨文属于语标文字尚不无道理，隶变以后的汉字特别是当今使用的简化字，可以说已是"音节文字"。当然，这个问题存在不同意见。

⑤　最近有夏含夷在其文章《再论表意文字与象形信仰》（原发表于《甲骨文与殷商史［新七辑］》，上海古籍出版社，2017 年；后收入其著《三代损益记：夏商周文化史研究》［上海古籍出版社，2020 年］）及著作《西观汉记：西方汉学出土文献研究概要》（上海古籍出版社，2018 年）"古文字与出土文献学"部分第一章中，对此做了详细的综述。

指出汉字虽然存在意符构件，但并不是"表意性"（ideographic）书写；①鲍则岳（William G. Boltz）融会西方书写研究理论并运用到汉字领域，提出早期书写的符号可按 S（语义性）、P（表音性）的程度分为四种类型：（1）{−P，−S}；（2）{−P，+S}；（3）{+P，+S}；（4）{+P，−S}（+、−表示程度），其中第（1）种不属文字，第（2）种为"非声门文字"（non-glottographic writing）；第（3）种为语素或语标文字（morphemic or logographic writing），第（4）种为音节或拼音文字（syllabic or alphabetic writing），中国文字自古至今皆为第（3）种。② 均是非常正确的结论。尽管也有一些不同意见，但这些意见都不否认汉字的表音性。如汪德迈（Léon Vandermeersch）坚持认为甲骨文是表意文字，也依然承认其"以卜人所用的自然语言为基础"，汉字在孔子以后还是发展成为完全的语言媒介。③

诚然，尽管文字无法与表音本质分割，也确实不能否认表意因素在某种程度上的存在，如拉丁语系的词语加上前后缀，就是一种表意方式；或者几个词合成一个新的表意词，也属此一范围；汉字的形旁或意符更不待论。但文字中表意符号的存在并不能颠覆文字表音的实质，因为文字必须表音才可以存在；文字和书面语独立以后可能成为一种特殊"语言"，也绝不会取代日常"言语"。另外，历史上存在过的每一种文字构成中的表意符号都是在表音的基础上达成某种极为有限的指示性意义而

---

① David N. Keightley, "The Origins of Writing in China: Scripts and Cultural Context," in Wayne M. Senner ed., *The Origins of Writing*, University of Nebraska Press, 1991, pp. 188 - 189. William G. Boltz, *The Origin and Early Development of the Chinese Writing System*, American Oriental Society, 1994.

② 鲍则岳（William G. Boltz）的研究以其所著 *The Origin and Early Development of the Chinese Writing System* 为代表，本文此处所据为其最近发表的一篇经过提炼的新成果，见 William G. Boltz, "Literacy and the Emergence of Writing in China," in Li Feng and David Prager Branner eds., *Writing & Literacy in Early China*, University of Washington Press, 2011, pp. 55 - 56。

③ ［法］汪德迈《中国思想的两种理性：占卜与表意》，金丝燕译，北京大学出版社，2017年，第2页、第33页。

已。所以汉字与楔形文字、圣书文字一样仍然主要是表音的,只是没有演变为最直接表音的拼音文字而已。

其次则需要排除在文字的起源、发展方面存在的错误认识。除了一些比较低级的失误外①,最显著的错误就是认为文字沿循一条"图画——象形——意音——拼音"进化道路发展。根据前述逻辑前提,"文字"采用图画或其他指意性(包括指事性、象征性)符号作为自身构件的命题没有任何意义,因为文字最终不过是借用某种图画指意符号用以表音而已。从"结绳记事"到"代之书契"是文明发展的过程体现,而不是文字本身的阶段历程。各类早期文字如楔形文字、圣书文字、甲骨文确实都具有象形的因素,但如果它被用来表示语言而不是纯粹的指意,就必然使一部分符号发挥记录语音的功能。古苏美尔人、埃及人、玛雅人文字已被证明在其构成中,有些虽然是真正的象形符号,但主体作用还是

---

① 中国现当代关于汉字起源的研究中,有些错误令人吃惊,比如没有认识到"文字"与图画相关乃是就"画谜原则"(rebus principle)而言的,并不是说"文字"就是像图画那样以"意义"为承载内容。所谓"画谜原则"就是任何一种语言中某一声音和某一客观物体的关联约定俗成并固定下来后,表现某一客观物体的图像就与其在语言中的名称——某一特定的声音(或声音组合)联系在了一起,因而这些图像也就具备了成为特定声音符号的基础。所谓"画谜用法"(rebus usage),是指日常物件的音名通过借代而成为能够记录其他语言意义的语音外壳的符号,《说文解字》"六书"之"假借"的最早形态即是如此。"画谜原则"的功用就是使图符开始"说话","一旦象征的音值开始在有限的系统内取代语意的地位,图形象征就变成书写系统的符号了"(史提夫·罗杰·费雪[Steven Roger Fischer]《文字书写的历史》,吕健忠译,台北博雅书屋,2009年,第19页)。区别于早期单纯图符的成熟的书写的出现是"画谜原则"被使用的结果,这已是世界范围内书写研究者的共识。实际上中国学者如唐兰等很早就提出的"文字本于图画",也是根据"画谜原则"而言的:"最初的文字是可以读出来的图画,但图画却不一定能读"(唐兰《中国文字学》,上海古籍出版社,2005年,第50页),只不过竟为当代学者忽略而已。至于沈兼士提出的"文字画"(沈兼士《从古器款识上推寻六书以前之文字画》,见《沈兼士学术论文集》,中华书局,1986年)以及周有光提出的"文字性质的图画"(周有光《比较文字学初探》,语文出版社,1998年),都是继承十八世纪威廉·沃伯顿(William Warburton)以来早已过时的"文字起于叙述性图画"的错误观点。

标示发音。① 如鲍则岳总结的："不受先前存在的书写系统影响的有声门文字（glottographic writing）的最早证据，不管它是在什么地方发明的，都无不为{＋P，＋S}图形，即具有语义值和语音值的图形。"②实际上到了甲骨文时期，统计所谓"表意字"、"形声字"的比例是没有意义的，③因为这个时候表意字都已经通过"画谜用法"而具备了声音。所以，文字真正的起源应肇始于符号开始"说话"④，所有的符号在它能够代表声音之前，都不是文字。二十世纪以来的研究已经完全否定了所谓文字是以象形符号（pictography）发展到表意符号（ideography）的理论，已有充分的证据表明任何文字都具有语音，也就是作为文字的符号（无论是象形符号还是形意符号）都通过"画谜用法"（rebus usage）实现了"开口说话"，亦即许慎所谓的从"文"到"字"："仓颉之初作书，盖依类象形，故谓之文。其后形声相益，即谓之字"⑤。丹妮丝·施曼特-贝瑟拉（Denise Shmandt-Besserat）在其著作 *Before Writing* 中，提出由陶筹发展成文字的文字起源新说，也完全否定了象形符号为文字起源基本阶段的旧有说法。⑥

明确文字的性质并排除错误认识，再以语言文字学基本原理观照汉字，可以发现尽管存在着某种巨大的独特性，汉字——无论是已知最早的甲骨文字还是当代的简体字——仍然是一种记录语言的文字；汉字特

---

① 早在十九世纪，法国学者让·弗朗索瓦·商博良（Jean-Francois Champollion）在对古埃及罗塞塔石碑文字的破译中，就已经证明了这一点。参阅周有光《比较文字学初探》，语文出版社，1998年，第12—15页；汉斯·约阿西姆·施杜里希（Hans Joachim Störig）《世界语言简史（第二版）》，吕叔君等译，山东画报出版社，2007年，第7页。

② William G. Boltz, "Literacy and the Emergence of Writing in China," in Li Feng and David Prager Branner eds. , *Writing & Literacy in Early China*, p. 74.

③ 当代学者对不同时期表意、形声字的数量统计，参阅裘锡圭的简明综述，见《文字学概要》，商务印书馆，2009年，第32页。

④ 参见［新西兰］史提夫·罗杰·费雪《文字书写的历史》第二章。

⑤ ［汉］许慎撰，［清］段玉裁注《说文解字注》，上海古籍出版社，1981年，第754页。

⑥ 可见［美］丹妮丝·施曼特-贝瑟拉《文字起源》，王乐洋译，商务印书馆，2015年，第7—13页。

性的存在不是独立于文字原理以外的现象。斯蒂芬·罗杰·费舍尔
(Steven Roger Fischer)《文字书写的历史》的总结相对来说是较为恰
当的：

> 英国哲学家罗素一度以为中文的字符是"表意符号"，相信每一
> 个字符"代表一个观念"。这并不正确。中文的字符是整体的单位，
> 是多种构件的组合，是汉语中的单词——也就是单独的单音节语
> 素……
>
> 中文虽然主要是音节书写，却不属于音节书写系统，因为大多
> 数的字符都具有一个意符（表示意义范围的辨识符号）。基于这个
> 理由，中文书写一直被称为"语素音节书写"，这用来界定中文书写
> 系统在书写的世界中所占独一无二的地位或许最为恰当。因此，就
> 语言学观点而论，汉字是语素—音节符号，藉由音节复制语素（语素
> 的一小部分，如数字，可能是表意文字，但是表意文字只构成系统的
> 一个次类）。每一个字符都是二合一，都是一个语素加上承载该语
> 素的音节。中文书写的字符数目远超过汉语的音节数目，语素的数
> 目却约略相等。由于人所能记忆的字符数量有限，音节的成分因此
> 占有优势。尽管如此，声音的传输仍然不够明确，无法精确复制语
> 音的情况所在多有。①

　　如其他早期文字一样，汉字在形成初期通过"画谜原则"大量借用了
象形符号以记音。当然，"画谜原则"在不同的文字系统中的作用是各具
特点的，②汉字的特殊性在于一方面将不少已经发明的"指事""会意"符
号赋予"声音"以对应于言语，并再次"假借"以表示具有更为抽象意义的

---

①　［新西兰］史提夫·罗杰·费雪《文字书写的历史》，第179—180页。谓此论"相对恰
当"，主要是因为所谓"大多数的字符都具有一个意符"不尽准确，忽略了大量的假借字、通假字。

②　Wayne M. Senner, "Theories and Myths on the Origins of Writing: A Historical
Overview", in Wayne M. Senner ed. , *The Origins of Writing*, University of Nebraska Press,
1991, p. 6.

言语的语音；另一方面是将"指事""会意"语义符号和得音的声符融合起来创造新词。汉字的特殊性在于：在使用过程中虽然开始了一定程度的抽象过程，但始终没有发展出采用一套抽象符号以准确地记录（拼写）语音，而是始终停留在以相沿已久的方块字表示一个音节的阶段。由此形成了：一是词符与音节符并用；二是因为停留在词符与音节符并用的阶段上，表音中也表示一定程度的"意义范围"。但是，这一特性并不违背前述原理，汉字仍然不失为语言特别是语音的外壳，正如斯蒂芬·罗杰·费舍尔所指出的："所有这一类早期、有限制的阶段也算是完备的文字，即使这种完备的文字在各自的语言中不足以传递'一切'。"①即便没有发展成为拼音文字，汉字仍然在很大程度上坚持着作为一种文字的表音本质——尽管音变而字不变的本性使它很难达到这种要求。所以，饶宗颐根据汉字提出"文字不必言语化"的命题，②并不是绝对成立的（这个命题需要一定的条件，详见下文论述）。他只看到汉字没有发展为字母文字的一面，而没有看到汉字一直存在的表音的努力，也没有意识到在某种程度上是一种必然的今世的汉语拼音方案，都能证明"文字"必须应对于"言语"的客观要求。

有很多中国文字学家试图进行某种调和，如裘锡圭认为：语言有音有意，因此作为语言的符号——文字也表音表意。③ 这个观点虽然极其辩证，但仍然有待商榷：语言当然有音有意，但首先是人类喉咙声带振动

---

① ［新西兰］史提夫·罗杰·费雪《文字书写的历史》，第 36 页。

② 饶宗颐《符号·初文与字母——汉字树》，第 185 页。

③ 裘锡圭《汉字的性质》，见《裘锡圭自选集》，河南教育出版社，1994 年，第 217—233 页。裘先生在《文字学概要》中进一步提出，作为语言的符号的文字和用来表示文字的符号（裘先生称之为"字符"）不是一个层面上的事情，所以文字表示语言，但表示文字的符号则可以有表意符号、表音符号、纯粹记号三种类型。"如果不把文字作为语言的符号的性质，跟文字本身所使用的字符的性质明确区分开来，就会引起逻辑上的混乱。"（商务印书馆，2009 年，第 11 页）可是问题在于：既然文字表示语言，而"字符"又是表示文字的（亦即文字的躯体），不管它采用什么符号，必然也都是表示语言的。裘先生的观点似不出段玉裁"点画谓之文，文滋谓之字，音读谓之名，名之分别部居谓之声类"（《周礼汉读考序》，《经韵楼集》，上海古籍出版社，2008 年，第 25 页）之外，实质上为汉字是"意音文字"还是"音节文字"的一种调和。

的声音与意义形成约定俗成的关系，因此音是意的外壳。只有记录音才能记录语言（在相同的言语系统中声音和意义已经结成了固定关系），所以文字是语音的符号，不可能脱离语音而记录到语言的意义。也就是说，文字表音而不表意，它是通过语音值才具有语义值。

　　夏含夷以"会意字"的存在支持裘锡圭的理论，他的主要理由就是裘锡圭《文字学概论》所举出的一百多个"会意字"中，没有一个部件有表音作用[①]。"会意字"固然是存在的，但它应该被赋予一个音。如果没有被赋予一个音，它们就只能用在书面语中（如夏含夷所谓的"不是活着的语言的词，很可能是抄手所发明的"[②]）。最关键的，它们终究会获得一个音，因为它们一旦被创造出来后，往往会用来记录语音，尽管并不能达成准确的记录。如果没有获得一个音，它们就会消失，亦即不再被使用，因为没有一个语音值就不能使语义和字形的关系得到固定。总之，用"会意字"进行调和，同样有悖于语言文字原理。

　　事情的吊诡性在于：汉字作为一种表音的文字，表音不仅不够直接，而且远远落后于言语实际，成为文字与语言错综复杂关系的最典型的例证。正是因为汉字的这一显著特性，学者们才对文字与语言的关系特别是文字是否可以脱离记音产生了一定的怀疑。在此方面较有代表性的语言学家是丁邦新，他一方面承认"凡是看得见的符号如果直接代表事物本身的意义……那就不是文字；一直到这种符号代表语言中特定的一部分时，才算得上是文字"，但一方面又认为文字是否是语言的附庸，还有商榷的馀地。[③]这种怀疑并不能成立。语言和文字存在错综复杂的关系固是事实，因为任何文字都不可能尽善尽美地传达语音，而语言又是千变万化、发展迅速同时又是随生随灭的。但汉字既是文字又不像拼音文字那样直接表音，却与"语言与文字的复杂关系"这一问题无关。因为

---

①　［美］夏含夷《再论表意文字与象形信仰》，见《三代损益记：夏商周文化史研究》，上海古籍出版社，2020 年，第 260—280 页。

②　［美］夏含夷《再论表意文字与象形信仰》，见《三代损益记：夏商周文化史研究》，第 276 页注 4。

③　丁邦新《中国语言学论文集》，中华书局，2008 年，第 516—518 页。

没有任何理由规定文字是必然产生的，比如世界上有太多的语言，但只有为数不多的文字。在文明史家看来，只有语言是人类大脑的必然产物，而书写文字则是一种"超级发明"——认知的工具，如查尔斯·默里(Charles Muray)所指出的："只有几种文化创造了书写文字，而其他文化却没有。一般认为，世界上只有四个地方(甚至更少。后面三地是否独自发明了文字尚存争议)独自发明了书写文字：公元前3500—公元前2800年的苏美尔；比它稍晚的埃及；公元前1300年的中国和公元前600年的墨西哥。书写绝对是一种认知工具，一种顿悟。"[①]这就是说，文字不能取代语言。如果因汉字具有表意象形的因素而忘记了文字表音的本质内涵，以汉字取代了汉语，那必然就是一种失误。[②]

至此，问题就非常凸显了：假如我们要直面中国文化共同体认同中的语言要素——汉字的文化作用问题，就必须首先解决"汉字仍然是一种文字，可是汉字又落后于言语而没有发展为字母拼音文字"这样一个新的悖论。具体地说就是两个问题：第一，为什么汉字没有像世界其他主要文明的文字一样，最终走向字母拼音化？第二，汉字落后于言语，那它"书写"的是什么？是何种内涵使汉字被认为是某种"文化内容"而不是"言语"的符号？

文字的性质、起源和发展本是一个较为艰难的课题。中国文字及其背景的特性又极为显著，遂使汉字的发生与本质问题更为错综复杂。遗憾的是，中国学者在这一问题上始终处于一个尴尬的境地：中国现代语言学是以西方历史比较语言学及当代语言学理论为基石发展起来的，但

---

① ［美］查尔斯·默里《文明的解析——人类的艺术与科学成就(公元前800—1950年)》，胡利平译，上海人民出版社，2008年，第184—185页。

② ［法］艾乐桐(Viviane Alleton)《欧洲忘记了汉语却"发现了"汉字》，张冠尧译，见《法国汉学》第一辑，清华大学出版社，1996年，第182—198页。

它所面临的很多问题特别是汉字问题，又并非西方语言学的主要关注对象。① 由此，关于文字的根本性质、汉字的特性等，本土研究一直缺乏明确的和系统的发明，大多数中国学者都在规避对这一问题的解决，主要方式不外乎两种：一种是釜底抽薪式，彻底否认人类书写的本质共同性而坚持汉字是另一种文字。一种是偷梁换柱式，有意无意地改换语言文字基本前提，以避免悖论的产生。

实际上，悖论并不可怕，人类正是在不断解决一个个悖论的历史过程中获得进步的。

二、汉字特性的因与果：书写的兴起及其文化征服

在具体讨论问题之前，首先必须明确两个基本前提，亦即前文已经充分论述的：第一，文字是语言特别是语音的外壳；第二，文字是超级发明。同时还必须再度明确一个事实：商人文字以及由此发展起来的汉字书写，无论其特殊性何在，它在本质上仍然是一种文字亦即语言，特别是语音的符号。只有在这两个前提和一个基本事实的基础上，中国文字为什么没有走向拼音化而是具有鲜明的个性，才可以成为问题。

汉字为什么没有走上拼音道路，较早可能是章太炎得出了一个结论：

> 自轩辕以来，经略万里，其音不得不有楚夏，并音之用，只局一方，若令地望相越，音读虽明，语则难晓。今以六书为贯，字各归部，虽北极渔阳，南暨儋耳，吐言难谕，而按字可知，此其所以便也。②

---

① 已见前文讨论。实际上，"书写"曾经也不是西方语言学的核心内容，因为语言学家一般都认为语言基于"言语"，"言语"的意义要远远超过"书写"。见 Wayne M. Senner, "Theories and Myths on the Origins of Writing: A Historical Overview", in Wayne M. Senner ed. , *The Origins of Writing*, p. 1. 又参前引查尔斯·默里《文明的解析——人类的艺术与科学成就（公元前 800—1950）》，第 184—185 页。

② 章太炎撰，庞俊、郭诚永疏证《国故论衡疏证》，中华书局，2008 年，第 9 页。

这一观点基本为现代中国学术界所认同。如饶宗颐总结曰:

> 汉民族在炎黄二帝时肇居渭水流域,最初都是聚族而居,制陶业的兴起,由渔猎进入农业居国状况,不像氐羌仍以游牧为主,过行国的生活。禹会诸侯于涂山,执玉帛者万国,国字在殷卜辞所见称为《多方》之方,其时不同方国,计有五百名之多。古代交通困难,人民各安其居,不相往来。我想每一地区可能有它自己的语言。观扬雄在西汉所调查,其复杂可见,三代以前更难以想象……
>
> 古代方国林立,言语必难沟通,故从"易简"之方,不用语言作传达工具,而是用文字来表示,使文字能够发挥极大的功能。①

此类说法表面看来有一定道理,但深入分析,可以发现它所论的是"果"而不是"因",即"按字可知"是客观效果,而不是主观出发点。独立发展起来的文字都具有一个极其漫长的历史过程,②绝非某时某地应乎某种特定需要的突然发明。只能说汉字由于种种原因停留在某一阶段而止步不前,绝不能说它一开始就有意识地从此起步,以避免方言歧异情况下使用拼音所带来的沟通不便。章、饶之说倒果为因,不能成立。

另一种说法是汉字适合于表达当时的汉语,所以才未向字母文字发展。高本汉(Klas Bernhard Johannes Karlgren)认为:"这种方法(按指形声)的发生,只是适合于中国语言的特性……如单音制、无形式变化、缺少仆(辅)音群、语尾应用仆(辅)音很有限制。"③董同龢、丁邦新所认

---

① 饶宗颐《符号・初文与字母——汉字树》,第 183 页、第 185 页。

② 有一种意见认为,像甲骨文这样阶段的文字,至少已经发展了三千年甚至更长的时间。见 David N. Keightley, "The Origins of Writing in China: Scripts and Cultural Context", in Wayne M. Senner ed., *The Origins of Writing*, University of Nebraska Press, 1991, pp. 187 – 188.

③ [瑞典]高本汉《中国语言学研究》,贺昌群译,山西人民出版社,2015 年,第 32 页。

为的汉字"形声"甚多而"假借"较少导致未能发展为拼音，①实际上也等同于高本汉的说法，即汉语单音制决定了"形声"成为主要方式。陈梦家也认为，形式特征无形式变化的、语音特征为"单音缀"即单音节的、有声调系统的汉语决定了古代汉字长期停留在象形的形符系统上而没有走上音符文字的道路。② 以上说法显然是以今揆古，或是以"书面语"度"日常言语"。首先，上古汉语为"单音制语"这个命题成立与否越来越成为一个问题。③ 从根本上说，如果"一字（词）一音（音节）"必然使同音词汇大量增加，使日常言语交流产生极大困难，没有一种语言会自陷矛盾尴尬之境。其次，即使上古汉语单音节是事实，也没有绝对的理由承认它决定了汉字的特质。美索不达米亚楔形文字也同样以一个符号表示一个口语音节，这实际上是尚未加以规范的词符音节文字的通例。④ 汉语无形式变化，与是否走向拼音也无直接因果关系，日语、韩语即可为证。此类解释的错误原因，第一是未能正确认识语言的实质，第二则是忽略了文字特别是规范化的文字和书面语对语言（特别是"雅语"）的反制作用，而将这种反作用视为原生力。

二十世纪后半叶关于此一问题的研究有了一定的突破。吉德炜认为汉字为什么没有走上拼音道路的问题所基于的判断不仅是一种以今揆古的"时代错误"，而且没有考虑到传统中国所拥有的较高识字率以及促成这一高识字率的对"文"的重视。言下之意是：至少在新石器时代，文字不一定非得由语标文字向拼音文字发展；非拼音的汉字照样既可以达成文化的书写，又能被普遍掌握。吉德炜进一步提出，中国早期文字源自其所在的新石器时代和早期青铜时代的特殊背景，决定于其独特的

---

① 丁邦新《中国文字与语言的关系——兼论中国文字学》，见丁邦新《中国语言学论文集》，第 524 页。

② 陈梦家《中国文字学（修订本）》，中华书局，2011 年，第 30 页；《殷虚卜辞综述》，中华书局，1988 年，第 77 页。

③ 参阅金理新的综论，见其《上古汉语音系》，黄山书社，2002 年，第 1—15 页。

④ ［新西兰］史提夫·罗杰·费雪《文字书写的历史》，第 176 页。

社会内涵和认知内涵。① 白川静、陆威仪等从另一个方向考虑,主张中国书写的创造发明,并不是缘于人际交流而是便于人神沟通才创造出来的。② 汪德迈的研究甚至得出了一个釜底抽薪式的结论:中国书写一开始就不是语言的记录而是一种意义——理性的、前科学占卜的记录,从而直接生成书面语。③ 上述观点似乎证明了语言学在这个问题上的无力,比如坚持语言学原理的鲍则岳始终认为汉字具有表音不表意的演化趋势,至少在战国时期多音节的联绵词持续地出现并被使用的事实,强烈地证明了这一点。但鲍氏无法回答为什么在这一时期汉字又同时被增加意符从而阻碍并最终停止了表音化的进程,遂和吉德炜等学者一样,将原因归结于中国人的世界观等形而上原因。④ 总之,吉德炜、白川静、陆威仪、汪德迈的观点尽管多少有悖于语言文字的一般性规律,并且仍然未能解决问题,但却为我们指出了一种方向:试图解决前述汉字的悖论,即找出汉字不仅没有像埃及和美索不达米亚文字那样消亡,而且也没有走向拼音文字的内在逻辑,应该回到中国的历史实际中去进行分析。

＊　＊　＊　＊　＊　＊

约公元前 1600 至前 1300 年期间,书写商王卜辞的甲骨文应该是东亚大陆唯一成熟的书写系统。从拼音文字的产生、发展历史上看,它往往成熟于不同语言的异族接触。商代万国多方,接触必有,但甲骨文已是成熟的语标文字,周原甲骨的发现证明武王伐纣以前周人也已接受并

---

① David N. Keightley, "The Origins of Writing in China: Scripts and Cultural Context", in Wayne M. Senner ed., *The Origins of Writing*, p. 192.

② [日]白川静《甲骨金文学论丛》,京都朋友书店,1973 年;Mark Edward Lewis, *Writing and Authority in Early China*, pp. 14 – 18. 此据罗泰《宗子维城——从考古材料的角度看公元前 1000 至前 250 年的中国社会》,吴长青等译,上海古籍出版社,2017 年,第 57 页。

③ [法]汪德迈《中国思想的两种理性:占卜与表意》。

④ William G. Boltz, *The Origin and Early Development of the Chinese Writing System*, American Oriental Society, 1994, pp. 168 – 178.

采用了商人的文字，①这表明当时的接触并未带动字母的产生。周人克商后，同样未能催生出拼音文字。这个事实表明，在至少近千年的时间段里以及可能形成异族彼此接触的广大区域中，只存在着唯一的文字——商人的文字。"汉字多元形成"的假设既缺乏考古证据，也得不到结果上的证明。郭静云以没有发现甲骨文的具体进化的考古证据从而主张它是商人从另一种语言借用过来的假设，②虽然逻辑上能够成立，但同样缺乏可靠证据。相反，可以肯定的事实是，征服商人的周人则是继承了被征服者的文字，并有所发展。

这个事实中存在一个关键之点：周人和商人原来的语言不同。这种不同或许不是语系层面的，但至少属于有极大差异的"方言"层面的。文字是记录语言的符号，但并不意味着每一种地区语言都必须对应着一种文字，创立文字的族群将会随着文化征服而使其文字得到传播。文字传播有两个层面的内容：一是文字的形式借用，主要是无文字族群借用传入文字或借鉴该种文字而创立自己文字（理论上，文字借用的一般情况主要有两种：1. 借用符号及意义，另赋以自己语言的读音。2. 借用符号之读音以记录自己语言的语音③）；二是作为共同语或征服语的文字，成为更大范围内的通用文字。由于方言歧异较大，殷商时代文字的传播主要是征服方式。商人的文化征服了其他区域文化，也使诸如周人等族群通过接受文字而从无文字阶段过渡到有文字阶段。也就是说，周人继承的是符号及意义，而且不需要另赋读音，是一种文化征服下特殊的"借用"。周人继承的这种"符号及意义"，实际就是以卜辞为主要表现的较为成熟的书面语。原本不同语言的部族如果借用了书面语，必然停止拼音化，除非彻底地改弦易辙另创符合本部族语音的拼音文字。当然，书

①　周原甲骨的时代和归属尚不能完全确定（参阅王宇信《西周甲骨探论》，中国社会科学出版社，1984；徐锡台《周原甲骨文综述》，三秦出版社，1991 年），但基本可以肯定的是，至少在文王晚期周人已接受了商人的文字。

②　郭静云《夏商周：从神话到史实》上编徐论一《语言与文字：试论殷商文字之发源与形成》，上海古籍出版社，2013 年。

③　郭静云《夏商周：从神话到史实》，第 293 页。

面语的继承并不影响商人文字的本质功能，周人仍然可以利用假借的方式使用这种文字继续记录语言，只是停留在语素或语标文字阶段的汉字显然不可能非常方便地记录口语。汪德迈认为直到公元八世纪汉字记录口语的方法——部首和声部的"超组合"方法——才得到普及，①这个观点大体上是正确的。

卜辞虽然是较为成熟的书面语，但并非与日常语言完全无关。汪德迈指出卜辞已经成为一种独立的书面语言无疑是一个睿智的见解，但他主张卜辞是专门记录龟卜的"科学语言形式"则不完全成立。汪氏的失误一是在文字本质的问题上出现矛盾，二是忽略了卜辞仍是一种语言、它来自日常语言但超越日常语言这一事实。语言是人类的本质属性而文字只是人类的高级发明这一原理说明：和语言产生于人类的社会性有所不同的是，书写及"文字"起源于更复杂、更精密和更深邃的人类生活。其中，一般书写符号大约源自经济活动比如物品和账目记录，②而直接记录语言的文字则来自精神生活中的观念和意识进步比如宗教信仰的需要。因为无论是登记物品还是记账，不需要和语言发生紧密的联系，但表达和传述宗教信仰却大不相同，信仰总是通过仪式才能深入表达的，这些仪式包括歌舞、祈禳、占卜等复杂的并主要展现人神交流的内容，语言无疑是这些内容的主要承载符号。

如《礼记》所谓"殷人尊神，率民以事神，先鬼而后礼"③，商人已经进入到浓盛的原始宗教信仰的阶段。文化研究者普遍认为，中国原始时代的巫觋接近于所谓的"萨满"（shaman），商人尤为典型，其活动是借助宗

---

① ［法］汪德迈《中国思想的两种理性：占卜与表意》，第4—5页。

② 相关研究主要有：Denise Shmandt-Besserat, *Before Writing*：*Volume 1*：*From Counting to Cuneiform*, University of Texas Press, 1992；Hans J. Nissen, Peter Damerow and Robert K. Englund, *Archaic Bookkeeping*：*Writing and Techniques of Economic Administration in the Ancient Near East*, University of Chicago Press,1993；Jeffrey Quilter and Gary Urton eds., *Narrative Threads*：*Accounting and Recounting in Andean Khipu*, University of Texas Press, 2002. 以上据［英］安德鲁·罗宾逊（Andrew Robinson）《唤醒沉睡的文字》，杨小麟等译，北京大学出版社，2014年。

③ ［清］阮元校刻《十三经注疏·礼记正义》，第1642页。

教性的咒术仪礼与神灵进行交流，以人神之媒的身份歌之舞之，在沉醉中招请神灵，所谓"古者巫以降神""言神降而托于巫"者，进而进行驱邪、预言、卜卦、占梦、造雨、治病以及入冥慰解死神。① 萨满教（shamanism）可以认为是中国文明初起时代原始宗教的主要形态，其外在特征一是"绝地天通"即以巫觋为媒介实现人神交通，二是巫觋或巫祝成为从事文化创造的专门阶层，三是出于人神交流的需要，发展出各种仪式行为。目前可以详知的是商人的龟卜，它不仅为祭祀、征伐的"国之大事"服务，而且还涉及田游、行止、天象、年历、疾病、生死、生育、营建等事务，在性质上属于神谕性或天启性的 divination，形式上则体现出强烈的"人神交流"特质，比如商人龟卜的主要过程是由"贞人"代表商王发问，而由"卜人"根据纹路兆象判定结果，最后将以上所有内容书写下来刻录于钻灼过的甲骨之上。这一过程本身就是仪式性的语言交流，表明其书写既基于语言之上，又规定了整体卜辞必然成为一种叙事性记录。

　　萨满教不仅尊崇自然天启和祖先神谕，同时注重神秘主义的冥修契会和奥秘之术。龟卜虽然属于萨满式的宗教行为，但同样具有"技术性"的成分，和后起的纯粹的"技术性占卜"如筮占一样，需要发现自然与人事的因果联系，汲汲于追求客观世界的种种知识，并试图掌握其规律。龟卜占问的对象除了自然神外还有祖先，因此文字的某种力量——与知识的联系——在这里尤其得到了体现：知识来自于祖先，生者须借助于文字与祖先沟通，"知识由死者所掌握，死者的智慧则通过文字的媒介而显示于后人"②。同时，商人的占卜已经发展成为一种系统的仪式，仪式的确立必然使书写变得规范化和格式化，最终使之作为宗教意义上的书面语而反过来成为仪式的一部分。有的文字史家认为，某些书写系统是保留给仪式之用的，或者起初具有特定的功能，例子之一就是早期中国

---

① 参阅张光直《商代的巫与巫术》，见《中国青铜时代》，生活·读书·新知三联书店，1999 年；《美术、神话与祭祀》，生活·读书·新知三联书店，2013 年，第 38 页。

② 张光直《美术、神话与祭祀》，第 82 页。

的卜辞。① 所以，商人的书写一开始就主要服务于宗教信仰这一崇高的领域。另外一项功能则是存档以备资鉴。宗教信仰和记忆传承的需要，规定了卜辞在表达内容和外在形式上必然是一种与日常言语不同的书面语言，它是文化精英的创造，与下层生活距离较远。②

为什么周人继承了商人的书面语系统，甚至语言也逐渐被同化？一般的见解是商人的文化水平要超过周边部落联盟，它在武力上被周人征服，但在文化上则相反，商人创造的文明不仅被优良地继承，而且不断发扬光大。其中的一个主要方面就是文字，文字是超级发明，被同化者必得继承，如许倬云所总结的，"商代国家在中原的优势地位，无疑的使这一个文字系统成为当时的主流。在中原以外，北方的夏家店文化，南方的吴城文化，也都有若干不易识别的符号，这些文字系统终究不能与中原已成型的商代文字系统抗衡""大约也当归功于商代文化的优越地位，遂使商代的书写文体成为当时的'雅言'"③。因为语言征服无法消弭标准话和地方话的歧异，语标文字又无法借用以表达当地日常语言，所以只能接受一种"文字＋语言"的整体，亦即商人书面语。由此可知，文化的传承相当关键。圣书文字和楔形文字等古老文字被借用得很多，但都未能保存下来。如果圣书文字和楔形文字所依托的文明能够在外族征服者那里一脉延续，它们就不仅能够得到传承，而且必然成为汉字那样的非拼音文字。

书写因其记录、承载及传播内容而具有的"权威性"，也是重要因素。文字的发明之所以"高级"，原因亦即在此。在此方面，陆威仪、汪德迈等

---

① ［新西兰］史提夫·罗杰·费雪《文字书写的历史》，第36页。另两个例子是复活节岛的"说话板"（rongorongo）和早期希伯来的经文。

② 张光直以商代陶文的风格与卜辞相同，遂认为商人的书面语是上层和下层阶级共同使用的语言（张光直《商文明》，张良仁等译，生活·读书·新知三联书店，2013年，第361页），这个观点并不正确。商人的阶级状况姑且不论，文字总是掌握在少数专门阶层如巫史之流手中的，而且如前文所讨论的，书面语虽然以商人共同的日常言语为基础，但一旦形成一种格式后，它就在很大程度上超越了日常言语。卜辞显然已经成为这样一种性质的书面语。

③ 许倬云《西周史》，生活·读书·新知三联书店，1994年，第31页、第32页。

已做了充分的论述。需要强调的是，"权威性"不仅来自神圣的方面，也来自现实的方面，亦即除了像卜辞那样服务于某种宗教信仰，书写同样可以在政治、社会、经济及知识追求活动中发挥重要的作用（卜辞中就已经涉及相当的纯粹占卜以外的内容）。尽管除了甲骨卜辞和简短的铜器铭文外至今并没有发现实物材料，但绝不可排除当时存在其他内容书写的可能性，[①]因为甲骨文字的各个方面的发展程度都能应付商代国家社会、经济的发展对书写的需要。

书面语一旦形成，它就会在方言歧异的局面下成为"雅言"，成为共同体语言要素的替代者。唯其如此，继起的西周方能在显著的自身特色以外，融合于殷商一系所代表的华夏文化，[②]并能在商人的基础上更进一步。殷、周之际发生的重大转变，实际上就是文化的积累、融合以及在此基础上的又一次突破。战国时期儒家所谓"三代之礼一也"（《礼记·礼器》）[③]，道出的正是这样一种文化在损益中同时又连续发展的事实。

以上分析总结而言即是：

（一）由于社会、文化的进步，特别是出于原始巫术—宗教的需要，商人发明书写，逐渐达到了一个"有限制的阶段"，即从"依类象形"发展成为"形声相益"。在根本上，它仍然是基于语言的记录语音的符号。

（二）书写条件成熟，社会文化对书写的内在需求催生了书写的发达。商人这种"有限制的阶段"的文字随即被广泛地和大规模地使用，并因为宗教、知识传承而形成具有权威力量的书面语。

（三）作为当时华夏文明主体的商代文化发达，征服了包括后起的周人在内的广大异族，并随着农业区的扩大继续拓进，不同方言乃至不

---

① 卜辞是商代唯一幸存的书写文本，但并不意味着当时不存在其他用同样的文字书写的文本。学者们考察认为，毛笔的发明在商代以前，卜辞是用毛笔写好再加以刀刻的，甲骨文中的"笔"（聿）就是右手握住一管毛笔（见钱存训《书于竹帛——中国古代的文字记录》，上海书店出版社，2006 年，第 121—122 页）。书写工具既已成熟，完全可以证明广泛的书写必已出现。

② 张光直《殷周关系的再检讨》，见《中国青铜时代》，第 164 页。

③ ［清］阮元校刻《十三经注疏·礼记正义》，第 1435 页。

同语言的族群均接受了商人的文字和书面语，并且使其获得广泛的传播和提高。

（四）在不同方言族群由于文化上的征服而使用商人文字特别是书面语的情况下，此一文字系统遂不得不停留于语标文字阶段。尽管它仍旧维持着努力表音的内在趋势（形声＋假借），并在近千年以后的隶变中逐渐向音节文字发展，但已经没有任何因素促使它非得创造出某种抽象符号——字母——以实现对不同语音的表达。

由此，悖论可以得到完美的解决：成熟的文字甲骨文就已经发展成为"书面语"的书写而非"日常言语"的书写。书面语的发达使文字符号停止了拼音化的道路而采取了"六书"方式，日常言语只能一直"借用"书面语文字，而文字的表音本质使书面文字和日常言语借用的文字都不得不以形声、假借为主。春秋时期文献记录中大量联绵词的存在，既反映了汉字表音的内在本质亦即能够记录日常言语，[1]同时也证明了汉字存在着从语标文字向音节文字的发展趋势。[2] 书面语的发达使之成为另一种"语言"，以规范化的语词系统而不是用语音来指代意义。日常言语"借用"非拼音化文字，使文字不能直接表音从而落后于语言；但语言书写的内在要求又使文字总是存在着拼音化的倾向，长期借用汉字的日本、朝鲜、越南最终发明拼音文字以及现代汉语采用拼音辅助就是最好的证明。

三、书面语、经典文学与早期文化共同体

书写的产生与宗教信仰紧密相关，但书写特别是书面语的完善和进一步发达必须具备两个条件：首先是社会持续发展、观念不断进步以及知识的创造，其次是能够发明便利的书写载体和书写工具。

---

① William G. Boltz, *The Origin and Early Development of the Chinese Writing System*, pp. 168 – 178.

② 金理新认为是从"表词字"变成"表语素—音节字"（《上古汉语音系》，第 13 页）。

　　商、周更替后国家的发展、农业社会的定型，满足了前一个条件。从晚商开始，明显地呈现出人文精神从宗教氛围中的蜕出，"巫"已经向"史"转化，"巫史"并称成为文化创造者，在殷商西周时代的社会里占有崇高的地位。他们既是神人交通的媒介，遂以上天意志的代表自居，规训商王的言行，同时从事卜筮、祭祀、书史、星历、教育、医药活动。[①] 凡此，均刺激了对书写的进一步推动。

　　从对一些记载的分析中可以推知，得以书写长篇文字的载体可能在西周中期以前就得到了使用。艾兰（Sarah Allen）认为西周青铜器铭文中即有大量证据表明竹简已经用作官方记录的载体："在君王委任官员时，君王或其代表是照着竹简上的委任书念的，而竹简的副本则会在仪式结束时被交给接受委任之人。这一仪式称为'册命'。'册'是编联起来的竹简的象形字，和甲骨文'典'字一样。……那些委任书必定是事先写好，以便口头传达的。这种做法为'书'——比如传世《尚书》中可被当作最早书面文学（literary compositions）的书类文献——的起源提供了背景。"[②] 尽管艾兰之说不一定正确，商代"册命"之"册"可能是由青铜而不是竹子制成，但如铭有 355 字的晋侯苏编钟所证明的（详见后文），青铜载体并不成为长篇书写的绝对瓶颈。从理论上说，书于竹、木未必一定后于"镂于金石，琢于盘盂"。由此可见，书写载体和书写工具的条件同样可以得到满足。

　　降至西周，与礼乐文化的发展相同步，书面语得到进一步强化，青铜铭文的发展体现出这一点。周代彝器已知有铭文的在三千件以上，铭文较长者毛公鼎 497 字，齐侯镈 492 字，散氏盘 357 字，曶鼎 403 字，盂鼎 291 字，克鼎 289 字，百字以上者如令方彝、颂鼎、师虎簋、召伯虎簋、不期簋、虢季子白盘、齐侯壶、素钟、宗周钟、王孙钟等。[③] 西周出土铜器的

---

　　① 张光直《中国青铜时代》，第 252—280 页。

　　② ［美］艾兰《湮没的思想——出土竹简的禅让传说与理想政制》，蔡雨钱译，商务印书馆，2016 年，第 29 页。又参其《论〈书〉与〈尚书〉的起源——基于新近出土文献的视角》，袁青译，载《出土文献与古文字研究》第 6 辑，上海古籍出版社，2015 年，第 643—652 页。

　　③ 容庚、张维持《殷周青铜器通论》，文物出版社，1984 年，第 80 页。

铭文内容以周王"册命"者为多,兼有王室重要事件和贵族家务等的档案性记录。虽然无法确定此类铭文就是西周时期的全部书写,但可以肯定的是此时的书写更主要的是呈现为一种理性的和现实的行为。巫鸿研究认为,公元前十三世纪初,青铜礼器铭文开始加入拥有者的名字,与一个特定的人(以其名字为标志)而不是一群人(以一个共同的徽志为标志)联系起来,意味着一个重大的变化,并导致一种重点在于夸赞奉献者现世荣耀的"叙事性"铭文的出现。① 李峰研究指出,至西周晚期,读写水平已经超越了由专门化人员垄断的阶段,足够多的贵族拥有了读写能力;这样一种读写能力属于"精英型读写"(elite literacy)而非"抄写型读写"(scribal literacy)。② 如果说原始巫术宗教时代书写主要为祭祀、占卜所用,那么礼乐时代既要求政治上的治理,也要求礼乐的建设,特别是"史"占有重要地位,因此书写内容出现这样的转化是极为正常的。清人阮元曰:

> 器者所以藏礼。故孔子曰:"唯器与名,不可以假人。"先王之制器也,齐其度量,同其文字,别其尊卑。用之于朝觐燕飨,则见天子之尊,锡命之宠,虽有强国,不敢问鼎之轻重焉。用之于祭祀饮射,则见德功之美,勋赏之名,孝子孝孙,永享其祖考而宝用之焉。且天子诸侯卿大夫,非有德位,保其富贵,则不能制其器。非有问学,通其文词,则不能铭其器。然则器者,先王所以驯天下尊王敬祖之心,教天下习礼博文之学。(《商周铜器说上》)③

此虽后世之论,但"器者藏礼"的总结亦大抵切中铭文书写的实质内

---

① 巫鸿《中国古代艺术与建筑中的"纪念碑性"》,李清泉等译,上海人民出版社,2009年,第69页、第70页。

② Li Feng, "Literacy and the Social Contexts of Writing in the Western Zhou", in Li Feng & David Prager Branner eds., *Writing & Literacy in Early China: Studies from the Columbia Early China Seminar*, University of Washington Press, 2011, p. 301.

③ [清]阮元撰,邓经元点校《揅经室集》,中华书局,1993年,第632页。

涵。丰富的册命铭文说明西周时候的书面语已经在周王畿和地方封国等各个地区传播（当然是由一个知识阶层掌握的），而且也用于一些与周可能有着不同文化传统的周边地区，文字书写在西周政治管理中显然发挥着一个至关重要的作用。①

　　更重要的是书写本身亦即"语文"层面上的发展。在这里所谓"语文"包括三个内容：首先是叙事、达意，即书面文字能够有效地传达书写的意图；其次是修辞，亦即运用语言的技巧和手法；第三则是形成惯用表达式。三者是紧密结合在一起的，而尤以后者为最后的表现。文学史研究者特别以史墙盘、逨盘铭文举例以说明青铜铭文的"语文"发展程度，认为其文字多为四字句，进一步增加了文本的对称感；在长篇叙事中注意对节奏、韵律的运用，往往使用尾韵；词汇远远超过其他铭文；叙事结构完整。② 其中，"对称""节奏""韵律"等修辞因素当然存在，但程度还不高。最显著的还是语汇和"叙事结构"。"语汇"即意义库和惯用表达式的建立，"叙事结构"即意味着形成了一种书写者和读者都能够明白的叙事、达意逻辑。可以用另外三篇著名的青铜铭文来进一步说明这个问题。这三篇著名的青铜铭文一是西周早期的何尊铭文（为方便行文，本文引用的铜器铭文皆使用宽式隶定）：

　　　　唯王初遷宅于成周。復□武王禮，裸自天，在四月丙戌。王誥宗小子于京室，曰：昔在爾考公氏，克仇文王，肆文王受兹［大命］，唯武王既克大邑商，則廷告于天，曰：余其宅兹中國，自之乂民。嗚呼！爾有唯小子無戠，視于公氏，有功于天，徹令。敬享哉！助王恭德，裕天順休不盉。王咸誥。何賜貝卅朋，用作□公寶尊彝，唯王五祀。

① 李峰《西周的政体：中国早期的官僚制度和国家》，吴敏娜等译，生活·读书·新知三联书店，2010年，第118页。根据李峰的总结，"册命"成为整个西周青铜器铭文资料中处于主导地位的主题，册命金文总数的最保守估计也应超过100篇。见其著第108—109页。

② ［美］柯马丁（Martin Kern）《剑桥中国文学史》第一章《早期中国文学：开端至西汉》，见［美］孙康宜、［美］宇文所安主编《剑桥中国文学史》，生活·读书·新知三联书店，2013年，第40—41页。

（《殷周金文集成》6014）①

二是西周早期的大盂鼎铭文：

> 唯九月王在宗周，命盂。王若曰：盂，丕顯文王受天佑大命，在武王嗣文作邦，辟厥慝，匍有四方，畯正厥民，在雩御事。且酒無敢酖。有祡烝祀毋敢擾，故天式臨子法保先王，□有四方。我聞殷墜命，唯殷邊侯甸雩殷正百辟率肆于酒，故喪師。以汝妹辰有大服，余唯即朕小學，汝勿逸余乃辟一人，今我唯即型稟于文王正德，若文王令二三正，今余唯命汝盂紹榮，敬擁德經，敏朝夕納諫，享奔走，畏天威。王曰：令汝盂型乃嗣祖南公。王曰：盂，廼詔夾尸司戎，敏監罰訟，夙夕詔我一人烝四方，雩我其遹省先王受民受疆土。錫汝鬯一卣、裳、衣、市、舄、車馬，錫乃祖南公旂，用狩。錫汝邦司四伯、人鬲自馭至于庶人六百又五十又九夫，錫夷司王臣十又三伯、人鬲千又五十夫。極遷自厥土。王曰：盂，若敬乃正，勿廢朕命。盂用對王休，用作祖南公寶鼎，唯王廿又三祀。（《殷周金文集成》2837）②

三是西周晚期的多友鼎铭文：

> 唯十月，用玁狁旁興，廣伐京師，告追于王，命武公遣元士羞追于京師。武公命多友率公車羞追于京師。癸未，戎伐筍，卒俘。多友西追，甲申之辰搏于郪。多友有折首執訊。凡以公車折首二百又□又五人，執訊廿又三人，俘戎車百乘一十又七乘，卒復筍人俘。又搏于龏，折首卅又六人，執訊二人，俘車十乘。從，至追，搏于世。多

---

① 中国社会科学院考古研究所编《殷周金文集成》，中华书局，1992 年，第 11 册第 195 页。本文以下所引铜器铭文释文均经南京大学文学院魏宜辉教授审定，谨此志谢。

② 中国社会科学院考古研究所编《殷周金文集成》，中华书局，1985 年，第 5 册第 239—241 页。

友又有折首执讯,乃韄追至于楊冢。公車折首百又十又五人,執訊三人,唯俘車不克,以皆焚,唯馬毆疾。復奪京師之俘。多友廼獻俘馘訊于公。武公廼獻于王。廼曰:武公,曰汝既靖京師,釐汝,錫汝土田。丁酉,武公在獻宮,廼命向父召多友,廼延于獻宮。公親曰:多友,曰余肇使汝,休不逆,有成事,多擒。汝靖京師。錫汝圭瓚一、錫鐘一肆、鐈鋚百鈞。多友敢對揚公休,用作尊鼎。用朋用友,其子子孫孫永寶用。(《殷周金文集成》2835)[①]

三篇铭文可以看出三点:第一是词汇及表达式方面,何尊、大盂鼎以及多友鼎三铭已经具备很多格式化套语外的高度概括性的文句,如"宅兹中国,自之乂民""唯小子无戠,视于公氏,有功于天""助王恭德,裕天顺休不吝""嗣文作邦""甸有四方,悛正厥民,在越御事""敬拥德经,敏朝夕纳谏,享奔走,畏天威""法保先王,抚有四方""玁狁旁兴,广伐京师""折首执讯"等。重要的是,语法、句式包括语汇都与传世《尚书》及先秦文献所引"诰命典谟"部分文字及其相似。新出的燹公盨,从内容、文体上更加证明了这一点。[②] 惟其如此,三铭方能够表达出明显的宗教和政治观念。第二是说理、叙事功能方面,铭文本以纪言纪事纪功为主要内容,大盂鼎的说理性和多友鼎的叙事性已相当突出,前者阐明了在政治军事上的成功经验和失败教训,后者则在很大程度上完整地表现了一场对玁狁作战的全部过程及其重要意义。第三是"簿记"功能方面,书写的发明在很大程度上来自于大型社会处理政治、经济事务的需要,大盂鼎、多友鼎虽非单纯的事务记录,但其纪功内容部分已经可以证明,此一书面语达成"簿记"功能是毫不费力的。

---

① 中国社会科学院考古研究所编《殷周金文集成》,第 5 册第 235 页。

② 李零《论燹公盨发现的意义》,见保利艺术博物馆编《燹公盨——大禹治水与为政以德》,线装书局,2002 年。又参阅裘锡圭《燹公盨铭文考释》,载《中国历史文物》,2002 年第 6 期,第 13—27 页;李学勤《论燹公盨及其重要意义》,载《中国历史文物》,2002 年第 6 期,第 4—12 页。

又有晋侯稣编钟共 16 件，[①]铭文则 16 件通为一篇，共 355 字，释文如下：

> 唯王卅又三年，王親遹省東國、南國。正月既生魄戊午，王步自宗周。二/月既望癸卯，王入格成周。二月/既死魄壬寅，王肇往東。三月方死魄，王至于𩆜，分行。王親命晉侯蘇：率/乃師，左洀，堂。北洀□，伐夙夷。晉/侯蘇折首百又廿，執訊廿又三夫。王至于鄆城。王親遠省師。王/至晉侯蘇師。王降自車，位，南鄉，/親命晉侯蘇：自西北隅敦伐鄆城。晉侯率厥亞旅、小子、或人先陷/入，折首百，執訊十又一夫。王至。/淖淖剴剴，夷出奔。王命晉侯蘇/率太室小臣、車僕從，/逋逐之。晉侯蘇折首百又一十，執訊廿夫；太室小臣、車僕折首百又五十，執訊/六十夫。王唯返，歸在成周。公族整師。/宫。六月初吉戊寅，旦，王格太室，即位，王呼膳夫曰：召晉侯蘇。入門，立中/廷。王親錫駒四匹。蘇拜稽首，受駒以/出。返入，拜稽首。丁亥，旦，王御于邑伐宮。庚寅，旦，王格太室。司空揚父入/佑晉侯蘇。王親齎晉侯蘇秬鬯一卣、/弓、矢百、馬四匹。蘇敢揚天子丕顯魯休，用作元和揚鐘，用昭假前/文人，前文人其嚴在上，翼在下，蓬蓬/勃勃，降余多福。蘇其萬/年無疆，子子孫孫/永寶茲鐘。（《近出殷周金文集録》35—50）[②]

此纪晋侯稣随周厉王作战之功，[③]是刻在已经存在的编钟之上的，是有意识记录晋侯功绩的历史性、仪式文本，叙事性已极突出。又因为

[①] 晋侯稣编钟一套共 16 枚，1992 年 12 月上海博物馆从香港古玩街收购其中前 14 枚，编钟的最后两枚于 1992 年由北京大学考古学系和山西省考古研究所对山西省曲沃县曲村镇北赵村晋侯墓地进行抢救性发掘时出土。参阅马承源《晋侯稣编钟》，载《上海博物馆集刊》，第 7 期，1996 年，第 1—17 页。

[②] 刘雨、卢岩编《近出殷周金文集録》，中华书局，2002 年，第 59—87 页。

[③] 关于史实的详细讨论，又见李学勤《晋侯苏编钟的时、地、人》，见《夏商周年代学札记》，辽宁大学出版社，1999 年，第 7—11 页。

叙事之时、地、人及作战之功较为详细,导致文字较多。编钟的器件本身虽然分立,但内在体制上仍然是一个整体,故此纪功之文可以分铭于各个单独组件之上,连缀成文。类似晋侯稣编钟铭文的存在更加证明了仪式文本在镂于金石之前,必然已经记录在另外的文献之上,尽管我们无法肯定西周时期国家文献的载体是否已经就是木板或竹简。这也就是说,晋侯稣编钟及其铭文表明了文本与载体的分立:不同的文本可以书写在不同的载体上;可以先用一种载体书写文本,然后再转录到另一种载体之上。文本与载体的分立并不像有些学者所主张的,证明了书写是口述的记录,恰恰相反,它证明了书面语的成熟:独立撰写,而不仅仅是为某一礼器及其特殊用途而服务。同时,它也证明了"文献"意识的成立,因为刻写者一定非常清楚,铭刻于编钟较之于书写于竹木更能够使历史记录长存世间。

除金文以外,商周之际的书面语还能从今存几种经典中看到一些端倪。《周易》和《尚书》《逸周书》被古人认为是原始记录当然不尽正确,今天的研究已基本证明相对于其内容时代,这三种经典的书写时代确实较晚。尽管如此,其中情形也不可一概而论。《周易》的情况更为复杂一些:在刘向、歆看来,《易》为《乐》《诗》《礼》《书》《春秋》五经之源(《汉书·艺文志》)[1],可能不仅是因为《易》道广大,还缘于他们认为《易》经文本是最早的书面语;[2]宋陈骙最早提出"《易》文似《诗》":"中孚九二曰:'鸣鹤在阴,其子和之,我有好爵,吾与尔靡之',使入《诗·雅》,孰别爻辞。"[3]近代以来,多有研究讨论卦爻辞的诗体现象,张善文总结认为:《周易》卦爻辞的来源颇为广泛,其中或有采自民间口头流传的谣谚,或有选用前代与《周易》同类的筮书中的筮辞,或有编撰者自己的创作。[4]从文献的发展过程中可以推断的是,即使如《周易》《尚书》《逸周书》中许

① [汉]班固《汉书》,中华书局,1962年,第1723页。

② Mark Edward Lewis, *Writing and Authority in Early China*, State University of New York Press,1999, p. 330.

③ [宋]陈骙《文则》卷上,《文渊阁四库全书》本。

④ 张善文《周易卦爻辞诗歌辨析》,见《周易与文学》,福建教育出版社,1997年,第25页。

多内容都是战国时代的创作,后世之人也必然是有所依据的,至少是在沿用古书的样式、风格继续著述。①

最可靠的是《诗经》的《雅》《颂》部分,其创作时代最早可推至西周初期甚至更早。《诗经》《雅》《颂》当然是一种诗体,属于下文讨论的"经典文学",但《诗》体同样属于书面语,因为它们的性质与《国风》有别,是主要用于仪式的诗歌的书写记录。由于是仪式诗歌,所以它的内容时代基本等同于其创作时代。

很早就有学者注意到《诗经》《雅》《颂》与金文有相似性。日本学者家井真《〈诗经〉原意研究》总结曰:"于省吾早在《泽螺居诗经新证》中就已经认识到《雅》《颂》诗句与铭文语句之间具有对应性,却未就此意义展开进一步的论述。同样,郭沫若在《两周金文辞大系图录考释》中论述铭文语句时,也偶以《诗经》作为佐证,但也未深入到阐述铭文与《诗经》关系的程度。《诗经》中《雅》《颂》正是在文学意图下,有意识地发展先行于韵文形式的铭文而形成的。"②陈致对此展开了精密的研究,他的典型结论是:(一) 两周金文中与《诗经》之《雅》《颂》部分的诗歌语词多相重合,多源于周人习用祭祀语词,而非金文引诗。(二) 金文的入韵和四言化是在西周中期,特别是恭王(前 922—前 900)、懿王(前 899—前 892)时期。(三) 金文与《周颂》中四言成语的大量出现、四言体诗的形成,都应在西周中晚期,共王、懿王时期以后,与音乐的发展和周代礼乐中双音钟的规范使用,四声音阶在礼乐中的定型等都有关联。(四)周代贵族祭祀宴飨仪式中所形成的习惯用语("成语"),又在《诗经》其他诗歌中展现不同的语词形式。③ 先秦其他文献中也有不少"古语"的引录,如《论语》中孔子的某些言语及《左传》中的"君子曰"等。"成语"是书面语成熟的一

---

① [美]艾兰《湮没的思想——出土竹简的禅让传说与理想政制》,第 292 页。
② [日]家井真《〈诗经〉原意研究》,陆越译,江苏人民出版社,2011 年,第 6 页。
③ 详见陈致诸文:《从〈周颂〉与金文中成语的运用来看古歌诗之用韵及四言诗体的形成》《"不吴不敖"与"不侃不忒"——〈诗经〉与金文中成语零释》《"日居月诸"与"日就月将":早期四言诗与祭祀礼辞释例——〈诗经〉与金文中成语》,均见《诗书礼乐中的传统——陈致自选集》,上海人民出版社,2012 年。

种典型表现,表明在至晚西周中期就已经出现了一种资源性、典范性的书面语语词形式,为政治军事内容的金文和仪式诗歌的《雅》《颂》所取资。

在书面语形式方面,《国风》其实也不能完全例外。表面看来,"《国风》诸篇中的成语、句子没有一处是与铭文相似、相近的。这是因为它不同于《雅》《颂》,它的产生基础是地方城市或村落的神社、圣地举行的祭祀活动"①。《国风》来自民歌,内容当然与《雅》《颂》不同。但"风诗"缘于"采诗",且自古有孔子"删诗"之说,所以必然经过文士的处理,②其词语存在对金文、《雅》《颂》的引申、变换(陈致所言第四点),句式也多以四言为主。因此,尽管《国风》诗歌在原初性质上和来源上都是口述文学,并且在"采诗""删诗"后保留了诸如口头套语等口述文学特色,但此"套语"已非彼"套语",《国风》和《雅》《颂》同样都是书面语化的结果。③ 地方性诗歌"楚辞"同样也存在书面语化的过程。

书面语在春秋末年到战国早期质量发生突进,形成书面语典范。现在可以确认,《春秋》是春秋时期鲁国的编年简史,无论是否经过孔子的编订,它的时代不晚于公元前五世纪末。稍晚的《左传》《国语》,主要内容形成于战国早期。《老子》和《论语》虽然最终编订的时代可能在战国中晚期,但它们都是一个长期汇集的成果,《论语》的绝大部分文字是由孔子再传弟子们真实的记录。这一时期的史传及早期诸子文本,已经取得较高的语言文学成就。就最能反映书面语水平的词汇而言,有学者指出:"在此以前,有关生产活动及日常生活的词汇占很大比重,抽象名词,

---

① [日]家井真《〈诗经〉原意研究》,第 42 页。

② 现当代学者颇有对《国风》为民歌表示怀疑者,如朱东润有《〈国风〉出于民间论质疑》(见《诗三百篇》探故,上海古籍出版社,1981 年)对八十馀首风诗进行分析研究,认为其为"统治阶级之诗"。陈致从书面语角度进行考察,亦有相似之说。但这实际上正是精英文士予以记录并加以书面化的结果。需要强调的是:其书写者和整理者为所谓统治阶级,并不意味着其原初作者亦为统治阶级。

③ 关于《诗经》口述与书写成分孰轻孰重的争论,见夏含夷的两篇综论:《出土文献与〈诗经〉的口头和书写性质》《〈诗经〉口传起源说的兴起与发展》,均见其著《三代损益记:夏商周文化史研究》。

概括性的词汇，特别是社会意识形态方面的词汇，比重较小，而春秋战国时期，这一类词汇大大增加。另外，甲骨文时期，虚词还不怎么发达。到了春秋战国时期，古汉语中的虚词基本上都产生了，后来形成一套文言虚词，在书面语言中具有很强的活力。"①有意识的修辞也已经较为频繁，《论语·宪问》："为命，裨谌草创之，世叔讨论之，行人子羽修饰之，东里子产润色之。"②《左传·襄三十一年》记此事曰："郑国将有诸侯之事，子产乃问四国之为于子羽，且使多为辞令，与裨谌乘以适野，使谋可否，而告冯简子使断之。事成，乃授子大叔使行之，以应对宾客，是以鲜有败事"③，更加明确地指明修辞对于外交的重要性。总之，在叙事、说理、修辞及篇章结构、话语逻辑方面，春秋战国时代的史传及档案、言论记录都达到了一个空前的水平，直接催生了战国中后期历史、知识论述、诸子文章的成熟，《春秋》三传以外，"及如荀卿、孟子、公孙固、韩非之徒，各往往捃摭《春秋》之文以著书，不可胜纪"（《史记·十二诸侯年表》)④，共同成为中国"轴心时代"的经典。只有书面语才能造就经典，所以经典不仅是知识思想积累与新创的反映，同样也是中国书面语言基本面貌与基本范式形成的标志。

清人章学诚提出了一个著名的"战国文章之变尽""后世之文其体皆备于战国"的观点：

> 周衰文弊，六艺道息，而诸子争鸣。盖至战国而文章之变尽，至战国而著述之事专，至战国而后世之文体备；故论文于战国，而升降盛衰之故可知也。战国之文，奇邪错出，而裂于道，人知之；其源皆出于六艺，人不知也。后世之文，其体皆备于战国，人不知；其源多出于《诗》教，人愈不知也。知文体备于战国，而始可与论后世之文。

① 何九盈、蒋绍愚《古汉语词汇讲话》，北京出版社，1980年，第10页。
② ［清］阮元校刻《十三经注疏·论语注疏》，第2510页。
③ ［清］阮元校刻《十三经注疏·春秋左传正义》，第2015页。
④ ［汉］司马迁《史记》，中华书局，1959年，第510页。

后世之文其体皆备于战国，何谓也？曰：子史衰而文集之体盛；著作衰而辞章之学兴。文集者，辞章不专家，而萃聚文墨，以为蛟龙之菹也。①

今世学人颇有非议此论者，认为战国以后更有新文体的出现，不得谓后不胜前。此论实乃泥于章句而不明章氏核心意旨。章学诚一语道破的，乃是战国时期"书面语"已臻高峰并开辟后世文体兴衰升降进程的事实。这个观点极其精辟，揭示的意义亦极深远。

书面语的发展成果通过官学教育得到了传承，并出现了一个掌握"文学"能力的阶层。政令、历史、知识积累以及仪式诗歌和民间诗歌的书面记录最初编纂成书，最重要的原因就是出于教育传承的需要。春秋以前，官学教育贵族子弟的知识性科目主要为诗、书、礼、乐，春秋前期中原各国则有了相关教本，其中《诗》《书》就是关于语文学习的教本，而学诗、学乐都配合学礼，又促使礼仪书本的出现。②《国语·楚语上》载楚申叔时为太子教育开列教本，共有《春秋》《书》《诗》《礼》《乐》《令》《语》《故志》《训典》九种。③《诗》《书》《礼》及各国国史都已经是非常标准的书面语，它们作为学习语文的教本的形成使书面语得到进一步的传承。春秋以降私学勃兴，书面语的传承、发展和运用更不待言。"士"阶层的兴起，和最早的"巫史"知识阶层一样，与其掌握书面语有很大关系。纯粹拼音文字的社会很难造就一个书吏阶层，而汉字及书面语和经典文学则需要多年的教育和学习，国君、政治和军事首领总体来说并没有这样的闲暇，只有摆脱了劳动的中层贵族才具有这样的可能。反过来，书面语的掌握使得士阶层率先实现了知识的继承和价值分享，突破了地域、

① ［清］章学诚著，叶瑛校注《文史通义校注》，中华书局，1985年，第60、61页。

② 沈文倬《略论礼典的实行和仪礼书本的撰作》，见《宗周礼乐文明考论》，杭州大学出版社，1999年，第3页。

③ 李建华《教育传承·选择接受·更新淘汰——略论先秦时期文献成书、积聚与散佚的内在机制》，载南京大学古典文献研究所编《古典文献研究》，第十八辑上卷，凤凰出版社，2015年，第1—14页。

方言的限制。

关于"六经"在文化教化和共同价值观构建方面的作用,战国末期就已有充分的体认。《礼记·经解》所称孔子语一段最为典型:"入其国,其教可知也。其为人也:温柔敦厚,《诗》教也;疏通知远,《书》教也;广博易良,《乐》教也;洁静精微,《易》教也;恭俭庄敬,《礼》教也;属辞比事,《春秋》教也。"①此一观念,汉以后成为普遍共识。

在轴心时代的书面语经典中,"经典文学"更为重要。"书面语"主要就语言意义而言,"书面语经典文学"主要是就文学意义而言。前者是后者的基础,后者是前者的最高级的形式化成果。经典文学固有渊源,②但最典型的代表仍是《诗经》。无论《诗经》的形成来自"献诗"还是"采诗",其作品(特别是来自民间的歌谣)毫无疑问都经过书面语体化的润饰和整饬,从而形成了诗体。诗体意味着典雅文学的诞生,不仅始终是中国古代文学的正统类型,而且支配了整个古代文学领域并影响了其他艺术形式。③

文学之鸣具有一种非凡的力量。首先是诗体的传承性和传播性。诗体便于记诵,在书写尚不发达的时代,口耳相传的乐歌承担了传承集体记忆和知识经验的功能,后世所谓"故天子听政,使公卿至于列士献诗,瞽献曲,史献书,师箴,瞍赋,蒙诵……瞽史教诲,耆艾修之,而后王斟酌焉,是以事行而不悖"。④ 同时诗体必与音乐相伴,既便于接受,又易于传播,即使是经过书面化的典雅诗歌也同样如此。其次是在内容上,《诗经》大体上包括民族史诗、贵族祭祀和宴乐的仪式诗歌以及整理和书面化的地方歌谣。史诗传承了民族的神话信仰,是集体记忆的凝聚,并能召唤起某种根基性的情感。仪式诗歌特别是神圣性的祭歌——无论是周天子庙堂之上还是地域方国的都城乡里,往往引发宗教式的信仰,

---

① ［清］阮元校刻《十三经注疏·礼记正义》,第 1609 页。

② 参阅赵敏俐《殷商文学史的书写及其意义》,载《中国社会科学》,2015 年第 10 期,第 169—188 页。

③ 闻一多《文学的历史动向》,见《神话与诗》,上海人民出版社,2006 年,第 165 页。

④ ［清］徐元诰撰,王树民、沈长云点校《国语集解》,中华书局,2002 年,第 11—12 页。

实现价值观的契合。《诗经》的一半——《国风》属于各诸侯国地方文学，与地方宗教信仰仪式密切相关，其精神是抒写生活情志（泄导人情）并批判现实。《国风》的采入，也体现出大、小传统的交融以及社会一般价值观的拊合。所以《国风》从一开始就被主要的接受者和欣赏者——士——注入了表现现实、强调文学的社会功能的教化主义传统，亦即孔子所谓"兴、观、群、怨"，成为新兴士阶层思想沟通的重要媒介。

更重要的是，《诗》体典雅性及其修辞造就了审美快感，形成了语言意义上的强大的象征比喻功能，其所创立的句式、成语、比喻、象征、表达方法与修辞手段等，无不成为中国书面语文的重要基石。《诗经》结集并被整理以后，很快就在一个极广的范围内得到了普遍的接受。春秋、战国时言语称《诗》与著述引《诗》，极为频繁，"古者诸侯卿大夫交接邻国，以微言相感，当揖让之时，必称《诗》以谕其志，盖以别贤不肖而观盛衰焉。故孔子曰'不学诗，无以言'也。"（《汉书·艺文志》）①这是《诗经》接受的最典型反映。引诗的缘由，是因为诗体语言形式——章、句——形成了共同的意义、象征和比喻之符，而必然成为更高层面思想交流的工具，即所谓"《诗》以正言，义之用也"（《汉书·艺文志》）②；引《诗》的目的，主要是外交场合上的"多文"和断章取义的言辞争胜，既反映了不同诸侯地区书面语和经典的共享，更反映出语言表达水平的普遍提高和对文学修辞的认同；而赋诗言志、证事则是推崇与发扬"诗教"强大感化之力的表现，无论其是否存在着某些仪式性源头，隐藏在深处的则是对《诗经》作品的文学魅力、文艺形式（风雅颂赋比兴）与价值观念（兴观群怨、温柔敦厚）的高度认同。③ 从这个意义上说，《诗经》无疑是春秋、战国文化共同体的形成的最佳标志。

---

① ［汉］班固《汉书》，第 1755—1756 页。

② ［汉］班固《汉书》，第 1723 页。

③ 胡晓明《春秋称诗：意义共喻与早期的诗性共同体》，见胡晓明《诗与文化心灵》，中华书局，2006 年，第 23—32 页。

四、文献共同语：中国"第二语言"及东亚"文化语言"

高本汉已经明确指出过中国存在着两种语言：

> 中国有两种语言：一种是许多世纪以来的简洁明了的书面语言，它仅仅通过表意的字形来把每个词彼此清楚地区分开，这种语言大体上还保持着公元前它形成时的样子；另一种则是口语，确切些说是许多种口语，它们的基础是各种与书面语言有实质区别的方言。普通的书面语言经常出现在书籍、报纸、杂志和信件中，许多年来大致未变。通过这种书面语言，4 亿 5 千万中国人得到了一门全民族语，这使他们结成了一个庞大的语言集团。北京人用书面语言写的信件，广州人一看就懂；可是，如果这两个人试图一个用北京话，另一个用广州话来直接交谈，那么这差不多就像柏林人和阿姆斯特丹人试图用各自的乡音交谈一样。①

中国现代杰出的语言学家赵元任也认为，"文言"不但有书面语的性质，也有语言的性质。② 援以中国文化的发生、发展和语言、文字的两个历史事实：（一）汉字不是字母文字，汉字落后于语言且记录日常语言不够直接；（二）不仅历史的文言有自己的语法，现代汉语书面语也可以有脱离口语的"文法"，③此一论述可以得到极高程度的证明。索绪尔直接宣称：

> 对汉人来说，表意字和口说的词都是观念的符号；在他们看来，

---

① ［瑞典］高本汉《汉语的本质和历史》，聂鸿飞译，商务印书馆，2010 年，第 41 页。

② 赵元任《谈谈汉语这个符号系统》，见《赵元任语言学论文集》，商务印书馆，2002 年，第 880 页。

③ 参阅朱晓农《方法：语言学的灵魂》，北京大学出版社，2008 年，第 27 页。

文字就是第二语言。①

当然,高本汉、索绪尔对汉字的定性(表意字)并不完全正确,但其所谓"文字(书写)"(即汉字记录的文言书面语)为"第二语言"的论断则意义非凡。不仅指出了书面语的重要事实,而且点明了书面语作为另一种"语言"赖以成立的基础:具有汉字这样一种特殊的书写系统。

本质上,书面语就是借助日常言语创立一种文字(语素)组合格式,把文字与意义库的对应规范起来。如果书面语极早发生于一个文明程度较高的区域且这个区域文化最终能够征服其他区域文化而且连续发展下来,那么这种书面语就不会像日常语言一样被文化融合所影响,而是保持它的独立性。在文化高度强势而未中断的情况下,区域语言差异越复杂、语言融合越频繁,书面语的传统就越能得到保持。

书面语绝不是单纯的"象形艺术",同样也是一种语言书写,但它确实可以在很大程度上脱离日常言语,如索绪尔指出的,书写本身就会贬低语音的价值,②并可以依赖表音不直接的非拼音字母文字比如汉字。任何文字系统都会产生书面语,所有的书面语都在不同程度上超越日常语言以表达更抽象、更精粹的意义,关键是不同文字系统中书面语言与日常言语二者相距的程度。在拼音文字系统的文化中二者差距相对较小,所以一方面书面语言和日常语言可以逐渐由分到合,另一方面由于方言的歧异而导致共同语如拉丁语的消亡和区域语言的彼此分离。但在非拼音文字系统的文化中二者差异较大,故而书面语则始终保持其高度的独立性(书面语可以说是"独立的",但并不是完全封闭的,它可以影响日常语言特别是雅语。这种影响既包括内容,也包括发音、句法等语

① ［瑞士］费尔南迪·德·索绪尔《普通语言学教程》,第 51 页。案:这里的"文字",实指文言书面语。

② ［瑞士］费尔南迪·德·索绪尔《普通语言学教程》,第 50 页。

言因素①)。书写离口语越远,越能成为共享的意义符号。② 书面语的定型并成为"文献共同语",得以承载知识、思想、信仰传统,并能摆脱方言歧异的困扰而实现跨越时空的传达,从而成就各种"经典",获得极大的"权力"。正是在这个意义上,中国书面语的存在对于文化认同发挥了异乎寻常的作用。它不仅是早期文化共同体,也是当代中华文化共同体的最基础的认同要素。

　　西方的拉丁语曾经也具有过这样的作用,彼得·伯克称拉丁语为"一种寻找共同体的语言":"古典时代以后的拉丁语像其他地方语言一样,证明了语言在凝聚群体时发挥的作用。在这种情况下,被聚集起来的人们构成了一个'观念的共同体'或构成了一个国际范围内的'想象的共同体'。具体地说,拉丁语在近代早期不仅表达了而且推动了两个国际性共同体的凝聚:一个是罗马天主教教会,另一个是'文人共和国'。"③中国文言书面语的特质使其共同体凝聚作用更为强大,十九世纪的汉学家葛兰言(Marcel Granet)、马伯乐(Henri Maspero)已推崇汉语为"伟大的文化语言",④高本汉则称其为一种"世界语"。⑤ 后来很多西方学者将"汉语"比之为西方的"拉丁语",此一观点可以新西兰学者史蒂文·罗杰·费希尔的总结为代表:"汉语成了东亚的'拉丁语',对所有的文化产生了启迪,其程度远远超过了拉丁语在西方的影响。""东亚昔日的'拉丁文',作为世界上最伟大、最具影响力的一种文化载体,必将在

---

　　① 参阅[英]杰克·古迪(Jack Goody)《神话、仪式与口述》,李源译,中国人民大学出版社,2014 年,第 151 页。汉语的单音节词、声调以及无逻辑性形式变化的特点,绝对是受到书面语的强烈影响。当然,这是一个重大的课题,具体情形还有待于深入研究。

　　② [美]本尼迪克特·安德森《想象的共同体——民族主义的起源与散布》,第 12 页。

　　③ [英]彼得·伯克《语言的文化史——近代早期欧洲的语言和共同体》,李霄翔等译,北京大学出版社,2007 年,第 61 页。

　　④ 据陈炯《中国语言学流派与中国文化语言学》,载《北方论丛》,1990 年第 2 期,第 22—28 页。

　　⑤ [瑞典]高本汉《中国语与中国文》,张世禄译,山西人民出版社,2015 年,第 46 页。

未来的许多世纪一如既往地影响和引领东亚文化。"①如前文所述,其中的"汉语"都不是指"日常语",而是指"文言"亦即汉字记录的书面语。所谓文化语言,其核心是这种书写主要承载的不是"语言"而是"文化",它形成的书面语言不是人类用声音说话的"言语",而是一种文化所表达的"符号"。这其实正是本文开头就引述的梁启超、饶宗颐等一大批中国学者观点的实质所在,只不过他们错误地以"文字"而不是书面语为中心罢了。

李泽厚认为:

> 中国书面语言对口头语言有支配、统率、范导功能,是文字(汉字)而不是语言(口头语言)成为组合社会和统一群体的重要工具,这是中华文化一大特征,它是"太初有为"的直接记录和表现,影响甚至决定了中国思想的基本面貌,极为重要。重形而不重音,极灵活而又有规范,中国语文之不可能拼音化,不可以西方语法强加于上,亦以此故。②

对书面语言和口头语言的关系这样一个重要的问题,当然还需要进一步研究。我们千万不能忘记的是,在中国文化中文言书面语仍是"第二语言",它没有(也不可能)取代或消减生活中的语言即"第一语言"③;而"第一语言"同样得到了书写纪录(尽管使用汉字记录语音并不直接,

---

① ［新西兰］史蒂文・罗杰・费希尔《阅读的历史》,李瑞林等译,商务印书馆,2009 年版,第 93、102 页。

② 李泽厚《论语今读》,生活・读书・新知三联书店,2008 年,第 221—222 页。

③ 对于普遍意义上的文字书写及书面语,当代存在着不同的看法,如弗莱(Northrop Frye)肯定了书面语的认知功能,认为文字表达使抽象成为可能,并产生理智的辨别力和逻辑的概念(［加］诺思洛普・弗莱《伟大的代码——圣经与文学》,郝振益等译,北京大学出版社,1998 年,第 24 页)。而德里达(Jacques Derrida)则以解构的立场批判了悖离语言的文字书写,指出它妨碍了精神创造活动,或使这种活动无所作为(［德］德里达《论文字学》,汪堂家译,上海译文出版社,1999 年)。

但毕竟仍可以达成书写，同时不断向音标文字的过渡以及拼音的辅助等又可以在很大程度上加以帮助），同时又与"第二语言"发生互动，并形成了二十世纪以来的"现代汉语"。"第二语言"书面语对"第一语言"口头语的"支配、统率、范导"作用，主要是体现在"雅语"上而不是方言和庶民社会生活言语上。中国文言书面语是否决定了中国思想的基本面貌①，同样需要进一步论证，因为它近似于萨丕尔—沃尔夫假设（Sapir-Whorf hypothesis），仍然只是一种观点而不是真理。但无论如何，中国"文言书面语——日常语"这样一种状况的"双语"的存在是毫无疑问的，它是世界范围内独一无二的现象。

十八世纪法国启蒙思想家孔多塞对于欧洲摆脱拉丁文而代之以各民族的日常语言给予了极高的赞美，同时对"文献—印刷语言"和日常语言的分立进行了批判："这就会把人划分为两类，在人民中间把偏见和错误延续下去，这对于真正的平等、对于同等地使用同样的理性、对于同等地认识必然的真理，就会设置下一道永恒的障碍。"他甚至断言，东方正是因此断送了自己的科学进步。② 本尼迪克特·安德森也认为，经典语言之所以提供了通往本体论真理的特权途径，恰恰是因为它本身就是那个真理的一部分的概念，孕育出各种能够超越地域传统的信仰集团（sodalities），只有当这一非常古老的概念丧失对人的心灵如公理般的统治后，在这个情形发生的地方，想象民族的可能性才终会出现。③ 结合十九世纪中国传统的严重衰落和二十世纪初新文化运动中白话文的普及以及后来的汉语拼音、文字改革诸种措施，孔多塞、安德森的理论貌似有一定的道理，但在根本上，二人之说仍然是一种严重的误判，他们在汉语书写、汉语书面语、文献语言问题上都还没有发现真相，未能真正体察到中国文化中两种语言始终并存的事实及其内在逻辑。

---

① 有不少西方学者持有和李泽厚近似的观点，有人甚至认为东西方文化的关键性差异即在于书写系统的不同（[加]罗伯特·洛根[Robert K. Logan]《字母表效应：拼音文字与西方文明》，何道宽译，复旦大学出版社，2012年，第43—52页）。

② [法]孔多塞《人类精神进步史表纲要》，第104页。

③ [美]本尼迪克特·安德森《想象的共同体——民族主义的起源与散布》，第32页。

　　"书面—文献语"与"日常语"分立并存的历史功过，以及这一事实对于当代及未来的影响、作用及深远意义，仍需要我们认真对待并持续加以思考。但可以肯定的是，汉字书写的文献共同语造就了中国文献传统，并是其发挥巨大认同作用的基础。中国文献传统最大的文化特色，即是这样一种能够消除时空距离、弥合口语差异和沟通观念变迁的共同语的存在。

征引文献

《17—19世纪中国南部乡村的书籍市场及文本的流传》,〔美〕包筠雅(Cynthia J. Brokaw)撰,见许纪霖、朱政惠编《史华慈与中国》,吉林出版集团有限责任公司,2008年。

《1900年以前中国和西方的图书产量与图书馆》,〔美〕魏根深(Endymion Wilkinson)撰,张升、戴晓燕译,载《中国典籍与文化》,2006年第4期。

A

《爱晚庐随笔》,张舜徽撰,华中师范大学出版社,2005年。

B

《百宋一廛赋注》,〔清〕黄丕烈撰,见〔清〕黄丕烈撰,余鸿鸣等点校《黄丕烈藏书题跋集》,上海古籍出版社,2015年。

《〈本草纲目〉明清版本述要》,何广益、张诗晗、李良松撰,载《天津中医药》,第34卷第7期,2017年7月。

《比较文字学初探》,周有光撰,语文出版社,1998年。

C

《册子本起源考》,〔英〕C. H. 罗伯茨(Colin Henderson Roberts)、T. C. 斯基特(Theodore Cressy Skeat)撰,高峰枫译,北京大学出版社,2015年。

《册府元龟》,〔宋〕王钦若等编纂,周勋初等校订,凤凰出版社,2006年。

《抄工与学者:希腊、拉丁文献传播史》,〔英〕L. D. 雷诺兹(Leighton Durham

Reynolds)、[英]N. G. 威尔逊(Nigel Guy Wilson)撰,苏杰译,北京大学出版社,2015年。

《陈书》,[唐]姚思廉撰,中华书局,1972年。

《重写中国古代文献》,[美]夏含夷(Edward L. Shaughnessy)撰,周博群等译,上海古籍出版社,2012年。

《出土文献与古典学重建》,裘锡圭撰,见复旦大学出土文献与古文字研究中心编《出土文献与古典学重建论集》,中西书局,2018年。

《初学记》,[唐]徐坚撰,中华书局,2004年。

《春秋称诗:意义共喻与早期的诗性共同体》,胡晓明撰,见胡晓明《诗与文化心灵》,中华书局,2006年。

《春秋毛氏传》,[清]毛奇龄撰,《文渊阁四库全书》本。

《春渚纪闻》,[宋]何薳撰,张明华点校,中华书局,1983年。

《从传统到现代:中国图像版印技术之演变(1600—1900)》,李贵丰撰,台北花木兰文化工作坊,2005年。

《从古器款识上推寻六书以前文字画》,沈兼士撰,见《沈兼士学术论文集》,中华书局,1986年。

《从观看到阅读:明清广告中图像与文字的演变》,巫仁恕撰,载中正大学中国文学系《中正汉学研究》,2012年第一期(总第十九期),2012年6月。

《从精英文化到大众传播——明代商业出版研究》,张献忠撰,广西师范大学出版社,2015年。

《从书籍史到阅读史:阅读史研究理论与方法》,戴联斌撰,新星出版社,2017年。

《从思想倾向和著述体例论"今本"〈竹书纪年〉的真伪问题》,邵东方撰,载《中国哲学史》,1998年第2期。

《崔东壁遗书》,[清]崔述撰,顾颉刚编订,上海古籍出版社,1983年。

D

《道家与"帛书"》,李零撰,载《道家文化研究》,第三辑,上海古籍出版社,1993年。

F

《法国大革命前的畅销禁书》,[美]罗伯特·达恩顿(Robert Darnton)撰,郑国强译，华东师范大学出版社，2012 年。

《方法：语言学的灵魂》，朱晓农撰，北京大学出版社，2008 年。

《符号·初文与字母——汉字树》，饶宗颐撰，上海书店出版社，2000 年。

《福建古代刻书》，谢水顺、李珽撰，福建人民出版社，1997 年。

G

《工具书的诞生：近代以前的学术信息管理》，[美]安·布莱尔(Ann M. Blair)撰，徐波译，商务印书馆，2014 年。

《古谶纬研讨及其书录解题》，陈槃撰，上海古籍出版社，2010 年。

《古典目录学研究》，张固也撰，华中师范大学出版社，2014 年。

《古典时期的图书世界》，[荷]H. L. 皮纳(H. L. Pinner)撰，康慨译，浙江大学出版社，2011 年。

《古典术数文献述论稿》，赵益撰，中华书局，2005 年。

《古典文献原理刍议》，赵益撰，载《书目季刊》，2005 年第 4 期。

《古汉语词汇讲话》，何九盈、蒋绍愚撰，北京出版社，1980 年。

《古今典籍聚散考》，陈登原撰，华东师范大学出版社，2010 年。

《古今印史》，[明]徐官撰，明《宝颜堂秘笈》本。

《古书通例》，余嘉锡撰，中华书局，2007 年。

《古文字与古史考——清华简整理研究》，李守奎撰，中西书局，2015 年。

《古希腊罗马的图书与读者》，[英]弗雷德里克·G·凯尼恩(Frederic George Kenyon)撰，苏杰译，浙江大学出版社，2012 年。

《谷腾堡在上海：中国印刷资本业的发展(1876—1937)》，[美]芮哲非(Christopher A. Reed)撰，张志强等译，郭晶校，商务印书馆，2014 年。

《顾亭林诗文集》，[清]顾炎武撰，华忱之点校，中华书局，1983 年。

《关于五经正义单疏本》，[日]长濑诚撰，译自《拓殖大学论集》第 35 号，载《中国文哲研究通讯》，第十卷第四期。

《广校雠略》，张舜徽撰，华中师范大学出版社，2004 年。

《归田录》，[宋]欧阳修撰，李伟国点校，中华书局，1981 年。

《国故论衡疏证》，章太炎撰，庞俊、郭诚永疏证，中华书局，2008 年。

《国外对印刷文字与书籍史的研究新动向》，彭俊玲撰，载《大学图书馆学报》，1995 年第 5 期。

《国学讲演录》,章太炎撰,华东师范大学出版社,1995年。

《国语集解》,(旧题)[春秋]左丘明撰,徐元诰集解,王树民、沈长云点校,中华书局,2002年。

H

《汉书艺文志通释》,张舜徽撰,华中师范大学出版社,2004年。

《汉语的本质和历史》,[瑞典]高本汉(klas Bernhard Johannes Karlgren)撰,聂鸿飞译,商务印书馆,2010年。

《唤醒沉睡的文字》,[美]安德鲁·罗宾逊(Andrew Robinson)撰,杨小麟等译,北京大学出版社,2014年。

《徽派版画史论集》,周芜撰,安徽人民出版社,1984年。

J

《极简图书史》,[英]罗德里克·凯夫(Roderick Cave)、萨拉·阿亚德(Sara Ayad)撰,戚昕等译,何朝晖审校,电子工业出版社,2016年。

《家园与天下——明代书文化与寻常阅读》,何予明撰,中华书局,2019年。

《甲骨金文学论丛》,[日]白川静撰,京都朋友书店,1973年。

《简帛古书与学术源流》,李零撰,生活·读书·新知三联书店,2003年。

《简帛时期书籍流通资料》《抄本时期书籍流通资料》,刘光裕撰,见宋原放编《中国出版史料(古代部分)》第二卷,湖北教育出版社,2004年。

《简帛佚籍与学术史》,李学勤撰,江西教育出版社,2001年。

《简牍检署考校注》,王国维撰,胡平生、马月华校注,上海古籍出版社,2004年。

《剑桥中国文学史》第三章《从东晋到初唐(317—649)》,田晓菲撰,见[美]孙康宜、[美]宇文所安主编《剑桥中国文学史》上卷,生活·读书·新知三联书店,2013年。

《剑桥中国文学史》第一章《早期中国文学:开端至西汉》,[美]柯马丁(Martin Kern)撰,见[美]孙康宜、[美]宇文所安主编《剑桥中国文学史》,生活·读书·新知三联书店,2013年。

《建炎以来朝野杂记》,[宋]李心传撰,徐规点校,中华书局,2000年。

《江西小说刊刻地——“云林”考》,文革红撰,载《明清小说研究》,2010年第1期。

《教育传承·选择接受·更新淘汰——略论先秦时期文献成书、积聚与散佚的内在机制》,李建华撰,载南京大学古典文献研究所编《古典文献研究》,第十八辑上卷,凤凰出版社,2015年。

《斠雠学》,王叔岷撰,中华书局,2007年。

《今本竹书纪年研究》,陈力撰,载《四川大学学报丛刊》,第28辑,1985年10月。

《金明馆丛稿初编》,陈寅恪撰,生活·读书·新知三联书店,2001年。

《金明馆丛稿二编》,陈寅恪撰,生活·读书·新知三联书店,2001年。

《近代中国商业的发展》,[英]科大卫(David Faure)撰,周琳等译,浙江大学出版社,2010年。

《晋侯苏编钟的时、地、人》,李学勤撰,见《夏商周年代学札记》,辽宁大学出版社,1999年。

《晋侯稣编钟》,马承源撰,载《上海博物馆集刊》,1996年第7期。

《经学·科举·文化史:艾尔曼自选集》,[美]艾尔曼(Benjamin Elman)撰,复旦大学文史研究院译,中华书局,2010年。

《酒井忠夫〈中國日用類書史の研究〉书评》,吴惠芳撰,载《"中央研究院"近代史研究所集刊》,第74期,2011年12月。

《〈九章算术〉与〈几何原本〉的比较研究》,邓宗琦撰,载《华中师范大学学报(自然科学版)》,第28卷第2期,1994年6月。

《〈居家必备〉、〈居家必用〉及古文献的另一种价值》,顾歆艺撰,见北京大学中国古文献研究中心、淡江大学中国文学系、复旦大学中国古代文学研究中心编《海峡两岸古典文献学学术研讨会论文集》,上海古籍出版社,2002年。

《举业津梁:明中叶以后坊刻制举用书的生产与流通》,沈俊平撰,台湾学生书局,2009年。

L

《拉莫莱特之吻:有关文化史的思考》,[美]罗伯特·达恩顿(Robert Darnton)撰,萧知纬译,华东师范大学出版社,2011年。

《劳著〈清代教育及大众识字能力〉》(书评),张朋园撰,载《近代史研究集刊》,第九期,1980年。

《历史本体论·己卯五说》,李泽厚撰,生活·读书·新知三联书店,2008年。

《历史上的书籍与科学》,〔美〕弗拉斯卡-斯帕达(M. Frasca-Spada)、贾丁(N. Jardine)主编,苏贤贵等译,上海科技教育出版社,2006 年。

《利玛窦中国札记》,〔意〕利玛窦(Matteo Ricci)、〔法〕金尼阁(Nicolas Trigault)撰,何高济等译,何兆武校,中华书局,1983 年。

《两浙古刊本考》,王国维撰,见《闽蜀浙粤刻书丛考》,北京图书馆出版社,2003 年。

《另一种叙事,另一种现实的呈现:新文化史中的"书的历史"》,陈俊启撰,载《中外文学》,第 34 卷第 4 期,2005 年。

《留住记忆:印刷术对于宋代文人记忆和记忆力的重大影响》,〔美〕贾晋珠(Lucille Chia)撰,见巩本栋编《中国学术与中国思想史》,江苏教育出版社,2002 年。

《流通古书约》,〔清〕曹溶撰,古典文学出版社,1957 年。

《论语今读》,李泽厚撰,生活·读书·新知三联书店,2008 年。

《论戴震与章学诚:清代中期学术思想史研究》,余英时撰,生活·读书·新知三联书店,2000 年。

《论陶符兼谈文字的起源》,高明撰,载《北京大学学报》,1984 年第 6 期。

《论〈书〉与〈尚书〉的起源——基于新近出土文献的视角》,〔美〕艾兰(Sarah Allan)撰,袁青译,载《出土文献与古文字研究》第 6 辑,上海古籍出版社,2015 年。

《论文字学》,〔法〕德里达(Jacques Derrida)撰,汪堂家译,上海译文出版社,1999 年。

《论盨公盨发现的意义》,李零撰,见保利艺术博物馆编《盨公盨——大禹治水与为政以德》,线装书局,2002 年。

《论盨公盨及其重要意义》,载《中国历史文物》,2002 年第 6 期。

《吕晚村先生文集》,〔清〕吕留良撰,俞国林编,中华书局,2015 年。

《履园丛话》,〔清〕钱泳撰,张伟点校,中华书局,1979 年。

M

《美术、神话与祭祀》,张光直撰,生活·读书·新知三联书店,2013 年。

《明代的社会与国家》,〔加〕卜正民(Timothy Brook)撰,陈时龙译,黄山书社,2009 年。

《明代书坊与小说研究》,程国赋撰,中华书局,2008 年。

《明代数学与天文学知识的失传问题》,郭世荣撰,见《法国汉学》第六辑,中华书局,2002 年。

《明代通俗日用类书集刊》,中国社会科学院历史研究所文化室编,西南师范大学出版社、东方出版社,2011 年。

《明末江南的出版文化》,[日]大木康撰,周保雄译,上海古籍出版社,2014 年。

《明清插图本小说阅读》,[美]何谷理(Robert E. Hegel)撰,刘诗秋译,生活·读书·新知三联书店,2019 年。

《明清江南城市商业出版与文化传播》,刘天振撰,中国社会科学出版社,2011 年。

《明清社会史论》,何炳棣著,徐泓译注,台北联经事业公司,2013 年。

《明清社会文化生态》,王尔敏撰,广西师范大学出版社,2009 年。

《明清时期的小说传播》,宋莉华撰,中国社会科学出版社,2004 年。

《明清时期南京通俗小说创作与刊刻研究》,韩春平撰,暨南大学出版社,2012 年。

《明清时期商业书及商人书之研究》,陈学文撰,台湾洪叶文化有限公司,1997 年。

《明清书籍史的研究回顾》,涂丰恩撰,载《新史学》,二十卷一期,2009 年 3 月。

《明清通俗小说编创方式研究》,纪德君撰,社会科学文献出版社,2012 年。

《明清"乡村祭祀剧"与通俗文学的传化及宗教生活的展开》,赵益撰,载《中国文学研究》,2019 年第 3 期。

《明清学術變遷史——出版と伝統学術の臨界點》,[日]井上進撰,平凡社,2011 年。

《墨经数理》,梅荣照撰,辽宁教育出版社,2003 年。

《墨子间诂》,[清]孙诒让撰,孙启治点校,中华书局,2001 年。

《谋利而印:11 至 17 世纪福建建阳的商业出版者》,[美]贾晋珠(Lucille Chia)撰,邱葵等译,福建人民出版社,2019 年。

《目录学发微》,余嘉锡撰,中华书局,2007 年。

《穆天子传通解》,郑杰文撰,山东文艺出版社,1992 年。

O

《欧美学术界兴起书籍史研究热潮的背景、方向及最新进展》,夏李南、张明辉撰,载《大学图书情报学刊》,1997 年第 2 期。

《欧阳修全集》，[宋]欧阳修撰，李逸安点校，中华书局，2001年。

《欧洲忘记了汉语却"发现了"汉字》，[法]艾乐桐（Viviane Alleton）撰，张冠尧译，见《法国汉学》第一辑，清华大学出版社，1996年。

P

《毗陵集》，[宋]张守撰，刘云军点校，上海古籍出版社，2018年。

《普通语言学教程》，[瑞士]费尔南迪·德·索绪尔（Ferdinand de Saussure）撰，高名凯译，商务印书馆，1980年。

《曝书亭集》，[清]朱彝尊撰，《四部丛刊》本。

Q

《齐国兵学甲天下——兵法源流概说》，李零撰，载《中华文史论丛》第50辑，上海古籍出版社，1992年。

《启蒙运动的生意:〈百科全书〉出版史（1775—1800）》，[美]罗伯特·达恩顿（Robert Darnton）撰，叶桐、顾杭译，生活·读书·新知三联书店，2005年。

《浅论东西方数学文化形成的差异——基于〈九章算术〉与〈几何原本〉的比较》，闫成海撰，载《西安文理学院学报（社会科学版）》，第19卷第2期，2016年4月。

《清代内府刻书研究》，翁连溪撰，故宫出版社，2013年。

《清代学术概论》，梁启超撰，河北教育出版社，2000年。

《清内府刻书档案史料汇编》，翁连溪编，广陵书社，2007年。

《訄书详注》，章炳麟著，徐复注，上海古籍出版社，2000年。

《裘锡圭自选集》，裘锡圭撰，河南教育出版社，1994年。

《屈原集校注》，[战国]屈原撰，金开诚、董洪利、高路明校注，中华书局，1996年。

《全上古三代秦汉三国六朝文》，[清]严可均辑，中华书局，1958年。

R

《人类精神进步史表纲要》，[法]孔多塞（Condorcet，Marie Jean Antoine Nicolas de Caritat）撰，何兆武、何冰译，江苏教育出版社，2006年。

《认同的力量》，[美]曼纽尔·卡斯特（Manuel Castells）撰，夏铸九等译，社会科学文献出版社，2003年。

《日知录集释》，[清]顾炎武撰，[清]黄汝成集释，栾保群、吕宗力点校，上海古籍出版社，2006年。

S

《三代损益记：夏商周文化史研究》，[美]夏含夷撰，上海古籍出版社，2020年。

《商文明》，张光直撰，张良仁等译，生活·读书·新知三联书店，2013年。

《上古汉语音系》，金理新撰，黄山书社，2002年。

《少室山房笔丛》，[明]胡应麟撰，上海书店出版社排印本，2009年。

《神话、仪式与口述》，[英]杰克·古迪（Jack Goody）撰，李源译，中国人民大学出版社，2014年。

《神话与诗》，闻一多撰，上海人民出版社，2006年。

《生活、知识与文化商品——晚明福建版"日用类书"与其书画门》，王正华撰，见胡晓真、王鸿泰主编《日常生活的论述与实践》，台湾允晨文化实业股份有限公司，2011年。

《〈诗经〉原意研究》，[日]家井真撰，陆越译，江苏人民出版社，2011年。

《诗三百篇探故》，朱东润撰，上海古籍出版社，1981年。

《诗书礼乐中的传统——陈致自选集》，陈致撰，上海人民出版社，2012年。

《十三经注疏》，[清]阮元校刻，中华书局，1980年。

《史记》，[汉]司马迁撰，中华书局，1982年。

《史记战国史料研究》，[日]藤田胜久撰，曹峰译，上海古籍出版社，2008年。

《世界语言简史（第二版）》，[德]汉斯·约阿西姆·施杜里希（Hans Joachim Störig）撰，吕叔君等译，山东画报出版社，2007年。

《试论中国传统雕版书籍的印数及相关问题》，何朝晖撰，载《浙江大学学报（人文社会科学版）》，第40卷第1期，2010年。

《试析明清时期江西金溪部分儒生向刻书业的身份转型》，博玫、文革红撰，载《南昌航空大学学报（社会科学版）》，第11卷第3期，2009年。

《收集与分类：明代汇编与类书》，[美]本杰明·艾尔曼（Benjamin Elman）撰，载《学术月刊》，2009年第5期。

《书籍的历史》，[法]弗雷德里克·巴比耶（Frédéric Barbier）撰，刘阳等译，广西师范大学出版社，2005年。

《书籍的社会史——中华帝国晚期的书籍与士人文化》，[美]周绍明（Joseph P.

McDermott)撰，何朝晖译，北京大学出版社，2009 年。

《书籍的秩序——14 至 18 世纪的书写文化与社会》，[法]罗杰·夏蒂埃(Roger Chartier)撰，吴泓缈等译，商务印书馆，2013 年。

《书籍环流与东亚诗学——以〈清脾录〉为例》，张伯伟撰，载《中国社会科学》，2014 年第 2 期。

《书林清话(外二种)》，叶德辉撰，漆永祥点校，北京联合出版公司，2018 年。

《书林扬觯》，[清]方东树撰，李花蕾点校，华东师范大学出版社，2015 年。

《书史导论》，[英]戴维·芬克尔斯坦(David Finklste)、[英]阿利斯泰尔·麦克利里(Alistair McCleery)撰，何朝晖译，商务印书馆，2012 年。

《书于竹帛——中国古代的文字记录》，钱存训撰，上海书店出版社，2006 年。

《書林の眺望——伝統中国の書物世界》，[日]井上進撰，平凡社，2006 年。

《数学的语言:算筹和文本——以天元术为中心》，朱一文撰，载香港城市大学中国文化中心编《九州学林》，2010 年冬季号，上海人民出版社，2011 年。

《数学·历史·社会》，杜石然撰，辽宁教育出版社，2003 年。

《〈四库全书〉辑〈永乐大典〉本书目》，[清]孙冯翼撰，《辽海丛书》本。

《四库全书总目》，[清]永瑢等撰，中华书局，1965 年。

《四库提要辨证》，余嘉锡撰，中华书局，2007 年。

《讼师秘本〈珥笔肯綮〉所见的讼师实像》，[日]夫马进撰，见邱澎生、陈熙远编《明清法律运作中的权力与文化》，"中央研究院"、台湾联经出版事业股份有限公司，2009 年。

《嵩渚文集》，[明]李濂撰，明嘉靖刻本。

《宋代公使库及其刻书》，李景文撰，载《图书情报工作》，第 51 卷第 11 期，2007 年。

《宋代经书注疏刊刻研究》，张丽娟撰，北京大学出版社，2013 年。

《宋代四川印刷的特色》，潘美月撰，见钱存训先生八十生日祝寿论文集编辑委员会编《中国图书文史论集》，现代出版社，1992 年。

《隋书》，[唐]魏徵、[唐]令狐德棻撰，中华书局，1973 年。

《隋书经籍志解说(上)》，[日]兴膳宏撰，连清吉译，载《书目季刊》，第三十三卷第一期，1999 年。

《隋书经籍志解说(下)》，[日]兴膳宏撰，连清吉译，载《书目季刊》，第三十三卷第二期，1999 年。

T

《谈谈汉语这个符号系统》,赵元任撰,见《赵元任语言学论文集》,商务印书馆,2002年。

《"唐宋变革论"的由来与发展》,李华瑞主编,天津古籍出版社,2010年。

《唐宋时期的雕版印刷》,宿白撰,文物出版社,1999年。

《唐仲友刻〈荀子〉遭劾真相》,李致忠撰,载《文献》,2007年第3期。

《〈天工开物〉版本考》,潘吉星撰,载《自然科学史研究》,第1卷第1期,1982年。

《〈天工开物〉版本说》,肖克之撰,载《古今农业》,2001年第2期。

《童蒙教育(11—17世纪)》,[法]谢和耐(Jacques Gernet)撰,见《法国汉学》第八辑,中华书局,2003年。

《通志二十略》,[宋]郑樵撰,王树民点校,中华书局,1995年。

《图像证史(第二版)》,[英]彼得·伯克(Peter Burke)撰,杨豫译,北京大学出版社,2018年。

W

《晚明士人与商业出版》,何朝晖撰,上海古籍出版社,2019年。

《〈万宝全书〉:明清时期的民间生活实录》,吴惠芳撰,台北花木兰文化出版社,2005年。

《〈万宝全书〉杂考——兼与吴惠芳女士商榷》,陈正宏撰,见北京大学中国古文献研究中心、淡江大学中国文学系、复旦大学中国古代文学研究中心编《海峡两岸古典文献学学术研讨会论文集》,上海古籍出版社,2002年。

《伟大的代码——圣经与文学》,[加]诺思洛普·弗莱(Northrop Frye)撰,郝振益等译,北京大学出版社,1998年。

《为功名写作:晚明的科举考试、出版印刷与思想变迁》,[美]周启荣(Chow Kai-wing)撰,杨凯茜译,见张聪、姚平主编《当代西方汉学研究集萃·思想文化史卷》,上海古籍出版社,2012年。

《文本、印刷、阅读》,[法]罗杰·夏尔提埃(Roger Chartier)撰,见[美]林·亨特编《新文化史》,姜进译,华东师范大学出版社,2011年。

《文化贸易——清代至民国初期四堡的书籍交易》,[美]包筠雅(Cynthia J.

Brokaw)撰,刘永华译,北京大学出版社,2015年。

《文明的解析——人类的艺术与科学成就(公元前 800—1950 年)》,[美]查尔斯·默里(Charles Murray)撰,胡利平译,上海人民出版社,2008年。

《文史通义校注》,[清]章学诚撰,叶瑛校注,中华书局,1985年。

《文献通考》,[元]马端临撰,上海师范大学古籍研究所、华东师范大学古籍研究所点校,中华书局,2011年。

《文献学讲义》,王欣夫撰,上海古籍出版社,2005年。

《文字起源》,[美]丹妮丝·施曼特-贝瑟拉(Denise Schmandt-Besserat)撰,王乐洋译,商务印书馆,2015年。

《文字书写的历史》,[新西兰]史提夫·罗杰·费雪(Steven Roger Fischer)撰,吕健忠译,台北博雅书屋,2009年。

《文字系统:语言学的方法》,[加]亨利·罗杰斯(Henry Rogers)撰,孙亚楠译,商务印书馆,2016年。

《文字学概要》,裘锡圭撰,商务印书馆,2009年。

《物质形态与文本意义:麦肯锡文本社会学理论与方法述评》,李明杰、李瑞龙撰,载《中国图书馆学报》,第46卷第248期,2020年7月。

<h2 style="text-align:center">X</h2>

《西谛书话》,郑振铎撰,生活·读书·新知三联书店,1983年。

《西方书籍史研究漫谈》,孙卫国撰,载《中国典籍与文化》,2003年第3期。

《西观汉记:西方汉学出土文献研究概要》,[美]夏含夷撰,上海古籍出版社,2018年。

《西晋初年〈竹书纪年〉整理考》,方诗铭撰,见《上海图书馆建馆三十周年纪念论文集(1952—1982)》,上海图书馆,1983年。

《西周的政体:中国早期的官僚制度和国家》,李峰著,吴敏娜等译,生活·读书·新知三联书店,2010年。

《西周甲骨探论》,王宇信撰,中国社会科学出版社,1984年。

《西周史》,许倬云撰,生活·读书·新知三联书店,1994年。

《瑕瑜互见——康熙年间徽州商籍扬州文士和选家张潮其人其事》,[法]戴廷杰(Pierre-Henri Durand)撰,见[意]米盖拉、朱万曙编《徽州:书业与地域文化》(《法国汉学》第十三辑),中华书局,2010年。

《夏商周:从神话到史实》,郭静云撰,上海古籍出版社,2013 年。

《闲居录》,[元]吾丘衍撰,《文渊阁四库全书》本。

《想象的共同体——民族主义的起源与散布》,[美]本尼迪克特·安德森(Benedict Anderson)撰,吴叡人译,上海人民出版社,2005 年。

《晓传书斋集》,王利器撰,华东师范大学出版社,1997 年。

《新工具》,[英]弗朗西斯·培根(Francis Bacon)撰,许宝骙译,商务印书馆,1984 年。

《新书校注》,[汉]贾谊撰,阎振益、钟夏校注,中华书局,2000 年。

《新唐书》,[宋]欧阳修、[宋]宋祁撰,中华书局,1975 年。

《爨公盨铭文考释》,裘锡圭撰,载《中国历史文物》,2002 年第 6 期。

《续资治通鉴长编》,[宋]李焘撰,上海师范大学古籍整理研究所、华东师范大学古籍整理研究所点校,中华书局,2004 年。

《学海堂志》,[清]林伯桐编,[清]陈澧续补,见赵所生、薛正兴主编《中国历代书院志》影印清光绪九年续刊本,江苏教育出版社,1995 年。

《学林》,[宋]王观国撰,田瑞娟点校,中华书局,1988 年。

Y

《湮没的思想——出土竹简的禅让传说与理想政制》,[美]艾兰(Sarah Allan)撰,蔡雨钱译,商务印书馆,2016 年。

《殷商文学史的书写及其意义》,赵敏俐撰,载《中国社会科学》,2015 年第 10 期。

《殷虚卜辞综述》,陈梦家撰,中华书局,1988 年。

《殷周金文集成》,中国社会科学院考古研究所编,中华书局,1992 年。

《殷周青铜器通论》,容庚、张维持撰,文物出版社,1984 年。

《尹湾汉墓简牍》,连云港市博物馆等编,中华书局,1997 年。

《隐义:一种消失的古书形制》,苏芃撰,见苏芃《〈春秋〉三传研究初集》,凤凰出版社,2019 年。

《印刷的世界:书籍、出版文化和中华帝国晚期的社会》,[美]梅尔清(Tobie Meyer-Fong)撰,刘宗灵等译,载《史林》,2008 年第 4 期。

《印刷书的诞生》,[法]费夫贺(Lucien Febvre)、[法]马尔坦(Henri-Jean Martin)撰,李鸿志译,台北猫头鹰出版社,2005 年。

《印刷与出版史能为中国学研究增添什么》，[美]芮哲非（Christopher A. Reed）撰，见王荣华主编《多元视野下的中国——首届世界中国学论坛》，学林出版社，2006年。

《永乐大典及其辑佚书研究》，顾力仁撰，台北文史哲出版社，1985年。

《永乐大典史话》，张忱石撰，中华书局，1986年。

《余嘉锡论学杂著》，余嘉锡撰，中华书局，2007年第2版。

《语言的文化史：近代早期欧洲的语言和共同体》，[英]彼得·伯克（Peter Burke）撰，李霄翔等译，北京大学出版社，2007年。

《阅读的历史》，[新西兰]史蒂文·罗杰·费希尔（Steven Roger Fischer）撰，李瑞林等译，商务印书馆，2009年。

Z

《藻丽琅嬛：浒湾书坊版刻图录》，毛静撰，江西高校出版社，2018年。

《战国竹书形制及相关问题研究——以清华大学藏战国竹简为中心》，贾连翔撰，中西书局，2015年。

《张潮〈幽梦影〉之成书及其同朋小品丛书略论》，张慎玉、赵益撰，载纪健生主编《安徽文献研究集刊》第一卷，黄山书社，2004年。

《正德刻本公案小说〈包待制〉残叶考》，李开升撰，载《文献》，2018年第5期。

《正统道藏编纂刊刻年代新考》，虞万里撰，载《文史》，2006年第4辑（总第77辑）。

《知识社会史（上卷）——从古登堡到狄德罗》，[英]彼得·伯克（Peter Burke）撰，陈志宏、王婉旎译，浙江大学出版社，2016年。

《知识社会史（下卷）——从〈百科全书〉到维基百科》，[英]彼得·伯克（Peter Burke）撰，汪一帆、赵博因译，浙江大学出版社，2016年。

《直斋书录解题》，[宋]陈振孙撰，徐小蛮、顾美华点校，上海古籍出版社，1987年。

《中古文学史论》，王瑶撰，北京大学出版社，1998年。

《中国出版通史·明代卷》，缪咏禾撰，中国书籍出版社，2008年。

《中国出版通史·先秦两汉卷》，肖东发等撰，中国书籍出版社，2008年。

《中国出版文化史》，[日]井上进撰，李俄宪译，华中师范大学出版社，2015年。

《中国方术考》（修订本），李零撰，东方出版社，2001年。

《中国古代典籍十讲》，胡道静撰，复旦大学出版社，2004年。

《中国古代文明的探索》，王震中撰，云南人民出版社，2005年。

《中国古代文明与国家形成研究》，王宇信等撰，中国社会科学出版社，2007年。

《中国古代艺术与建筑中的"纪念碑性"》，巫鸿撰，李清泉等译，上海人民出版社，2009年。

《中国古典文献学》，吴枫撰，齐鲁书社，2005年。

《中国古籍版本学》，曹之撰，武汉大学出版社，2007年。

《中国古籍辑佚学论稿》，曹书杰撰，东北师范大学出版社，1998年。

《中国古籍印刷史》，魏隐儒撰，印刷工业出版社，1984年。

《中国古籍总目》，中国古籍总目编纂委员会编，中华书局、上海古籍出版社，2012年。

《中国和欧洲——印刷术与书籍史》，韩琦、[意]米盖拉（Michela Bussotti）编，商务印书馆，2008年。

《中国教育史》，黄绍箕、柳诒徵撰，中国和平出版社，2014年。

《中国历史研究法（外二种）》，梁启超撰，河北教育出版社，2003年。

《中国历史研究手册》，[美]魏根深（Endymion Wilkinson）撰，侯旭东等译，北京大学出版社，2016年。

《中国目录学史论丛》，王重民撰，中华书局，1984年。

《中国青铜时代》，张光直撰，生活·读书·新知三联书店，1999年。

《〈中国日用类书集成〉及其史料价值》，吴惠芳撰，载《近代中国史研究通讯》，第30期。

《中国书籍、纸墨及印刷史论文集》，钱存训撰，香港中文大学出版社，1992年。

《中国书籍制度变迁之研究》，马衡撰，载《图书馆学季刊》，第一卷第二期，1926年。

《中国书史》，陈彬龢、查猛济撰，上海古籍出版社，2008年。

《中国书史简编》，刘国钧撰，书目文献出版社，1981年。

《中国数学通史（宋元卷）》，李迪撰，江苏教育出版社，1999年。

《中国思想的两种理性：占卜与表意》，[法]汪德迈（Léon Vandermeersch）撰，金丝燕译，北京大学出版社，2017年。

《中国通俗小说书目（外二种）》，孙楷第撰，中华书局，2012年。

《中国通俗小说书目改订稿（初稿）》，[日]大塚秀高编，東京汲古書院，1984年。

《中国图书发行史》，孙文杰撰，武汉大学出版社，2015年。

《中国文献学》,张舜徽撰,中州书画社,1982 年。

《中国文献学概要》,郑鹤声、郑鹤春撰,上海古籍出版社,2001 年。

《中国文字学》,唐兰撰,上海古籍出版社,2005 年。

《中国文字学(修订本)》,陈梦家撰,中华书局,2011 年。

《中国印刷史(插图珍藏增订版)》,张秀民撰,韩琦增订,浙江古籍出版社,2006 年。

《中国印刷术的发明和它的西传》,[英]卡特(Thomas F. Carter)撰,吴泽炎译,商务印书馆,1991 年。

《中国语言文化史》,李葆嘉撰,江苏教育出版社,2003 年。

《中国语言学流派与中国文化语言学》,陈炯撰,载《北方论丛》,1990 年第 2 期。

《中国语言学论文集》,丁邦新撰,中华书局,2008 年。

《中国语言学研究》,[瑞典]高本汉(Klas Bernhard Johannes Karlgren)撰,贺昌群译,山西人民出版社,2015 年。

《中国语与中国文》,[瑞典]高本汉(Klas Bernhard Johannes Karlgren)撰,张世禄译,山西人民出版社,2015 年。

《中国造纸史》,潘吉星撰,上海人民出版社,2009 年。

《中國日用類書史の研究》,[日]酒井忠夫撰,東京国書刊行会,2011 年。

《中西文化研究十论》,张隆溪撰,复旦大学出版社,2005 年。

《周易与文学》,张善文撰,福建教育出版社,1997 年。

《周原甲骨文综述》,徐锡台撰,三秦出版社,1991 年。

《朱子全书》,[宋]朱熹撰,朱杰人等主编,上海古籍出版社、安徽教育出版社,2002 年。

《竹书纪年研究(1980—2000)》,邵东方编,广西师范大学出版社,2015 年。

《竹汀先生日记钞》,[清]钱大昕撰,见陈文和主编《嘉定钱大昕全集》第八册,凤凰出版社,2016 年。

《"装订"作为书籍"交流循环"的环节及其意义——一个基于比较视野的书籍史考察》,赵益撰,载《中国出版史研究》,2021 年第 3 期。

《酌中志》,[明]刘若愚撰,冯宝琳点校,北京古籍出版社,1994 年。

《字母表效应:拼音文字与西方文明》,[加]罗伯特·洛根(Robert K. Logan)撰,何道宽译,复旦大学出版社,2012 年。

《宗教学导论》,[英]麦克斯·缪勒(Friedrich Max Muller)撰,陈观胜等译,上海人民出版社,2010 年。

《宗周礼乐文明考论》，沈文倬撰，杭州大学出版社，1999 年。

《宗子维城——从考古材料的角度看公元前 1000 至前 250 年的中国社会》，[美]罗泰(Lothar von Falkenhausen)撰，吴长青等译，上海古籍出版社，2017 年。

《走向大众的"计然之术"——明清时期的商书研究》，张海英撰，中华书局，2019 年。

《作品、产品与商品——古代文学作品商品化的一点考察》，王水照撰，载《文学遗产》，2007 年第 3 期。

《作为变革动因的印刷机——早期近代欧洲的传播与文化变革》，[美]伊丽莎白·爱森斯坦(Elizabeth Eisenstein)撰，何道宽译，北京大学出版社，2010 年。

Boltz, William G. "Literacy and the Emergence of Writing in China," in Li Feng and David Prager Branner eds. , *Writing & Literacy in Early China：Studies from the Columbia Early China Seminar*, University of Washington Press, 2011.

Boltz, William G. *The Origin and Early Development of the Chinese Writing System*, American Oriental Society, 1994.

Brokaw, Cynthia J. "On the History of the Book in China," in Cynthia J. Brokaw and Kai-wing Chow eds. , *Printing and Book Culture in Late Imperial China*, University of California Press, 2005.

Buchted, John A. "Jane Eyre on eBay：Building a Teaching Collection," in Ann R. Hawkins ed. , *Teaching Bibliography, Text Criticism, and Book History*, London：Pickering & Chatto, 2006.

Buringh, Eltjo and Jan Luiten van Zanden. "Charting the 'Rise of the West'：Manuscripts and Printed Books in Europe, a Long-Term Perspective from the Sixth through Eighteenth Centuries," *The Journal of Economic History*. Vol. 69, No. 2 (Jun. 2009).

Burke, Peter and Joseph P. McDermott. "The Proliferation of Reference Books, 1450 - 1850," in Joseph P. McDermott and Peter Burke eds. , *The Book Worlds of East Asia and Europe, 1450 - 1850：Connections and Comparisons*, HongKong University Press, 2015.

Chartier, Roger. *Forms and Meanings：Texts, Performances, and Audiences from Codex to Computer*, University of Pennsylvania Press, 1995.

Idema, Wilt L. "Review of Evelyn Sakakida Rawski, *Education and Popular*

Literacy in Ch'ing China," in *T'oung Pao* LXVI(1980): 314 – 324.

Johnson, David. "Chinese Popular Literature and Its Contexts," *Chinese Literature: Essays, Articles, Reviews* (CLEAR), Vol. 3, No. 2 (Jul. 1981).

Keightley, David N. "The Origins of Writing in China: Scripts and Cultural Context," in Wayne M. Senner ed. , *The Origins of Writing*, University of Nebraska Press, 1991.

Lewis, Mark Edward. *Writing and Authority in Early China*, State University of New York Press, 1999.

Li, Feng. "Literacy and the Social Contexts of Writing in the Western Zhou," in Li Feng and David Prager Branner eds. , *Writing & Literacy in Early China: Studies from the Columbia Early China Seminar*, University of Washington Press, 2011.

McDermott, Joseph P. *A Social History of the Chinese Book: Books and Literati Culture in Late Imperial China*, Hong Kong University Press, 2006.

McDermott, Joseph P. and Peter Burke eds. , *The Book Worlds of East Asia and Europe, 1450 – 1850: Connections and Comparisons*, Hong Kong University Press, 2005.

McKenzie, D. F. *Bibliography and the Sociology of Texts*, Cambridge University Press, 2004.

Rawski, Evelyn Sakakida. *Education and Popular Literacy in Ch'ing China*, University of Michigan Press, 1979.

Senner, Wayne M. "Theories and Myths on the Origins of Writing: A Historical Overview," in Wayne M. Senner ed. , *The Origins of Writing*, University of Nebraska Press, 1991.

Wilson, Adrian. "The Early Drawings for the Nuremberg Chronicle," *Master Drawings*, Vol. 13, No. 2(Summer, 1975).